外国语言文学与文化论丛

四川大学外国语学院

主　编　段　峰
副主编　王　欣　黄丽君　池济敏

四川大学出版社
SICHUAN UNIVERSITY PRESS

项目策划：张　晶　余　芳
责任编辑：余　芳
责任校对：于　俊
封面设计：杨红鹰
责任印制：王　炜

图书在版编目（CIP）数据

外国语言文学与文化论丛．15 / 段峰主编．— 成都：
四川大学出版社，2021.9
　ISBN 978-7-5690-4047-0

　Ⅰ．①外… Ⅱ．①段… Ⅲ．①语言学－国外－文集②
外国文学－文学评论－文集③文化学－国外－文集 Ⅳ．
① C53

　中国版本图书馆 CIP 数据核字（2020）第 262338 号

书名　外国语言文学与文化论丛 15
WAIGUO YUYAN WENXUE YU WENHUA LUNCONG 15

主　　编	段　峰
出　　版	四川大学出版社
地　　址	成都市一环路南一段 24 号（610065）
发　　行	四川大学出版社
书　　号	ISBN 978-7-5690-4047-0
印前制作	四川胜翔数码印务设计有限公司
印　　刷	成都东江印务有限公司
成品尺寸	165mm×240mm
插　　页	1
印　　张	19.75
字　　数	355 千字
版　　次	2021 年 9 月第 1 版
印　　次	2021 年 9 月第 1 次印刷
定　　价	98.00 元

◆ 读者邮购本书，请与本社发行科联系。
　电话：(028)85408408/(028)85401670/
　(028)86408023　邮政编码：610065
◆ 本社图书如有印装质量问题，请寄回出版社调换。
◆ 网址：http://press.scu.edu.cn

四川大学出版社
微信公众号

目　录

翻 译

萧乾文学自译和他语书写与中国形象在海外的建构[①]

段 峰

（四川大学外国语学院，成都610207）

摘 要： 萧乾的文学自译和他语写作是其文学创作和文学翻译生涯的重要组成部分。20世纪三四十年代，萧乾协助编辑《活的中国》并自译其中《皈依》，在英国出版"英伦五书"，用自译和他语写作的方式向世界介绍了中国的传统文化、现代文学和抗战时局，成为将政治目的和文学性成功结合的典范。

关键词： 文学自译；他语写作；文化建构；文化传播

萧乾生于1910年，卒于1999年，其生命几乎贯穿整个20世纪。他集作家、记者、文学翻译家于一身，活跃在20世纪中国文学史上，其作品深刻反映出20世纪中国的社会变迁和历史发展。"萧乾从事文学翻译工作达67年（1930—1998）之久，无论中译英还是英译中都能胜任，对我国翻译事业的发展与中西文化交流起了推动作用。"（萧乾，2014b：i）相较于作家和记者身份，萧乾作为文学翻译家的成就更加受人瞩目。他一生译著甚多，其中最耀眼的当属他在古稀之年与夫人文洁若合译的英国著名小说《尤利西斯》。另外，他还将自己的作品翻译成他国文字出版发行，形成他文学翻译实践中的一道独特的风景线——文学自译实践。

萧乾的自译活动主要集中在20世纪上半叶，以《吐丝者》（*Spinners of Silk*）为代表。另外，谈及萧乾的自译，需要提到他的他语书写。萧乾的四堂嫂是美国人，他很小就在她那里受到英语的熏陶（鲍霁，1988：170）。在大学时，他与美国人安兰（William D. Allen）和斯诺（Edger Snow）办期刊、编选集，英语写作能力得到很大提高。之后，萧乾到英国留学和工作，进一步提升了他熟练使用英语写作的能力。他的英语写作和他的自译具有同样的重要性，甚至由于作品数量大于自译而影响更大。萧乾在他的《文学回忆录》中以"我的副业是沟通土洋"为题，梳理了他通过自译和他

---

① 本文系2018年国家社会科学基金一般项目"作为语际书写和文化建构的二十世纪中国文学自译研究"阶段性成果。

语书写，用语言来搭建中西方交流之桥，尤其通过翻译和他语写作译介现代中国文学，描写第二次世界大战期间中国人的真实生活和打败日本帝国主义的昂扬斗志，向西方展现了一个不一样的中国。

　　萧乾最早的中译英实践开始于他与《中国简报》创始人、美国青年安兰的合作。《中国简报》是一份介绍中国现代文艺的报纸，于 1931 年 6 月 1 日创刊。萧乾加入后，任文艺版编辑，并从 1930 年 6 月 23 日的第四期开始发表译文。他翻译的是鲁迅《野草》中的《聪明人和傻子和奴才》一文。"我们当时的用意无非是想让西方了解中国不仅有孔孟，有唐诗宋词，还有当代的中国文艺家也在观察着，思考着，谱写着人生。"（萧乾，2014a：256）萧乾与安兰当时还制订了一个系统介绍当时有影响的中国小说家的计划，可惜《中国简报》由于经费等原因，第八期介绍完作家沈从文以后就停刊了。这次经历坚定了他运用自译和他语写作的决心，那就是向国外，尤其是西方国家介绍当时的中国新文艺，建构新的现代中国形象。"有人说，《中国简报》是最早向世界介绍中国新文艺的。这话至少适用于英语世界。它比斯诺的《活的中国》还要早上五年。"（261）

　　1930 年，萧乾进入辅仁大学。当时，这所大学正在出版向全世界天主教文化界发行的英文月刊《辅仁杂志》。由于萧乾有过在《中国简报》从事编译工作的经历，他被推荐为这本杂志翻译中国作品。萧乾翻译了郭沫若的《王昭君》、田汉的《湖上的悲剧》和熊佛西的《艺术家》，三个剧本分别刊登在 1932 年 3 月、4 月和 5 月号上。对萧乾的自译和他语写作具有重大意义的是他参加了斯诺的《活的中国：现代中国短篇小说》（*Living China: Modern Chinese Short Stories*）的选编和翻译工作。1933 年，萧乾转入燕京大学新闻系，在这里他遇见了斯诺夫妇，并开始加入他们编译现代中国短篇小说的工作。"斯诺对中国新文艺的兴趣是在上海开始的。在那里，他见到了鲁迅。1944 年，他在巴黎一家旅馆的酒吧间对我说：'鲁迅是教我懂得中国的一把钥匙。'这把钥匙为他开启的大门，正是 1919 年以来记录中国人民苦难与向往的新文艺。"（266）斯诺、萧乾及其他参与者共同的目的促成了《活的中国：现代中国短篇小说》于 1936 年 8 月由英国伦敦乔治·哈拉普（George G. Harrap）公司的出版。该书分两个部分，第一部分为鲁迅小说选，斯诺在姚克（莘农）的帮助下选译了鲁迅的《药》《一件小事》《祝福》《离婚》、散文《风筝》、杂文《论"他妈的"》以及已有英文译文的《孔乙己》。第二部分为其他作家作品，由萧乾、杨刚协助斯诺编译，包括

《为奴隶的母亲》（柔石）、《自杀》（茅盾）、《泥泞》（茅盾）、《水》（丁玲）、《消息》（丁玲）、《狗》（巴金）、《柏子》（沈从文）、《阿娥》（孙席珍）、《大连丸上》（田军）、《第三支枪》（田军）、《忆狗肉将军》（林语堂）、《茑萝行》（郁达夫）、《移行》（张天翼）、《十字架》（郭沫若）、《法律外的航线》（沙汀）、《皈依》（萧乾）、《日记拾遗》。其中，《日记拾遗》是杨刚直接用英文写的，后翻译成中文发表，改名为《肉刑》。

《皈依》（*Conversion*）是萧乾的首次自译实践。小说基于萧乾的童年经历，通过对姐姐等人物的刻画，揭露了基督教的虚伪和对底层人民的麻痹和控制。参加编译《活的中国：现代中国短篇小说》对萧乾的文学翻译影响很大，萧乾在后来谈到自己文学翻译的感想时，都会提到这段经历。"斯诺是不肯依样画葫芦的。他认为生吞活剥是犯罪，那么译远不如不译。一个译者一定得把原作所描写的事物完全弄懂才可着笔，译的时候要用最准确无误的语言把自己所理解的传达给读者……要以对中国毫无了解的读者为对象。"（斯诺，1983：6-7）萧乾从斯诺那里，"不但学到了新鲜的（非学究的）英文，逻辑，修辞，更重要的是学到不少翻译上的基本道理，还懂得了一点'文字经济学'，四十年代在英国编译自己的小说集时，我也大感抢起斧头的必要。五十年代搞那点文艺翻译时，我时常记起斯诺关于不可生吞活剥的告诫"（7）。许多年后，萧乾在谈到文学翻译时，提到早年帮助斯诺编译《活的中国：现代中国短篇小说》一书，"那是我第一次从事中译英的工作"（萧乾，1982：62）。显然萧乾的说法有误，因为在此之前，他参加过《中国简报》和《辅仁杂志》的中译英工作。之所以会有这样的印象，只能说明编译《活的中国：现代中国短篇小说》对萧乾的文学翻译实践和翻译观的形成产生的影响之大。

1939年萧乾去英国，从求学到做战地记者，他始终活跃在向西方介绍现代中国的前沿，他的"英伦五书"即是这一时期的成果。1940年萧乾在国际笔会发表题目为《战时中国文艺》的演讲，基于此演讲写成的英文著作 *Etching of A Tormented Age*（《苦难时代的蚀刻》），于1942年3月由伦敦的乔治·爱伦和爱文（George Allen & Unwin）出版社首次出版，1947年瑞士苏黎世出版了德文译本。这是萧乾首部用英文编写的著作。《苦难时代的蚀刻》分《永别了，老古玩店》《作为改革者的小说家》《诗歌：在十字路口》《戏剧：扩音喇叭》《散文：雕刀还是利剑》《翻译：永恒的时髦》六章。萧乾一开篇就提出："1911年以来，中国人的生活经历了一场也许是历史上独一无二的变革……清帝国崩溃，紧接着神圣的文言形式被遗弃，白话取而代之……中国现代文学史是正在成长的一株幼树。"（萧乾，2014b：3-9）该书概述了新文化运动以来小说、诗歌、戏剧、散文、翻译五个领域的成就，向西方介绍中国现代文学，指出了中国小说和西方文学的不同，认为中国小说家是社会改革家。

萧乾在书中特别强调向西方介绍中国现代文学的重要性，"战事嘲弄了一切。但也正是战争，使我们感到国与国之间深入了解的必要。我们需要知道每个国家当前的苦恼、问题和向往。中国不能通过《鲁滨逊漂流记》来了解英国，正如英国也不能通过唐诗来了解富有活力的当代中国"（63）。

China but Not Cathey（《中国而非华夏》）是萧乾用英文编写的第二部著作，于1942年10月由英国引导出版社（Pilot Press）首次出版，1944年1月第2次印刷，是萧乾为对中国尤其是战时中国毫无了解的读者们所编写的。全书15章，介绍中国地理、历史、社会文化等，其中，萧乾选译了几篇自己的特写，如《鲁西流民图》（*My Home Is Drowned*）、《刘粹刚之死》（*The Death of an Air-ace*）以及《一个爆破大队长的独白》（*Captain of Destruction—Soliloquy of a Guerilla Leader*）。书中除介绍中国文化外，另一个主题便是表现国共合作的统一局面。萧乾在书中畅想中国的前景："最后的中国将以其物质及文化潜力，协同各国一道为创造一个更幸福、更公正、更清醒的世界而努力。"（萧乾，2014a：281）

The Dragon Beards versus the Blueprints: Meditations on Post-war Culture（《龙须与蓝图——战后文化的思考》）是萧乾的"英伦五书"中的第三部，1944年5月由英国引导出版社首次出版。书中收录了萧乾的两篇演讲：《龙须与蓝图》和《关于机械文明的反思》；另外，还有两篇对印度的广播稿：《易卜生在中国》和《文学与大众》。

A Harp with a Thousand Strings（《千弦琴》）是第四部，1944年6月由英国引导出版社首次出版，是一本从多个角度介绍中国和中国文化的英文文选。全书共由六卷组成，第一卷《英国文学中的中国》，第二卷《欧洲旅行家笔下的中国》，第三卷《人物画廊》（包含项美丽20世纪40年代所写的《宋氏三姐妹》），第四卷是关于中西文化交流，第五卷是关于中国文化及艺术的短论，第六卷为民间文学，包括民歌、格言和儿歌等。

第五部是萧乾自选自译的散文小说集 *Spinners of Silk*（《吐丝者》）。选集收录了萧乾的12篇作品，包括10篇短篇小说和2篇散文，分别是《雨夕》

（"A Rainy Evening"）、《蚕》（"The Spinners of Silk"）、《篱下》（"Under the Fence of Others"）、《矮檐》（"When Your Eaves Are Low"）、《俘虏》（"The Captive"）、《破车上》（"The Ramshackle Car"）、《印子车的命运》（"Galloping Legs"）、《栗子》（"Chestnuts"）、《邮票》（"The Philatelist"）、《花子与老黄》（"Epidemic"）、《雁荡行》（"Scenes from the Yantang Mountain"），以及《上海》（"Shanghai"）。此书的出版情况如下：1944 年 8 月，由伦敦的乔治·爱伦和爱文出版社首次出版，1945 年再版，1946 年出版第三版；1947 年，瑞士苏黎世出版德译本。与此书相关的是 1984 年中国文学出版社出版了 Chestnuts and Other Stories（《栗子及其他小说》），编入《熊猫丛书》中。书中收录了萧乾自译的《篱下》《矮檐》《栗子》《邮票》《俘虏》《雨夕》《花子与老黄》。另外，萧乾将自己的一篇散文《一本褪色的相册》自译为 "An Album of Faded Photographs"，作为该书序。同时，该书还收录了美国汉学家杜博妮（Bonnie S. McDougall）翻译的萧乾作品《邓山东》（"Shandong Deng"），挪威汉学家伊丽莎白·艾笛（Elisabeth Eide）翻译的《昙》（"Cactus Flower"），以及熊振儒翻译的《小蒋》（"The Jiang Boy"）。1984 年，生活·读书·新知三联书店香港分店出版了 Semolina and Others（《珍珠米及其他》），里面收录了《蚕》《皈依》《雁荡行》《破车上》《上海》《易卜生在中国》《龙须与蓝图》等作品。2001 年，由文洁若选编，北京语言文化大学出版社出版的《萧乾作品精选》双语版也将《吐丝者》中除《上海》外的所有小说和散文都收录在内。

新中国成立以后，萧乾任英文刊物《人民中国》副主编。1951 年，萧乾参加了宣传报道土地改革运动，他到湖南省岳阳县农村与农民同吃同住，用英文写下了报告文学 How the Tillers Win Back Their Land（《土地回老家》），连载在《人民中国》第 3 卷第 8 期至第 4 卷第 3 期，当年北京外文出版社出版了此书。之后，萧乾将此作自译成汉语，于 1951 年 11 月由平明出版社出版。

以上我们梳理了萧乾的自译和英文写作。关于自译，萧乾并没有专门论述，而是把它纳入他的整个文学翻译实践一并思考的。如前所述，萧乾参加斯诺《活的中国：现代中国短篇小说》的编译工作，对他影响很大。斯诺对他的指导包括如何深入理解原文，如何灵活运用翻译技巧以帮助读者理解，实际上表达的是文学翻译要充分考虑译入语读者的期待和译入语文化的接受。萧乾非常认可这一观点，并在他以后的文学翻译中将此作为重要的考量，这说明他很早就具有将翻译的接受视为重要标准的理论自觉。他屡次谈及他的翻译思想：

> 　　至于翻译方法，我仍认为斯诺当年对我的教导是值得记取的。一九三三年我在燕京大学读书时，曾帮助斯诺编译《活的中国》，那是我第一次从事中译英的工作。斯诺强调，译文要尽量贴近原文。他对文字的要求颇严格。他不肯照猫画虎，他认为生吞活剥是犯罪。他告诉我，一个译者一定得把原作所描写的事物完全弄懂才可着笔，译的时候要用最准确无误的语言把自己所理解的传达给读者。
>
> 　　……有些人主张以忠实为主，另外一些人主张要灵活。我是灵活派。这一派比较受读者欢迎。当然首先得吃透原文的精神，再在这个基础上去灵活，灵活并不等于可以不忠实于原文。我觉得如果原文是悲怆的，你翻译出来不能表达那种感情，那种是死译、硬译，是要不得的。原文如是逗人乐的，结果人家看了译文，绷着脸一点也不乐。这也是最蹩脚的翻译。所以我认为，灵活绝不是可以随便走样，而是要抓住作品本质的精神。若不能把握，这翻译就是失败的。另外，我觉得搞翻译时，理解力占四成，表达力占六成。比如说一个东西，你完全知道是什么意思。但怎样用恰当的语言，也就是中国人的语言，来表达这意思，往往很难。（萧乾，1982：69–70）

　　萧乾在其小说散文自译集 Spinners of Silk （《吐丝者》）中所采用的翻译策略和方法就体现了他的翻译思想。他采取重组段落，增加对话，删除原文中的插入语、情景描写语言以及加注的方法，使他的译文在保留原文意义的同时，更加倾向于译入语文化的接受。我们以该自译集中《蚕》一文中的两段译文为例：

> 　　原文：于是她就一腿跪在椅子上，摘下靠窗壁上的镜框，匆忙地扯出嵌在里面的合照。我高兴时总爱逗人。这时又忍不住用初级的闽腔骂她二百五了。她笑着把蚕由它自织的网罗里掏出来，用食指轻轻地，母亲似的温爱，抚了一下那小蚕的肚腹，娇声说：小宝宝，好好地作！然后仔细地放到像上。回过头来半笑半愁地怜惜那点浪费了的丝络。（萧

乾，2001：5）

译文：So she climbed up on a chair and took the photograph from its frame, then put the industrious silkworm gently on the corner of the picture. In a "Leechee Grove," perhaps, we could call it. In Mei's hand was a book of Li Ching-chao's poems, in mine a bamboo flute. Branches of leechee dropped above us, graceful as Mei, the restless deer. (14)

译文几乎重写了这个段落，避免了原文中女主人公将蚕从蚕圈拿开的描写，而将叙事者"我"和女主人公想象成一对在荔枝树下吟诗吹笛的才子佳人。

原文：活着的六条，因为叶子早已吃尽，也不大有生气了。看见我来，有的抬起头来作着向我乞怜的神气。孩子，这不是我的能力，我变不出桑叶来啊！有的，多半就是那最健壮倔强的，忍耐在匣的一角，等待丰年或死亡。我爱它，为那怪样子，固执着充好汉子似地，支持它的生命。

匆忙洗好脸，就下山为这些饥儿办给养去了。

既受过一次教训，这一来就买了一大抱桑叶。选嫩的洗了一些，就散堆在孩子们的身上，立刻，像埃及的五个丰年一样，孩子们都高兴了起来。一个个由盖着的叶下钻出黑喙的头来，各抱一个缘角，沙沙地吃起来了。这头一嘴一嘴地吞，那头的嘴往上一噘，就噘出一块青黑的粪蛋来。吃得那么痛快，再也记不起和他们同来而死在饥荒里的弟兄。(4-5)

译文：The other six were feeble, and looked at me with their tiny blank eyes as though they were greeting me ironically, "Good morning, God."

I washed and dressed hurriedly, and rushed down the hill to buy them some food. I picked out the most tender leaves from the tips of the branches and spread them over the white bodies, already shrunken with the pangs of hunger. (13)

译文对原文进行了大量的删节，删除了许多细节描写，加入了西方人熟悉的"God"字眼。

　　自译集中的其他小说和散文也存在程度不等的增删情况，此处不赘述。总之，"萧乾在英译本中所作的增删，是大刀阔斧的删节，是'无中生有'的增益。他的这种做法，与直译意译有着本质上的区别。因此是无法在究竟是照顾形式还是翻译意义的理论框架之内，对此做出解释的"（林克难，2005：45）。这恰恰体现出文学自译的本质特征，译者对自己创作的作品拥有自主权，有着绝对的操纵权力，传统译论中的忠实观在自译中是个悖论。应该说，无论译文忠实于原文，或者远离原文，都是自译者自由的表现。

　　萧乾的自译选集《吐丝者》出版后，反馈良好。1944 年 9 月 2 日，《吐丝者》被《泰晤士报·文学副刊》选为当月最佳小说。英国作家福斯特（Edward Morgan Forster，1879—1970）与萧乾的交往始于 1941 年，他如伯乐一样鼓励指导萧乾的文学创作，同时也非常喜爱萧乾的小说。他说《篱下》中的每个人物都刻画生动，《栗子》也很精彩，他朗读给母亲听了，老太太很为故事情节所吸引。福斯特还从萧乾笔下描绘的那些孤儿寡母的心酸故事中加深了对贫困问题的理解。他说："从那些赤着脚饿肚子的人身上，我才知道，跟东方相比，欧洲人的贫困简直是微不足道。"（1943 年 7 月 7 日）（符家钦，1996：62）1944 年 10 月英国杂志《今日之生活与文学》刊登了关于此书的评论文章，其中提道："在眼前这本书里，萧乾正在一个短短的篇幅里进行写作实验。尽管有着战时中国的激荡，他能在情致上不反常态，表现出一个艺术家的高尚情操。他的标题小说蕴藏着无限激情，因为那正是他从中寻找鼓舞力量的极大勇气与同情。"（鲍霁，1988：548）。

　　萧乾的《吐丝者》中的小说和散文创作于 1932 年至 1937 年间，他的作品聚焦这一段苦难动荡时期底层老百姓的日常生活，从细节描写中反映出时代的变迁对普通人的影响。他的小说和散文，他的英文作品，乃至整个 20 世纪三四十年代的中国现代文学的对外译介，都力图向外界展现一个不同于"老古玩店"的，充满着苦难、压迫、抗争、战斗，同时又充满生命力的现代中国。这也是萧乾自译的动机，在这样的动机下，采取自译的形式，萧乾为使作品能顺利传达到译语文化中而采取诸如变译的方法就不难理解了，毕竟翻译的交际目的在萧乾的眼中是排在第一位的。

　　萧乾在斯诺编选的《活的中国：现代中国短篇小说》中的自译小说《皈依》是一篇以救世军为题材的反基督小说，揭露帝国主义利用宗教来麻痹普通老百姓的文化侵略行为。对西方社会来讲，通过小说了解现代中国社会对西方宗教的态度也是他们的兴趣之一。萧乾本人也说："《活的中国》

出版后，斯诺一次在上海告诉我说，他见到的英美对此书的评论，最受瞩目的是我这篇。"（萧乾，2014a：268）"美国人对它出乎意料地大感兴趣。"（55）有意思的是，在以下的例子中，原文下划线的部分在 1936 年出版的英文译文中被全部删掉，见译文 1；而在 1984 年出版的萧乾选集 *Semolina and Others* 和 2001 年出版的《萧乾作品精选》中，小说《皈依》中被删掉的部分又全译了出来，见译文 2。

原文："……上海洋兵开枪打死五十多口子，临完还他妈派陆战队上岸。哼，老虎戴素珠，救他妈什么世吧！"这时，他记起上次给学校扛大旗，在天安门席棚底下听熟的一句："他们是帝国主义。他们一手用枪，一手使迷魂药。吸干了咱们的血，还想偷咱们的魂儿。"（斯诺，1983：237）

译文 1："... Those barbarian soldiers have killed our people by tens in Shanghai recently. Save-the-World indeed！" Now he recalls what he heard from the student's platform in Tien An Men the day he carried the huge flag for his school, marching in front of the parade. "They are Imperialists. Imperialists！" The word rolls out magnificently. (Edgar Snow, 1936: 237)

译文 2："... The barbarian soldiers have killed more than fifty people, and they even landed their marines in Shanghai. It's like a tiger wearing prayer beads. Save-the-World indeed！" Now he recalls what he heard from the student's platform in Tien An Men the day he carried the huge flag for his school, marching in front of the parade. "They are Imperialists. Imperialists！ They hold a gun in one hand and chloroform in another. They want first to suck our blood and then steal our souls." The words roll out magnificently. (萧乾，2001：161)

萧乾是在当初就全译出来了还是后来出版时补译上去的？如果是前者，那就是 1936 年该书在英国首次出版时，编选者斯诺删掉了其中部分内容。其目的很明显是减少对西方的负面描写，缓和语气，以使选集更容易被接受。所以，自译中的大量增删不一定完全出自译者的主观意图，也可能受制于译者之外的原因，如编选者、出版社等因素，增删的关键在于让译文易于被译语文化所接受。

在 20 世纪三四十年代向国外介绍现代中国文学过程中，除了身体力行将自己描写中国社会的小说自译成英语以外，萧乾还用英文创作和编写了大量介绍中国现代文艺和中国文化的专著，在英语世界中引起很大反响。《苦难时代的蚀刻》是萧乾到英国后介绍中国现代文学的第一本专著，出版后立即受到英国出版界的普遍重视。《泰晤士报》文艺副刊、《新政治家与民族》、《观察家》、《论坛》、《听众》都载文推荐，称赞此书（鲍霁，1988：161）。1942 年 3 月 21 日的《泰晤士报》文学副刊刊文评论《苦难时代的蚀刻》："萧乾先生对新中国的小说、诗歌、戏剧、小品文的简明评论——每一页都用了专章——对一个几乎完全不了解的国家来说，是个有益的指引，同时满足了探索者们的欲望。"（546－547）萧乾在回忆中也讲道，《苦难时代的蚀刻》出版后，没料到所有伦敦出版的报纸都写了评论（萧乾，2014a：276）。英国作家乔治·奥威尔（George Orwell，1903—1950）在 1945 年 11 月 1 日的《观察家》报上撰文评论萧乾选编的《千弦琴》："萧乾先生没有职务上的身份，也没有直接的政治目的，但他在过去几年出版的著作，对促进中英关系做出了贡献。"（鲍霁，1988：549）"通过你这本书的描述，在我面前呈现出一个崭新的世界。过去，我对此是一无所知的。"（萧乾，2014a：277）

萧乾的自译和英语作品受到译入语文化读者的欢迎，按他的说法，"更重要的是当时的历史背景。尤其是珍珠港事变以来，英国读者想了解中国的愿望空前地强烈。天下的出版商都追求'热门货'。我当时是在英国的唯一的中国记者，何况又新近来自抗战中的中国。他们找上门来向我约稿，并不奇怪"（280）。"当时英国读者太急于了解中国了，然而除了林语堂的《京华烟云》和蒋奕用文字及速写记述他对英国印象的书之外，关于那时期的中国的书太少了。"（283）基于以上动机，萧乾通过文学自译和他语写作为中国形象在海外的建构和传播做出了很大的努力和贡献。20 世纪三四十年代在萧乾的文学翻译生涯中也是最值得他珍惜记忆的时期。他在《我的副业是沟通土洋》一文中，特别谈到人生的旅程取决于两种因素，主观的意向和客观的机缘。他虽没有以沟通土洋为职志的意向，但早年遇到不少这样的机缘，因而就零零碎碎、稀稀拉拉地做了一些这方面的工作。沟通土洋只是为了增进外国对我们的了解。沟通洋土也就是外译中的工作，才更为根本。然后，萧乾认为在外译中方面，他尊崇傅雷、朱生豪、汝龙、杨宪益夫妇，对自己被称为翻译家感到愧疚（284）。从萧乾的话中可以看出，他对那段时期的自译和他语写作很满意，胜过之前和以后的外译中，尽管中译外不是汉语为母语的翻译家翻译的常态，是逆向的翻译，但他更看重翻译和写作的效果、接受和影响，而这些是他任何一次外译中都无法企及的。他参与编写的《中国简报》是最早向英语世界介绍中国新文艺的。他的"英伦五书"密集地向世界介绍中国的抗战、中国的社会和文化。与林语堂等相比，他更代表了现代中国的机构的目的和主流的意识形态，但他的"英伦五书"又绝非政治宣传，他的《吐丝者》充满着中国现代白话文小说的特征和西方小说叙事的技巧，文学性始终是萧乾在他的翻译和写作中努力保持的。在翻译和写作中，将政治与文学性紧密结合起来，取得良好的效果，萧乾在20世纪上半叶的文学自译和他语写作实践堪称典范。

参考文献：

鲍霁，1988. 萧乾研究资料［M］. 北京：十月文艺出版社.

符家钦，1996. 记萧乾［M］. 北京：时事出版社.

林克难，2005. 增亦翻译，减亦翻译——萧乾自译文学作品启示录［J］. 中国翻译（3）.

斯诺，1983. 活的中国：现代中国短篇小说［M］. 长沙：湖南人民出版社.

萧乾，1982. 漫谈文学翻译［J］. 外国文学（11）.

萧乾，2001. 萧乾作品精选［M］. 文洁若，选编. 北京：北京语言文化大学出版社.

萧乾，2014a. 文学回忆录［M］. 哈尔滨：北方文艺出版社.

萧乾，2014b. 龙须与蓝图——中国现代文学论集［M］. 北京：外语教学与研究出版社.

SNOW E, 1936. Living China: modern Chinese short stories［M］. London: George G. Harrap Co. LTD.

Xiao Qian's Literary Self-translation and Writing in Foreign Language and Their Contribution to Construction of Chinese Image in Foreign Countries

Duan Feng

Abstract: Literary self-translation and writing in foreign language are the important parts of Xiao Qian's literary and translation career. During 1930s and 1940s, Xiao Qian helped Edgar Snow editing *Living China: Modern Chinese Short Stories* and translated one of the edited stories written by himself. He also published five books in Great Britain, one of which is his self-translated story collection and the other four are either written or compiled by him. Through his works, he introduced to the western world the traditional Chinese culture, the modern Chinese literature and then Chinese fight against Japanese invasion. Thus, Xiao Qian made himself an excellent example of properly relating political aim with literariness through his self-translation and writing in foreign language.

Key words：Literary self-translation; writing in foreign language; cultural construction; cultural transmission

翻译专业硕士的专业理论素养提升

——以四川大学研究生示范课"翻译概论"的课程建设为例[①]

刘 佳

（四川大学外国语学院，成都610207）

摘 要： 对于注重应用和实践的翻译专业硕士（MTI）教学，讲授翻译理论知识的主要目的在于指导学生全面了解翻译活动的基本性质和特点，理性认识其在历史和现实的社会环境中的功能和影响，进而将理性认识和主观实践经验相结合，通过分析和反思促进翻译实践质量的提升。翻译硕士培养的重点是实际的翻译能力，但理论素养的提升能够拓展对翻译活动作为一种跨文化的社会活动所具有的复杂性和丰富性的认识，进而反向促进翻译实践能力的发展。

关键词： 翻译专业硕士；翻译理论知识；"翻译概论"

翻译专业硕士（MTI）的培养目标是培养"能适应全球经济一体化及提高国家国际竞争力的需要、适应国家经济、文化、社会建设需要的高层次、应用型、专业性口笔译人才"（全国翻译专业学位研究生教育指导委员会，2011），于2007年由国务院学位委员会批准设置。由于受到对理论的作用和意义的怀疑，甚至将理论学习和能力培养对立的观念影响，对于重实践的MTI学生是否需要学习有关翻译的理论知识，即对翻译活动进行理性认识和理解的必要性，部分从事口笔译教与学的师生在认识上有一定分歧。MTI学位设置方案中也并没有对理论的学习和掌握提出明确的要求，只是在教学内容安排上提出"教学内容突出口笔译技能训练，重点培养学生的翻译实际操作能力，兼顾翻译理论素质和跨文化交际能力的培养"（全国翻译专业学位研究生教育指导委员会，2011）。实际上，在各培养单位的课程设置中，翻译理论课占比也非常小，一般仅为一门必修课程"翻译概论"，计2个学分（翻译硕士学位授予要求通常为38个学分）。那么，在这门仅有34或36课时的课程中，教师就应当要考虑将翻译理论的传授"概括"到何种范围、"拓展"到何种深度、"突出"哪些重点，以及如何让学生将其在实践课程中获得的直接经验和主观感受相联系，促成其对翻译问题的深入思考，并映

---

① 本文为四川大学研究生课程建设第四批项目"翻译专业硕士的专业理论素养提升"的结题成果。

射到其以后的翻译实践中去。

1. 与 MTI 相关的翻译理论范围和重点

早在霍尔姆斯（1972）为翻译研究描述学科框架时，翻译的纯理论和应用理论的区别就非常清楚：纯理论翻译研究包括"理论研究"（即"普遍理论"——试图描述或解释各种翻译活动，并且归纳出适用于所有翻译的理论，和"专门理论"——针对各种翻译限制的研究）和"描述性翻译研究"（即对翻译作品、翻译功能和翻译过程的导向研究）；而应用翻译研究这一分支主要是与翻译实践相关的应用研究，包括译员培训、翻译辅助、翻译批评等。这一区别也被后来的翻译研究者普遍接受和使用。

那么是否和翻译实践相关的应用翻译理论就是 MTI 学生理论素养培育的全部内容呢？有研究者曾认为"对于以提高翻译能力为目标的笔译教学来说，教师没有必要传授纯理论，应用理论中的翻译专业知识才是教学的重点"，并且将翻译专业知识明确为"与翻译实践密切相关的翻译'术'的理论"，包括翻译的性质、翻译的类型、翻译的标准和原则、翻译的目的、方法和步骤、文本类型与翻译方法、职业翻译的特点或因素、译员的职业素质要求、翻译项目管理、翻译伦理等内容（马会娟，2013）。在上述霍尔姆斯的纯理论翻译研究中，我们可以清晰地看到和翻译实践各环节各因素密切相关的方面，比如专门理论中的语对限制理论、层级限制理论和文本类型限制理论，又如描述性翻译研究中的产品、功能、过程导向研究等；而且，随着社会科技和翻译实践的发展，许多原本在 20 世纪八九十年代翻译学科框架提出之际并未得到显著发展和足够重视的部分，比如专门理论中的媒介限制理论，即区分人工翻译和机器翻译（又区分机器和机器辅助翻译），现在却成为翻译职业和行业的显著特点和关注焦点。这不仅体现了翻译实践的发展，也更新了人们对翻译活动各方面的认识。这些内容之间的相互关联和对翻译实践的影响并不能简单地被归之为"纯翻译理论"而排除在 MTI 学习的范围之外。

理论自身具有辩证和逻辑的特点，因而具有实践所欠缺的前瞻性和宏观性。翻译理论的学习可以使翻译实践成为有理论指导的理性行为。翻译理论意识的提升可以使零散的翻译实践更加系统化，对"偶然性的"翻译策略和方法的选择进行合理解释。理论素养是译者能力的重要组成部分，可以使译者对翻译实践中的问题有充分的预期，对制约翻译选择的社会文化因素有所了解，以便更合理地选择翻译策略和技巧。此外，理论素养也是建设高等教育专业学位的必然要求。区别于职业培训学校，高校的翻译教学不能唯技术化，而是应当有利于译员在整个专业（职业）生涯中保持和提升翻译能力。这不仅能满足不断更新的市场需要，同时也符合高等教育专业学位的要求。

2. "翻译概论"示范课程对 MTI 学生理论素养的提升

2.1 课程实施计划

本课程抛开传统翻译理论性课程"讲座式""我说你听"的教学模式，充分调动学生参与全过程，鼓励学生在当今全球化语境中发现翻译行业和职业遇到的实际问题和挑战，形成自发的关注焦点和研究兴趣；使应用型专业学位的学生不再成为专业理论学习的"旁观者"和"门外汉"，而是作为"参与者"反思和预期翻译活动中的各个环节和各种问题，将对翻译的理解从零散的、主观感受式的经验性总结，上升为系统的、客观分析后的理性认识。

在突出应用型的人才培养中，"翻译概论"是 MTI 课程设置中唯一一门理论性课程，其最终目的是促进学生翻译能力的培养与专业素质的提升。因此，如何解决理论联系实际问题，如何促使学生积极参与翻译理论的学习与思考，如何培养其对翻译行为进行理性分析，如何促使其对翻译实践进行梳理和反思，并培养其提出和解决问题的思维习惯和问题意识，成为本课程建设需要解决的主要问题。

在已有"翻译概论"课程的教授经验之上，本团队教师进一步优化课程内容，根据现代语言服务行业的市场发展和职业翻译的特点，反映口笔译领域的最新研究成果和发展动态，强调理论素养和实践能力的有机结合。通过探究式和研讨式的教学方法，鼓励学生参与小组互动和师生互动，培养学生查找、梳理和评价的能力，提出问题、多角度思考问题和解决问题的能力，独立思考、综合分析和团队合作等方面的能力。在考核方式上注重过程考核，覆盖教学全过程，将课前文献阅读和讨论、课堂陈述展示以及期末考试成绩等纳入课程的最后综合成绩。

2.2 课程实施过程

本课程以 2018 级和 2019 级 MTI 口笔译研究生"翻译概论"课程班级

作为建设的示范班级，研究周期为两年。2018 级（2018 年 9 月—2019 年 1 月）课时期间完成教学大纲的内容安排，采用探究和研讨式教学方法，充分落实课前、课上、课后三个环节，通过过程记录和期末考试、问卷调查反映课程建设的初步效果；第一轮课程轮空期间（2019 年 3 月—2019 年 8 月）根据授课实际情况再次修订教学大纲，分析教学方法的可行性和有效性，并做相应调整；2019 级（2019 年 9 月—2020 年 1 月）课时期间，根据前期课堂尝试和教学研究，进一步优化课程内容和教学方法；第二轮课程轮空期间（2020 年 3 月—2020 年 8 月）形成和发表与本课程相关的教学研究成果。

教学大纲的实施充分体现理论学习中阅读和思考的相辅相成。针对 MTI 学生入学之前普遍缺乏对翻译基本问题的了解和思考这一问题，教师在课程前半段（约 7 周）对翻译基本问题的重要方面进行介绍，辅以中西翻译史和翻译实践的实例，让学生形成对翻译活动认知的基本框架，了解翻译的性质、功能、过程、主体、基本矛盾、主要影响因素和翻译批评等。课程的后半段（约 10 周）采取学生分组进行课前翻译研究重点文献或中西翻译史主题研读，加上课堂研读小组汇报的形式。其中，研读文献既包括翻译研究的重要基础文献，也包括与翻译实践关联度较高的基本文献，如《论翻译的语言学方面》（*On Linguistic Aspects of Translation*，Roman Jakobson），《对等的原则》（*Principles of Correspondence*，Eugene Nida），《交际翻译与语义翻译》［*Communicative and Semantic Translation（I）（II）*，Peter Newmark］，《翻译中规范的本质与作用》（*The Nature and Role of Norms in Translation*，Gideon Toury），《文本的类型、体裁与特点：翻译中的抉择》（*Type, Kind and Individuality of Text：Decision Making in Translation*，Katherine Reiss），《翻译行为中目的和委托》（*Skopos and Commission in Translation Action*，Hans J. Vermeer），《目的、忠诚和翻译惯例》（*Scopos, Loyalty, and Translational Conventions*，Christian Nord），《口译研究入门：第一章　概念》（*Introducing Interpreting Studies*，"Chapter 1：Concepts"，Franz Pochhacker），《口译研究读本：前言》（*Interpreting Studies Reader*，"Introduction"，Franz Pochhacker）等。这些文献的研读既可以帮助学生了解当代翻译研究的发展脉络，也可帮助其从语言、社会、文化等不同视角理解翻译活动；通过分组对中国和西方翻译活动和翻译研究活动进行梳理，学生可以更加透彻地理解课程前期所涉及的翻译基本问题。针对提前一周分配的指定文献，学生研读小组进行个人通读和小组研读，形成阅读提纲并提交教师修改，根据教师意见修改提纲、制作 PPT 初稿，教师进行 PPT 初审，小组再次修改 PPT，小组代表进行课堂陈述和全班阅读指导，教师点评，最后 PPT 定稿发到课程微信群共享。

2.3 课程效果和存在的问题

通过两轮示范课程的实施，学生的课程参与度明显提高：对于前半段教师讲授的专题内容，能够集中思考相关问题，查找相关参考书目进行拓展阅读，形成对翻译基本问题的认知框架；后半段通过分组研读和汇报，更加了解重要翻译理论及其产生的背景和基本观点，能结合翻译史和当下翻译现实进行评判性思考和客观评述。自主性和批判性的思考具有一定的广度和深度，这一点在期末考试中体现得较为明显。本课程的期末考试虽为闭卷考试，但均为开放性的论述小题，希望学生在学习和思考的基础之上形成对翻译问题的观点，并且论之有效。另外，对翻译的理性认识对将来学生进行毕业论文选题也有一定的指导作用。

当然，课程实施过程中也存在一些不足。比如，对教师讲授的理论知识，部分学生由于前期的理论学习准备不足，如果课后不进行拓展阅读，就很难对其思考透彻，以后也很难将理论学习的所得应用到翻译实践中去；又如，在小组研读和报告的过程中，部分学生表现出相关学术训练的欠缺，比如不善于提炼文章重点，在陈述中时间分配不均、重点不突出、不能对相关理论内容的关系进行恰当评述等。

当然，翻译理论素养的提高并不是上一门理论课就能够解决的，还需要在实践和实习课程中进行提点和贯穿。虽然翻译硕士培养的重点是实际的翻译能力，但理论素养的提升能够拓展对于翻译活动作为一种跨文化的社会活动所具有的复杂性和丰富性的认识，进而反向促进翻译实践能力的发展。

参考文献：

马会娟，2013. 汉译英翻译能力研究 ［M］. 北京：北京师范大学出版社.

全国翻译专业学位研究生教育指导委员会. 翻译硕士专业学位研究生指导性培养方案
　　［R/OL］. (2011－08). http://yjsc. yzu. edu. cn/module/download/downfile. jsp?classid =
　　0&filename = 1506151730565245621. pdf.

许钧，高方，2010. 翻译理论素养的培育与翻译理论类教材的编写 ［J］. 外语与外语教
　　学（6）.

朱振武，綦亮，2011. 理论·操守·权益——翻译硕士（MTI）专业设置引发的思考
　　［J］. 上海翻译（3）.

Promoting Theoretical Studies of Translation for MTI Students: Case Study on MTI Model Course "On Translation" in Sichuan University

Liu Jia

Abstract: It's necessary for MTI students to have general knowledge about basic elements of translation activity, from its diversified natures and features, to its historical, social and cultural involvement and influence. The course "On Translation" aims to provide students with an academic framework of the discipline and also a realistic reference to the profession, which results in a more profound consideration upon their translation practice before and more preparation for their future translation strategies. The theoretical concepts and ideas of translation are included in different forms of lecturing, reading, discussion and presentation on and off class, which improves students' initiative and inspiration in academic training and future professional practice.

Key words: MTI; theoretical studies of translation; "On Translation"

翻译的表演性理论初探①

罗 金

（四川大学外国语学院，成都 610207）

摘 要：表演研究作为一门具有跨学科性质的新兴学科兴起于 20 世纪 60 年代，其研究范围涵盖了一切可被视作表演的事件。"表演性"作为其中的一个重要术语，随着表演研究的跨学科发展而得以丰富，其所指在不同的学术话语场内既有联系又有差异。翻译作为一种跨文化的交流活动，可与表演互为隐喻。翻译研究与表演性理论的对话业已存在，但主要集中在对戏剧翻译的研究探讨上。本文将翻译视作一种特殊的表演，从拟剧理论的角度探讨翻译这一行为事件，又将"表演性"这一内涵丰富的学术话语纳入翻译研究的视角，以发现当代西方翻译理论中不同研究范式与流派之间的共性，翻译中各种特殊的现象也可通过表演性理论得到解释。

关键词：表演；拟剧理论；表演性；施为；翻译研究

1. 引言

近年来，以"表演"（performance）或"表演性"（performativity）为核心概念对翻译进行探讨的研究常见诸翻译学界。香港浸会大学与香港城市大学曾以"表演性与翻译"为主题开办学术研讨会，除探讨戏剧翻译中的"表演性"，会议还涉及诸如表演性理论与翻译研究的联系、视听翻译中的表演性、口译研究中的表演性、作为表演者的文学译者、翻译中的性别与表演性等议题。国际译学刊物《目标》（*Target*）在 2013 年就曾辟专刊，就戏剧翻译中的表演性展开讨论。专刊编者玛丽内蒂（C. Marinetti）在开篇文章中指出，同文化研究与性别研究等人文研究领域一起，翻译研究也已经受到从戏剧研究中拓展出的表演性理论的影响，如对译者身份问题的关注，但对"表演性"这一概念与翻译的关系所展开的论述还有待兴起（Marinetti，2013：309）。将"表演性"这一内涵丰富的学术话语纳入翻译研究的视角，无疑将为翻译的跨学科研究开辟新方向。在表演性理论的框架下，我们能够

① 本研究受 2018 年国家社会科学基金项目"作为语际书写和文化建构的二十世纪中国文学自译研究"（18BZW127）、四川大学中央高校基本科研业务费项目"美华英语文学及回译中的民族形象研究"（SKBSH2020－27）的资助。

发现不同的翻译研究范式和流派之间的共性，对翻译的忠实问题产生新的认识，一些特殊的翻译现象也可通过表演性理论得到解释。

2. 翻译：一种特殊的表演

"表演"一词在《现代汉语词典》中的定义为"戏剧、舞蹈、杂技等演出；把情节或技艺表现出来"，以及"做示范性的动作"（中国社会科学院语言研究所词典编辑室，2012：87），而英文"performance"一词在词典当中的定义更广，包括"施行""完成""表现""成绩""演出""做样子"以及语言学中与语言能力（competence）相对的"语言表现"（参见陆谷孙，2007：1450）。就传统意义而言，戏剧表演总是与舞台相联系，舞台的存在能随时提醒观众戏剧与现实生活之间的差别，但舞台与现实间的关系不是一成不变的。随着一些现代西方戏剧导演开始将舞台延伸至观众席中，戏剧与现实的界限开始模糊，在虚构与现实之间游走的观众有时甚至会成为舞台上不可或缺的角色。斯特茨（B. O. States）指出，"performance"以其更丰富的含义逐渐取代局限性较强的"theatre"一词而成为戏剧研究中的主导概念（States，2003：114），表演研究（performance studies）这样一门新兴学科应运而生。表演研究的研究对象除音乐会、舞蹈、戏剧等在舞台上进行的活动外，还囊括了诸如体育赛事、社会及宗教仪式、典礼、政治演说，乃至建筑、绘画、文学以及影视等。

与翻译研究类似，表演研究作为一门具有跨学科性质的新兴学科，也因其研究领域的不断扩张而引起一些学者对其学科合法性的担心和质疑，如麦克奥利（McAulley）就表示有必要对什么能被视为表演进行界定。在他看来，表演必须涉及表演者和观察者的实时在场（live presence），表演者和观察者分别具有表演和观看表演的意向，此外，对时间和空间的分析也成为表演研究中十分重要的环节（参见 Schechner，2013：38）。按照麦克奥利的观点，文学、绘画、影视和翻译（此处特指笔译）都不能被视作表演，因为绝大多数情况下，这些作品的"表演者"和"观众"是无法同时在场的。然而倘若采取一种较为开放的态度，我们便能将这些在时空上有着延迟和差异的关系互动视为特殊的表演。作为表演研究这一学科的创始人之一，谢克纳（Schechner）将进行表演研究的学者分为外部研究者（outsiders）和内部研究者（insiders）两类。尽管谢克纳属于更专注于艺术性表演的内部研究阵营，他却以一种开放的态度对待任何可被视作表演的行为事件，将表演定义为"重建行为"（restored behavior）、"再次行为的行为"（twice-behaved behavior），并认为可将人类生活的所有活动都视作表演并对其进行研究（Schechner，2013：28 – 29）。

将翻译与表演进行类比业已有之。翻译家罗伯特·弗洛利在所著《翻译的艺术》一书中写道："只有演员和剧中人物双方思想感情融合时，才能演出个性、风格和精神世界。同样，只有译者和作者双方思想感情融为一体时，译文与原文才能风格一致，进入化境"（转引自冯颖钦，1990：40）。冯颖钦认为"表演是一门艺术，翻译也是一门艺术。不过它们不是一般意义上的艺术而是二度创造艺术"（冯颖钦，1990：40）。巴斯内特（Bassnett，1991）在探讨戏剧翻译问题时也注意到，从剧本到演出的转换过程在英语中也常常用"翻译"来表示。翻译作为一种跨文化交流活动，可与表演互为隐喻。传统的戏剧表演便可视为从剧本跨越到舞台演出的符际翻译，而文学翻译也可视作表演者与观众时空相隔的表演互动，表演者与观众同时在场的口译活动与戏剧表演更有诸多相似之处。将翻译作为表演进行研究，传统的戏剧表演理论或难以推进，而上述外部研究学派的优势开始凸显。

3．拟剧理论对翻译研究的启示

表演研究的一个大前提是，其研究对象总是动态的各种行为、互动和关系。将翻译作为表演进行研究，意味着研究的重心必然从静态的译本研究转向译者与译本、译本与读者以及译者和读者之间的关系和互动，这与翻译研究近年对译者显身性和翻译主体性问题的关注相切合。

莎士比亚曾说，整个世界是一个舞台，所有男女不过是这舞台上的演员，一个人在其一生中要扮演很多角色。谢克纳所言表演研究的外部研究者之一，美国社会学家戈夫曼（Goffman）也将社会中的每一个人看作舞台上的演员，其出版于 1959 年的著作《日常生活中的自我呈现》中所提出的拟剧理论对翻译研究具有理论意义上的启发。戈夫曼将"表演"定义为"特定的参与者在特定的场合，以任何方式影响其他任何参与者的活动"（戈夫曼，2008：15）。拟剧理论作为一种社会学理论，将注意力集中在人与人之间的符号互动上。社会中的人们通过各种符号，如语言、文字，以及手势、表情等来呈现自己的形象，期待其表演取得良好效果。例如餐馆的侍应一般都会尽可能给客人提供满意的服务，然而当他们回到厨房与自己的同伴相处时，便可能放下成规，对客人评头论足。又如一个试图表现得很专注听讲的学生，两眼紧盯着老师，竖起耳朵，投入全部精力来扮演一个专心听讲者的角色，结果却什么也没听见。有时表演者可能完全进入了自己所扮演的角色当中，以至于真诚地相信自己所呈现的就是真正的现实。餐馆侍应在跟同伴相处时或许已经开始了新的表演，而人们即使在独处时也并不一定能呈现出完全真实的状态。只需对自己稍加审视，我们便能发现自己在生活中无时无刻不在表演。

拟剧理论中的一些重要概念有助于加深我们对翻译的认识。"前台"是"个体在表演期间有意无意使用的、标准的表达性装备"（戈夫曼，2008：19），又可分为舞台设置与个人前台，舞台设置指"表达性装备的场景部分"，个人前台指"表达性装备中能使我们与表演者产生内在认同的那些部分"（戈夫曼，2008：19），如衣着、年龄、性别、种族特征、言谈举止、面部表情等。当一个人在前台进行表演时，他总是试图强调其表演中的某些方面，而另一些被掩盖的事实则存在于后台区域。

对于翻译活动而言，这样的分析模式或许会因某些因素的缺失而导致不足。比较而言，口译者进行表演的前后台更易于观察和区分，而对从事文学翻译等活动的笔译者而言，其表演的前台和后台则需从整体的角度来认识。从翻译活动的发起直至译者开始进行翻译前，都可视作译者在其后台进行活动，这一阶段的活动包括译本的选择、与发起者和赞助人的沟通协商、对原文的阅读理解等，这一系列准备工作都是在表演的后台完成的。一旦译者开始翻译，表演前台凸显，然而如同汽车修理厂的修理工不愿意让顾客看到修理过程一般，译者表演的前台和后台并非泾渭分明。在翻译过程中，译者时常需要查阅各种工具书，与编辑、赞助人就具体翻译问题进行探讨，因此可以认为，从译者开始翻译到译文产生并进入读者视野前这一阶段，译者可以在前后台之间自由穿梭，其"译者—表演者"的身份是流动而不稳定的。最后在译文与读者间展开的互动，可视为表演者身体缺席但仍通过作品而在场的前台表演阶段。如此划分也适用于影视作品中的演员，尽管影视演员从不会"隐形"。当读者将译文视作原文而忽略译者在其中扮演的角色时，作为表演者的译者便骤然失声。聚焦文本的读者固然可高呼"作者已死""译者已死"，但对于从事翻译研究的学者而言，译者却是不可忽视的。

近年来不断有学者对译者的隐身表示不满（Venuti，1995），呼吁译者登场（Robinson，1991），提倡在翻译史研究和撰写中以译者为中心（Pym，2006；Delisle & Woodsworth，1995），这一趋势促使我们将目光转移到译者进行表演的后台。对译作的副文本进行挖掘是探索译者在后台行为的一条有效途径，通过对译作序跋、注释、封面、出版信息，以及译者的翻译笔记、访谈、信件等副文本信息的研究，译者在其作品中对特定翻译策略的采用、译文的变形等现象将得到一定程度的解释，与其"前台表演"息息相关的各种文本外行为也将得到揭示。此外，许多受到文化转向浪潮影响的翻译研究学者也将目光投向翻译在目的语文化构建中所起的作用上（Toury，2001；Tymozcko，2004；Gentzler，2008）。

一次社会表演通常不仅仅由一个人完成，戈夫曼据此引入"剧班"这一术语来表示"表演同一常规程序时相互协同配合的任何一组人"（2008：70）。当某一剧班在呈现其表演时，观看表演的其他参与者也在进行若干回应性的表演，这时他们自身也构成了一个剧班。在翻译研究中，除了对译者所处剧班的整体研究，对观众剧班所做的回应性表演的考察也从未间歇。如前文所述，将翻译视作表演最有可能招致质疑之处便是表演者和观众无法同时在场，而戈夫曼的观点却能为此做出有力辩护："如果一个观众对一个没有其他人在场的特定社会舞台设置留下了印象，那么他就是目睹一个无成员的剧班表演的观众……当表演者按照内化的道德标准来引导他的个人活动时，他也许把这些道德标准与某种参照群体联系起来，从而为他的活动制造了一种不在场的观众"（戈夫曼，2008：71）。倘若读者在阅读译作时能留心译者或精彩绝伦或不甚理想的译笔（专业读者多如此），译者在翻译中时刻考虑潜在读者，那么缺席的表演者与观众也将在场，即便是本雅明笔下理想的译者，也能在其表演中充当自己的观众。在社会表演中，表演者经常会来回于不同的剧班之间而成为"中间人"。作为一种不协调角色，"中间人"知道每一方的秘密，并给每一方留下他将会保守秘密的忠实印象，但他在每一方面前都会显现出他对他们要比对另一方更加忠诚的虚假印象，想必一些口译者对此会感同身受。此外，戈夫曼提出的诸如表演的理想化、神秘化、印象管理等概念，及基于社会表演理论进一步发展的框架分析理论也能给翻译研究者以启迪。

斯奈尔－霍恩比（M. Snell-Hornby）曾借鉴德国学者凯德尔（Kaindle）对具有跨学科性质的学科的几个发展阶段的描述，认为翻译研究也将经历大量采纳式（imperialistic）、选择性借鉴式（importing）和互惠式（reciprocal）三个阶段（Snell-Hornby，2006：71－72）。翻译研究与表演研究的跨学科对话不仅能为翻译研究界提供新的认识翻译的视角，促使译学界对译者之外影响翻译的因素及译作在目的语文化中产生的影响提高重视，也有望促进表演研究学者对不受重视的后台行为以及表演行为所施加文化影响的关注。因缺乏学科自身理论构建而受诟病的翻译研究在朝向互惠式阶段发展的进程中迈出了一步，这对其作为一门具有跨学科性质的学科进一步确立其学科独立性具有重要意义。

4. 翻译的表演性理论

拟剧理论中的隐喻使我们将翻译视为一种社会表演，从而能借助相关概念更加全面、动态地认识翻译，然而翻译研究与表演研究更深层次的交叉发展则有赖于"表演性"这一学术话语的介入。"表演性"（performativity）是表演研究中的一个重要术语，在历经各种学术思潮的冲刷和各个学科的吸收和重构之后，在当今学术界已经成为一个内涵丰富、外延宽泛的流行话语。谢克纳也承认该术语由于含义纷繁而难以准确定义，一般被用以指示那些"像表演"但却不属于传统或正规意义上的表演的事物（Schechner, 2013：123）。将表演性理论纳入翻译研究，需要通过对这一术语在不同语境和学科下的意义仔细甄别，从而筛选出适用于翻译研究界的表演性理论。

表演性理论最早可以追溯到英国语言哲学家奥斯汀（J. L. Austin）有关言语行为的理论。奥斯汀于1955年在哈佛大学的系列讲座中率先提出人们的言语可分为"陈述"（constative）和"施为"（performative）两类。传统的语言观认为我们所说的话总是可做真假判断的叙述成分，奥斯汀则认为我们的话除了可用于陈述真假命题之外，还能起到改变现状、对世界产生影响的功用，即"以言行事"。婚礼上新人所承诺的一句"我愿意"便能改变双方的关系而使婚姻生效，命名典礼上嘉宾宣布"我将这艘船命名为伊丽莎白号"时船便有了新的名字。这些例子表明，我们在合适的场合说出某些话时，这些话本身也成了行动。奥斯汀特别强调情境适合与否对施为话语能否生效起着决定性作用，戏剧、文学中的施为话语寄生于现实生活，是语言的苍白化，因而是不严肃（non-serious）且不适切的（infelicitous）（Austin, 1975：21-22）。需要特别注意的是，奥斯汀在其论述中使用的是"performative"，而从未用过"performativity"一词。"performative"可作形容词和名词，在语言学中特指"施为的"或"施为话语"，而"performativity"即使在相同语境下也只能理解为"施为性"，这似乎与"表演性"相去甚远，因此米勒（J. H. Miller）曾专门指出言语行为理论中"performativity"与表演研究中"performativity"毫无关联（Miller, 2006：219）。

德里达（J. Derrida, 1930—2004）针对奥斯汀将施为话语进行"严肃

/不严肃"的划分提出了批评，并一以贯之地对其进行了解构。奥斯汀认为文学中的施为话语寄生于现实生活中的施为话语，是对现实语言的模仿和再现。在德里达看来，这无异于一种价值判断，即虚构的施为话语是派生、从属的，因而是次等、无价值的。德里达提出所有话语都具有"可重复性"（iterability）的观点，认为所有话语，无论"严肃"与否，都是对已经存在的话语的重复和引用。他反问道："一个施为话语如果不是重复一个已'编码'或可重复的话语，其施为功能可生效吗？"（Derrida，1988：18）的确如此，婚礼上牧师宣布新人结为夫妻，领导宣布会议开幕，这些话语的生效本身就有赖于对现存话语的重复。此外，重复并不意味着相同，差异性才是重复得以发生的前提。在重复中彰显差异，德里达有关延异的解构主义思想得以延续。德里达的论述瓦解了奥斯汀对现实生活语言和文学语言的对立，赋予了"performativity"新的内涵，即"可重复性"，却仍未正面回应奥斯汀对文学中的施为语言做出的无效审判。其实，奥斯汀对施为话语是否适切的划分依据落脚在其是否能实施"言外行为"（illocutionary act），而言后行为（perlocutionary act）由于本身并非语言行动，而且听者的反应也不是一个语言过程，而是一个复杂的心理过程。所以，语言学家过去不大讨论"言后行为"，因为在许多场合中陈述性的话语也能引起言后行为。在新的时代语境下，我们可以将能产生言后行为的话语视作施为话语，而文学语言不但能对读者的审美情趣产生影响，还能促发读者思考并改变读者的行为。通过这样的理解，文学语言也就不会如奥斯汀所说的"苍白化"了。

巴特勒（Butler）是真正将"表演性"这一术语推至学术前沿的学者，其性别表演理论在文化研究界颇具影响力。"性别表演性是指身体通过引用和重复已有的规范持续不断地巩固身份认同，但是重复性表演并不是被动的，它在实施过程中同时产生对规范的抵制力量，削弱了规范的强制效果"（何成洲，2010：139）。可以看到，巴特勒的性别表演理论受到了德里达"可重复性"的影响，尽管研究对象不同（语言与性别身份），但他们的主张却相当一致，即在重复中彰显差异，在重复中进行建构。至此，我们发现德里达、巴特勒与奥斯汀对"表演性"①的理解非但无须对立，还能相互补充与丰富。米勒对学界不应随意使用"performativity"一词的提醒很有警示

---

① 此处将"performativity"译为"表演性"，其所指包括奥斯汀、德里达、巴特勒对"performativity"的理解，而本文亦认为他们相互独立而又相关的理念在广阔的文化视野下对翻译研究适用，但在语言学研究的语境下只能译为"施为"或"施事"。

意义，但他的立论建立在表演研究中的表演性应仅与在舞台上演出的舞蹈、音乐、戏剧有关这一基础之上，而事实是从事表演研究的学者一直在对德里达、巴特勒等后结构主义者的理论进行关注和研究。

罗宾逊（Robinson）在其 2003 年出版的《施为语言学》一书中将奥斯汀的"施为话语"引入翻译研究，提出"以译行事"。他批评了传统语言学派翻译研究基于陈述语言学、追求文本等值的取向，认为文化转向后的翻译理论都是"以译行事"的体现。若将"施为"扩展至"表演性"，我们会发现罗宾逊所批评的语言学派也能与其他学派和谐共融。段峰认为："表演作为一种学术话语，可大致分为以阐释为取向的表演和以解构为取向的表演，前者强调意义理解的语境化，后者强调意义生成的创造性。"（段峰，2012：4）此二者并不矛盾，可共同构成表演的特性。

基于以上讨论，可以认为翻译的表演性包含重复性、差异性、生成性和施为性四个方面。关注语言转换，强调译文应忠实于原文的传统语言学翻译理论体现了翻译活动的重复性；目的论、描述性翻译研究理论、有声思维法（TAP）以及将翻译视作改写、殖民（反殖民）、抵抗文化霸权、彰显译者（性别）身份等文化学派的理论都能体现翻译的"施为性"；德里达、蒯因、本雅明等人对翻译的哲学思考，以及以施莱尔马赫为代表的阐释学派理论则凸显了翻译活动的差异性与生成性。然而这样的划分并不是绝对的。譬如，尽管奈达被视作语言学派的代言人，但其动态对等的理念表明了对译文读者感受的关注，从这个层面上来看，其理论也体现了翻译的施为性。罗宾逊也提到，奈达心目中理想的译者通过翻译圣经而使人皈投基督教，尽管他本人并未承认这一点。女性主义翻译理论总被斥责政治诉求大于理论价值，而正在逐渐发展的女性主义翻译研究第二范式却有新的推进。基于性别表演理论，她们"将翻译视为一种有意图的、经过深思熟虑的话语间行为，认为不同的翻译文本是同一源文本的不同表演"（李欣，2013：37）。这种范式的转变受到了后结构主义思潮的影响，因为后结构主义强调社会生活的话语以及文本本质。戈达尔（B. Godard）提出，"在女性主义话语理论中，翻译是生产（production）而非复制（reproduction）"（Godard，1990：91）。她还自造出"transformance"一词来强调翻译是一个意义建构过程和一种行事方式，其理论便同时突出了翻译的生成性和施为性。斯奈尔-霍恩比意图为无法归入文化学派的目的论正名，通过翻译的表演性理论我们便能认清目的论的焦点的确聚集在翻译的接收端（Snell-Hornby，2003：17 - 18）。当代西方翻译理论历经若干研究范式的更替与研究重心的转移,而表演性理论的引入或能帮助我们发现各理论流派的可通约性。

5. 结语

将翻译作为表演进行研究,为我们增添了一个更广的视角来认识当代西方翻译理论以及有关翻译的方方面面。戈夫曼的拟剧理论将翻译事件标定为动态的表演过程,在该框架内不同流派的翻译理论都是对翻译表演性的某个或某些方面的深入探索,即使需分门别类也能各有所依。翻译的表演性理论可用以透视一些特殊的翻译现象和问题,如戏剧翻译中一直纠缠不清的"可表演性"。其实,只需确定译者在戏剧翻译的"表演过程"中是否需要扮演译者之外的角色,便能回答译者是否应该译出剧本的"可表演性"。在文学自译这种特殊现象中,译者扮演了原作者与译者的双重角色,译者在其表演过程中总是受到处于后台的自我的监视,然而自译作品却往往较译他人作品出现更多的改动,我们可以理解为作为作者的主体在译者表演过程中从后台来到了前台,与作为译者的主体共同完成了表演,译文和自译者身份都通过翻译得以重复及重构。

我们也需看到将翻译视作表演以及翻译表演性理论的局限和不足。拟剧理论对口译、少数民族口头文学翻译等涉及表演者与观众直接接触的事件适用性更强,"表演性"与戏剧表演的特性间的分歧也有待解决说明。但令人欣喜的是,译学界已经开始关注将表演性纳入翻译研究的视野,随着研究的深入,新成果、新问题将随之而来。

参考文献:

段峰,2012. 作为表演的翻译——表演理论视域下的我国少数民族口头文学对外翻译 [J]. 当代文坛 (4):153 – 156.

冯颖钦,1990. 翻译艺术与表演艺术之比较 [J]. 浙江大学学报 (1):40 – 45.

戈夫曼,2008. 日常生活中的自我呈现 [M]. 冯钢,译. 北京:北京大学出版社.

何成洲,2010. 巴特勒与表演性理论 [J]. 外国文学评论 (3):132 – 143.

李欣,2013. 女性主义翻译研究表演范式探析 [J]. 天津外国语大学学报 (2):37 – 41.

陆谷孙,2007. 英汉大词典 [M]. 2 版. 上海:上海译文出版社.

中国社会科学院语言研究所词典编辑室,2002. 现代汉语词典 (汉英双语) [M]. 北京:外语教学与研究出版社.

AUSTIN J L, 1975. How to do things with words [M]. 2nd ed. Oxford:Clarendon Press.

BASSNETT S, 1991. Translating for the theatre: the case against performability [J]. TTR (1): 99 - 111.

DELISLE J, WOODSWORTH J, 1995. Translators through history [M]. Amsterdam and Philadelphia: John Benjamins Publishing Company.

DERRIDA J, 1988. Limited Inc [M]. WEBER S, trans. Chicago: Chicago University Press.

GENTZLER E, 2008. Translation and identity in the Americas: new directions in translation theory [M]. London and New York: Routledge.

GODARD B, 1990. Theorizing Feminist Discourse/Translation [C] // BASSNETT S, LEFEVERE A, eds. Translation, history, and culture. London: Pinter Publishers: 87 - 96.

MARINETTI C, 2013. Translation and theatre: from performance to performativity [J]. Target (3): 307 - 320.

MILLER J H, 2006. Performativity as performance/performativity as speech act: Derrida's special theory of performativity [J]. South atlantic quarterly (2): 219 - 235.

PYM A, 2007. Method in translation history [M]. Beijing: Foreign Language Teaching and Research Press.

ROBINSON D, 1991. The translator's turn [M]. Baltimore: John Hopkins University Press.

ROBINSON D, 2003. Performative linguistics: speaking and translating as doing things with words [M]. London and New York: Routledge.

SCHECHNER R, 2013. Performance studies [M]. 3rd ed. London and New York: Routledge.

SNELL-HORNBY M, 2006. The turns of translation studies [M]. Amsterdam and Philadelphia: John Benjamins Publishing Company.

STATES B O, 2003. Performance as metaphor [M] // AUSLANDER P. Perfromance: critical concepts in literary and cultural studies: volume I. London and New York: Routledge: 108 - 37.

TOURY G, 2001. Descriptive translation studies and beyond [M]. Shanghai: Shanghai Foreign Language Education Press.

TYMOCZKO M, 2004. Translation in a postcolonial context: early Irish literature in English translation [M]. Shanghai: Shanghai Foreign Language Education Press.

VENUTI L, 1995. The translator's invisibility [M]. London and New York: Routledge.

A Study of Performativity in Translation and Translation Studies

Luo Jin

Abstract: Performance Studies as an emerging discipline started to develop since the 1960s. With openly stated interdisciplinarity, it covers all events that could be taken as performances. The connotation of "performativity", a key term in Performance Studies, has been enriched with increasing interdisciplinary discursive participation, and its signification varies and interconnects in different academic fields. The dialogue between Translation Studies and Performance Studies has already been underway, which mainly focuses on drama translation. This paper believes that translation can be seen as a special kind of performance, and translation and performance could be a metaphor for each other in terms of their interactive nature. On the basis of dramaturgical theory, the connotative concept of performativity has been brought into Translation Studies. In this way, the common ground among different research paradigms and schools of contemporary translation theories is to be found, and some special phenomena in translation are to be further explained.

Key words: performance; dramaturgical theory; performativity; performative; translation studies

以《威尼斯商人》为例
解析西方经典名著在中国的译介[①]

其美单咬

（西藏大学旅游与外语学院，拉萨 850000）

摘　要：西方经典文学作品在中国的传播不仅仅是单向的文化传播，而是东西方文学的对话与文化的融合。中国的社会历史环境与翻译对文本的解构与重构使得引进和传播西方经典文学既是拿来主义也是一个本土化的过程。以西方文学的代表性作家莎士比亚为例，他的作品在中国的译介与中国的社会历史环境的变迁息息相关。《威尼斯商人》是最先被译成中文和最早被搬上中国舞台的莎士比亚作品。《威尼斯商人》也是中国读者和观众最熟知的莎士比亚作品之一。通过《威尼斯商人》中文译介的语境与具体的文本分析，本文作者认为除欧洲中心主义的盛行和莎士比亚作品自身的吸引力之外，《威尼斯商人》在中国受欢迎的原因还包括：（1）五四运动时期的翻译与表演对《威尼斯商人》的偏好；（2）《莎士比亚故事集》中文译本对译介语境的重写；（3）以马克思主义视角研究《威尼斯商人》的进程与中国政治社会环境的契合。

关键词：西方经典文学；中文翻译；《威尼斯商人》；莎士比亚

1. 引言

　　翻译在文化的传播与迁移过程中发挥着转换语言与文化的双重功能。翻译通过转换语言文字增加或减少了语言文字所承载的文化。文字与文化的转变使得本土化成为西方经典名著的译介过程中不可忽视的现象。因此，英国与中国读者所感受到的莎士比亚是不可能一样的。关于莎士比亚在中国的译介，穆瑞·列福提（Murray J. Levith）与华裔学者黄承元（Alexander C. Y. Huang）均提出了"中国的莎士比亚"（Chinese Shakespeare）这一概念（Levith，2006：xiv；Huang，2009：23－43）。莎士比亚作品的中文翻译和在中国的演出都已经根据目标受众进行了相应的调整。不管这些来自中国的

---

① 本文为全国教育科学"十三五"规划2016年度教育部青年课题阶段性研究成果，课题批准号为 EHA16044。

译者、导演和表演者的选择是有意还是无意的、主动还是被动的，莎士比亚在中国的译介和表演都被打上了中国的烙印，成为一个独特的不同于英文原版的存在。莎士比亚作品在中国的翻译、传播、接受和改编与中国的社会历史环境的变迁、中文所承载的文化内涵以及中国读者和观众的期许等因素息息相关。国内外学术界详细研究了中国的历史变迁与莎士比亚译介的宏观语境。目前国内外的许多学者对莎士比亚在中国的译介进行了研究并发表了诸多论文与专著：比如李伟民的《中国莎士比亚批评史》以及黄承元的《莎士比亚中国行旅》（*Chinese Shakespeare: Two Centuries of Cultural Exchange*）等。莎学在中国的蓬勃发展使得莎士比亚研究会成为一个汇聚众多优秀学者的平台。曾担任会长与副会长的学者有曹禺、卞之琳、王佐良、方平、辜正坤等。在国外的学术界，"全球的莎士比亚"（global Shakespeare）已经成为一个较为成熟的学术研究领域。

现有文献资料表明，针对单个莎士比亚作品的译介研究还较为缺乏，而《威尼斯商人》可能是中国读者和观众最熟悉的莎士比亚作品之一。《威尼斯商人》不仅被选入中学语文教材，而且也是最早被翻译成中文并在中国表演的莎剧。因此，本文探讨了《威尼斯商人》在中国受欢迎的原因。莎士比亚作品受欢迎的最显而易见的两个原因是：（1）莎士比亚的才华或者说莎士比亚作品本身的伟大；（2）19 世纪之后英美的相继崛起给英语文学在全球的传播提供了便利条件。除此之外，本文选取的三个较为独特的角度包括：（1）五四运动对《威尼斯商人》在中国传播的影响。《威尼斯商人》在中国的热度在五四运动时期高于其他莎士比亚作品，但是改革开放后《威尼斯商人》受欢迎的程度逐渐与其他剧目齐平。（2）一本名为《莎士比亚故事集》（*Tales from Shakespeare*）的儿童读物对莎士比亚作品在中国的传播产生了很大的影响。查尔斯·兰姆（Charles Lamb）与玛丽·兰姆（Mary Lamb）姐弟将莎士比亚的作品改编成儿童读物，对故事的情节和语言进行了一定的删减和简化。由林纾翻译的这本儿童读物的中文版对莎士比亚作品在中国的译介起到了开拓性的作用。林纾翻译的《威尼斯商人》（《肉券》）可能是历史上中国读者最先接触和阅读的莎士比亚作品。（3）莎士比亚研究者所运用的马克思主义视角使得《威尼斯商人》从五四运动时期到 20 世纪 50 年代及至 70 年代都保持了一定的活跃度。针对《威尼斯商人》的重要论文包括吴兴华于 1963 年在《文学评论》期刊上发表的《〈威尼斯商人〉——冲突和解决》。

本文首先简要叙述了莎士比亚在中国的译介与接受以及《威尼斯商人》在中国的独特之处。其次，本文逐个分析了五四运动的影响、《莎士比亚故事集》、马克思主义的视角这三个《威尼斯商人》在中国受欢迎的原因。再次，本文简要介绍了改革开放之后《威尼斯商人》在中国的情况。与其他莎士比亚的作品相较而言，《威尼斯商人》在 20 世纪 80 年代后并没有受到特别喜爱，这可能是由经济繁荣和生活水平提升造成的。随着莎士比亚作品的翻译和演出的增多，受众的选择面扩大，中国观众并没有把选择局限于《威尼斯商人》。本文最后的部分是对所阐述之观点的一个简要总结。

2. 简述莎士比亚与《威尼斯商人》在中国的译介与接受

2.1 向中国读者介绍莎士比亚

最早向中国读者介绍莎士比亚的是林则徐。虽然没有提及具体的作品，但是他在 1839 年编译的《四洲志》中提到了沙士比阿。魏源在 1844 年撰写的《海国图志》中同样介绍了"富著述"的沙士比阿（Sun, 2008：13）。最终把莎翁的中文名字定为"莎士比亚"的是梁启超（Li, 1991：4）。关于莎士比亚作品最早的中文资料出现在 1856 年，是英国传教士慕维廉翻译的《大英国志》(*The History of England: From the Invasions of Julius Caesar to the Year A. D. 1852*)。随后，美国汉学家谢卫楼在 1882 编译的《万国通鉴》中也介绍了莎士比亚的作品。20 世纪初，对莎士比亚在中国传播产生重要影响的是英国的兰姆姐弟所改写的《莎士比亚故事集》。1903 年，一本名为《澥外奇谭》的改写本用文言文和中国章回小说的形式翻译了《莎士比亚故事集》，但是《澥外奇谭》的译者不详（Huang, 2009：71）。1904 年，林纾和魏易将该书合译成《英国诗人吟边燕语》（Huang, 2009：71）。得益于林纾在中国翻译文学界的地位，该译本对推广莎士比亚的作品起了重要的作用。林纾当时是一位活跃的作家，经常在上海流行的短篇小说季刊《小说月报》上发表作品。虽然林纾不懂任何外语，但他凭借中文写作功底，与其他译员合作发表了许多翻译作品。林纾克服语言障碍的方法是重写另一位懂外语的译员对文本的概述。林纾以翻译作品《茶花女》和《大卫·科波菲尔》等小说而闻名（Lung, 2004：162 - 163）。《莎士比亚故事集》的另一位译员魏易曾就读于梵王渡学院。该学院是圣约翰大学的前身，魏易曾在那里学过英语。五四运动以及之后的改革开放都进一步促进了对莎士比亚作品的介绍、翻译与传播。自 20 世纪起，莎士比亚在中国的翻译与改编作品众多。参与翻译与改编其作品的学者中有用白话文在 1921 年翻译《哈孟雷特》的田汉、对莎士比亚进行较为完整的翻译的梁实秋、用白话文翻译《莎士比亚戏剧全集》的朱生豪，以及翻译《莎士比亚十四行诗集》的屠岸。在现当代的中国社会，莎士比亚成为中国读者最熟悉的西方作家之一。

2.2 《威尼斯商人》在中国

《威尼斯商人》是最受中国读者喜爱的莎士比亚剧作之一。它有五种不同的译本，受到了中国读者的广泛关注。《威尼斯商人》是第一部在中国上演的莎士比亚戏剧。1896 年，圣约翰书院（后更名为"圣约翰大学"）的学生们用英语表演了此剧。1916 年，《民国日报》记录了中国观众对这一最早的莎士比亚剧目演出的反应；观众发现《威尼斯商人》是一个"充满乐趣的精彩故事"（Li，1995：55）①。《威尼斯商人》的双语版本还出现在上海颇受欢迎的短篇小说月刊《小说月报》上（Huang，2009：72）。1919 年，《威尼斯商人》首次由新民社搬上中国的舞台，新学书院在 1924 年用英语表演了《威尼斯商人》（Levith，2006：18）。20 世纪 30 年代，上海剧团首次用伊丽莎白时期的服装和体现意大利街景的布景呈现了该剧。南京国立戏剧专科学校也表演过《威尼斯商人》。作为这一成果的延续，该校随后组织了莎士比亚研讨会并发表了八篇论文（Levith，2006：15）。导演张奇虹的《威尼斯商人》是首部在 20 世纪 80 年代上演的莎士比亚剧作，并取得了巨大的成功（李伟民，2014：101）。中国青年艺术剧院在中国各大城市巡回演出了两百多场《威尼斯商人》，观众约 16 000 人，80 年代末该剧还获得了文化部颁发的几个奖项。《北京晚报》刊登的观剧评价是："居然在舞台上表演亲吻的戏码了，而且音乐和布景都很美""你真的能感受到 16 世纪的意大利"（Li，2003：02）②。

3. 《威尼斯商人》在中国受欢迎的原因

3.1 五四运动与《威尼斯商人》在中国

《威尼斯商人》的中文译名有《肉券》《一磅肉》《女律师》等

---

① 该引用源自英语文献，英语原文为：［The Merchant of Venice］is "a wonderful story full of fun".
② 该引用源自英语文献，英语原文为：［The audiences are saying］"there is kissing on the stage, and the music and the set are beautiful"，"you could really feel sixteenth-century Italy in the production".

（Levith，2006：15）。"肉券""女律师"的译名突出了剧中法律与契约的概念。这些译名抓住了《威尼斯商人》的故事主线——"契约"（张婷等，2018：187）。合约确实在《威尼斯商人》中占据着重要的地位。尽管夏洛克和安东尼奥之间相互对立，但他们之间订立了一份经济契约。杨虹提出："整个剧情围绕着巴萨尼奥、安东尼奥与夏洛克之间的借贷以及担保合约的协商、签约和执行而展开，其他的剧中人也基本上是通过合约方式连接了起来。"（2009：153）安东尼奥向他的敌人借钱，而夏洛克打算通过不道德甚至残忍的手段收钱。莎士比亚笔下的安东尼奥和夏洛克是一种既相互依存又相互矛盾的关系。而"契约"既可以指安东尼奥和夏洛克之间有形的法律纽带，也可以指威尼斯青年之间无形的爱情纽带。新思想和年轻人成为新文化运动的主旋律，而在传统的《威尼斯商人》的表演中夏洛克通常是一个老人的形象。在埃德蒙·基恩将夏洛克诠释成为一个反犹太主义歧视的受害者之前，夏洛克在舞台上一直是一个老顽固的形象：歪歪扭扭的身躯，长长的胡须，表情阴沉（Hazlitt，1930—1934：323）。夏洛克老顽固的形象在中国的生根发芽与五四运动的诉求息息相关。通过与女儿杰西卡的对比与互动，中国舞台上早期的《威尼斯商人》中的夏洛克也是呆板和专横的。如保罗·高戴（Paul Gaudet）所说："她［杰西卡］是一个坚韧而叛逆的年轻人，她对抗了夏洛克这个专横的反面人物。"[①]（1991：354）

剧中的另一个年轻的女性角色对以夏洛克为代表的群体进行了更有力的反抗。相对于杰西卡间接和被动的反叛——逃跑，鲍西娅则面对夏洛克的狡猾和挑衅见招拆招。鲍西娅代表的是聪慧的职业女性，是在法庭上与以夏洛克为代表的男权对抗的女性，她也是现代中国新女性的缩影。由于庭审这一幕在《莎士比亚故事集》中的重要性，《威尼斯商人》在中国早期的翻译都侧重于夏洛克和鲍西娅之间的庭审辩论。新女性这一概念与当时全国范围内的新思潮的发生相互关联。新女性形象的塑造不仅存在于新文化运动中，而且在中国现代性的话语上都具有重要意义。穿着高跟鞋和旗袍的影星胡蝶是新女性的形象，她没有像传统的中国妇女一样相夫教子，而是通过拍电影成为一名影星。在上海拍摄的电影《女律师》改编自《威尼斯商人》，胡蝶在电影中扮演鲍西娅。中国的新女性不再遵循传统的教条，拒绝受限于家务，

---

① 　该引用源自英语文献，英语原文为："she is resilient and rebellious youth pitted against the tyrannical blocking figure of Shylock"。

也拒绝将自己禁锢在以家庭为代表的内部空间里（Stevens，2003：82）。正如史蒂文斯所观察到的，新女性和现代国家的出现密切相关。在中国，尤其是 20 世纪中叶以前，虽然鲍西娅在审判现场打扮成男人模样，但却经常被称为"女律师"。旧时代很少有职业女性，女律师更是少见。在女性求职的社会现象正常化之前，女律师这一称呼挑战了传统女性的角色。女律师的身份同时传达了两个信息，一是对那些先进的改革派的赞赏，二是对墨守成规的传统主义者的挑战。

3.2　《莎士比亚故事集》

　　《莎士比亚故事集》是莎士比亚在中国的译介过程中非常重要的一个文本。据记载，1877 年至 1928 年间，日本出版了 97 种《莎士比亚故事集》的译本，而 1903 年至 1915 年间，中国出版了 12 种《莎士比亚故事集》的译本。《威尼斯商人》是最先在中国和日本被翻译的莎士比亚作品，分别出版和发行于 1915 年和 1903 年（Huang，2009：72）。《莎士比亚故事集》是一本维多利亚时代的儿童读物，因此语言和情节有所简化。然而，这一简化的《莎士比亚故事集》通过突出莎剧的故事情节和人物性格对莎士比亚作品在中国的推广起到了积极的作用。林纾在翻译《莎士比亚故事集》时调整了兰姆姐弟原版的顺序，因为林纾的《吟边燕语》开篇就是《肉券》，即《威尼斯商人》，而不是原版《莎士比亚故事集》里的《暴风雨》。《威尼斯商人》在中国的翻译和演出注重故事情节和道德规训，对夏洛克和鲍西娅的刻画都与《莎士比亚故事集》相关联。

　　莎士比亚的英语，即伊丽莎白时期的英语，即使对英语为母语的现代观众来说也是阳春白雪（顾绶昌，1982：16）。莎士比亚在中国的译介却展现了截然不同的画面，对故事情节的关注也体现在翻译的语言风格上。除早期几本文言文的翻译版本之外，莎士比亚的中文翻译普遍运用了通俗易懂的白话文。如波兰学者杨·柯特（Jan Kott）《我们的莎士比亚》一书的书名所示，翻译版本拉近了莎士比亚作品与观众之间的距离，莎翁也因此变成了"我们的莎士比亚（Shakespeare our contemporary）"（1974）。通俗易懂的剧情与语言使得中国观众对莎士比亚的作品产生了浓厚的兴趣。兰姆姐弟在对《威尼斯商人》进行改编时删掉了大部分配角和细节，但是保留了庭审的大部分场景。这样的改动使庭审占据了整个故事一半的篇幅（Lamb & Lamb，1909：92 - 106）。在改编该故事集时，兰姆姐弟可能已经对最新的莎士比亚文学与舞台评论有所了解。在 1814 年爱德华·基恩发表有关夏洛克的评论之前，夏洛克一直是一个恶棍的形象，人物形象的塑造较为单一。基恩对夏洛克进行了人性化的诠释（Lelyveld，1960：39 - 60）。与大多数 18 世纪中叶、19 世纪初的英国人一样，兰姆姐弟对夏洛克几乎毫无同情可言，反犹太主义也或暗或明得到了大众和英国王室的纵容（Andreas，2003：98 - 106）。1741 年查尔斯·麦克林的《夏洛克》，1807 年玛丽·兰姆对《威尼斯商人》的改写，以及中国舞台上的十恶不赦的夏洛克之间可能存在着一定的联系。作为译者，林纾在翻译的过程中也对《威尼斯商人》进行了一定的改动。例如，林纾在他的翻译中没有提及基督教（Huang，2009：81）。这可能与林纾的个人生活经历有关。林纾接受的教育是中国传统的私塾教育，阅读的是四书五经，尊崇的哲学理念是孔孟之道。他对西方文化持开放态度，但他不同意全盘西化的观点。维多利亚时期英国社会所推崇的较为保守的道德观与孔子的思想有相似之处，林纾在《威尼斯商人》中也是根据儒学观念放大了此剧对道德观的宣扬。

3.3　《威尼斯商人》与马克思主义解读

马克思和恩格斯非常喜欢莎士比亚的作品，《忆马克思》一文的作者保罗·拉法格就认为莎士比亚是马克思心中最优秀的剧作家（Marx et al.，1973：152）[1]。马克思最小的女儿艾莲娜·马克思说道："莎士比亚作品是我们家的圣经，我们一直在阅读莎士比亚，我六岁的时候就知道许多莎士比亚剧作中的场景"（Marx et al.，1973：149）[2]。恩格斯在 1859 年 5 月 18 日给斐迪南·拉萨尔的信件里写到德国戏剧缺乏"莎士比亚式的活力"（1973：143）[3]。马克思著作中的一些案例分析也来自莎士比亚的作品。对莎士比亚戏剧的马克思主义解读之所以在中国广为传播是因为受到了苏联的影响。米哈伊尔·莫罗佐夫的《莎士比亚在苏联》被翻译了两次，并于1953 年出版。四年后，亚历山大·阿尼克斯特的《莎士比亚及其戏剧》的译本也相继出版（Li，2003：46）。苏联著名导演康斯坦丁·斯坦尼斯拉夫

---

① 该引用源自英语文献，英语原文为："Shakespeare is the greatest dramatic geniuses humanity ever gave birth to".

② 该引用源自英语文献，英语原文为："As to Shakespeare he was the Bible of our house，seldom out of our hands or mouths. By the time I was six I knew scene upon scene of Shakespeare by heart".

③ 该引用源自英语文献，英语原文为："［German drama lacks］Shakespearian vivacity and wealth of action".

斯基对莎士比亚戏剧的诠释对中国的影响很深。1903 年的《恺撒大帝》和 1912 年的《哈姆雷特》分别体现了自然主义和象征主义思想。斯坦尼斯拉夫斯基对莎士比亚的自然主义和象征主义的呈现不仅使莎士比亚的作品与社会主义现实主义联系在一起，而且也将苏联对莎士比亚戏剧的表演方法传播到了中国（Morgan，1984：126）。20 世纪 50 年代，许多苏联戏剧和表演专家来到中国。叶甫根妮娅·康斯坦丁诺夫娜·利普科夫斯卡娅用两年的时间与中国学生一起排演了《无事生非》。黄承元认为，利普科夫斯卡娅帮助中国演员尝试了斯坦尼斯拉夫斯基的表演方法。

在 1949 年到 1960 年间，诸多学者发表了从马克思主义社会阶级的视角研究莎士比亚的论文。《威尼斯商人》之所以在中国广受欢迎，也可能是因为这部剧与马克思主义视角联系紧密。埃利奥特·克里奇将马克思主义与故事发生的地点威尼斯和贝尔蒙特联系起来。克里奇认为贝尔蒙特是威尼斯的一个投射，是一个理想化的威尼斯。巴萨尼奥搬到贝尔蒙特是为了追求爱情，杰西卡搬到贝尔蒙特是为了追求自由。克里奇将贝尔蒙特视为另一个威尼斯，他把贝尔蒙特和威尼斯与社会主义和资本主义进行类比。克里奇把马克思对共产主义社会的设想投射到了《威尼斯商人》的贝尔蒙特上。这部戏剧结尾的场景设定在贝尔蒙特，代表了共产主义社会的最终胜利。克里奇认为戏剧的双重世界体现的是阶级斗争，这种双城的形式体现了和谐的最终实现，也就是资产阶级的反对力量犹如魔法般会消失（Kreiger，1979：1）[1]。这一点也体现在安东尼奥开场时的自我评价上。安东尼奥从不把成败和财富都寄托在一个地方上。以此类推，社会制度的选择也不应该仅仅只有资本主义：

> 感谢上帝，
> 我不把成败寄托在一只船上，
> 或者是一个地方。我全部财富
> 也不仅指仗这一年交易的盈亏。
> ——第一幕，第一场
> ANTONIO Believe me, no：I thank my fortune for it,

---

[1] 该引用源自英语文献，英语原文为："［Kreiger states］the double-world form of the drama itself absorbs a class struggle within the contents：the form would make us feel as though the retreat to Belmont embodies such a perfect realization of harmonic correspondences that the forces of bourgeois opposition will vanish as if by magic".

My ventures are not in one bottom trusted,
Nor to one place; nor is my whole estate
Upon the fortune of this present year;
Therefore my merchandise makes me not sad.
(I. 1)

　　提到莎士比亚在中国的研究，就必须提到吴兴华。吴兴华的导师哈罗德·谢迪克称赞他是其在燕京大学教过的最聪明的学生。谢迪克把吴兴华与他的另一位学生——哈罗德·布鲁姆相提并论。吴兴华是一位才华横溢的诗人，也是一位优秀的翻译家。这两点对吴兴华的莎士比亚研究起到积极的作用。龚刚认为："作为新诗人的吴兴华和作为英美文学教授的吴兴华，在莎剧评论中实现了几近完美的融合。"（2018：106）吴兴华认为，《威尼斯商人》与14世纪意大利故事集《笨蛋》（*Il Pecorone*）具有诸多相似之处。通过两部作品的比较，吴兴华发现安东尼奥在莎剧中的角色比在《笨蛋》里的角色更引人注目。因此，莎士比亚对安东尼奥的浓墨重彩凸显了商人和高利贷者之间超乎种族、信仰的经济利益的冲突，这也是物质决定意识的隐喻。在《威尼斯商人》第一幕第三场中，除第一行涉及信仰外，夏洛克所所言都与经济纠纷相关。

　　　　我恨他由于他是一个基督徒，
　　　　然而特别是因为他傻头傻脑地
　　　　放款，不索取酬报，结果把我们
　　　　威尼斯城里借贷的利率压低了。
　　　　只要他一旦落在我的掌心里，
　　　　我准得餍足我对他长年的怨愤。
　　　　他仇恨我们神圣的民族，偏要在
　　　　商人们经常聚集的地方骂我，
　　　　骂我的买卖和得来不易的收入，
　　　　硬说那叫什么"利钱"。我要是饶了他，
　　　　愿我的种族遭殃！
　　　　——第一幕，第三场
　　　　SHYLOCK How like a fawning publican he looks.

I hate him for he is a Christian,

But more for that in low simplicity

He lends out money gratis and brings down

The rate of usance here with us in Venice.

If I can catch him once upon the hip,

I will feed fat the ancient grudge I bear him.

(I. 3.)

4. 20 世纪 80 年代之后的《威尼斯商人》

莎士比亚戏剧在中国的学术研究在 20 世纪 80 年代后出现机构化的特点。学术期刊《莎士比亚研究》创刊；中国莎士比亚学会于 1984 年成立，成为国际莎士比亚协会的会员。20 世纪 80 年代之后，有关莎士比亚作品的翻译、表演与研究成果层出不穷。表演领域的推陈出新与翻译工作的推进相辅相成。1978 年，根据朱生豪的翻译整理改编的《莎士比亚全集》得以出版。继这一开创性的版本之后，不同版本的译文层出不穷。方平翻译的五部莎士比亚喜剧于 1979 年出版。曹禺的《罗密欧与朱丽叶》重印了九次。1988 年，卞之琳翻译的《哈姆雷特》《奥赛罗》《李尔王》《麦克白》这四大悲剧的诗句译本出版。或许是观众拥有了更多选择的余地，80 年代之后，《威尼斯商人》在中国并没有受到如以往般的特别欢迎。2000 年之后的莎剧表演很少选择《威尼斯商人》。除此之外，将莎士比亚戏剧中国化也成为一种独特的表演方式，比如用中国传统戏曲排演莎士比亚剧目等。李伟民的论文《用中国戏曲语言讲述世界的莎士比亚——粤剧〈天之骄女〉对莎士比亚〈威尼斯商人〉的改写》就分析了这样的趋势。吴兴国对莎士比亚戏剧的创意性表演颇受好评。他常常将戏曲、魔幻、民族乐曲、现代等多种元素融为一体，对莎士比亚的作品进行改编，其改编作品包括《李尔在此》《暴风雨》《欲望城国》等。

5. 结论

莎士比亚是在中国最受欢迎的西方作家之一，其剧作《威尼斯商人》颇受中国读者和观众的喜爱。在解读莎士比亚的中国热时，莎士比亚作品本人的才华和作品的价值不容忽视。除此之外，欧洲中心主义是英美的相继崛起带来的宏观背景，这一背景对莎士比亚戏剧在全球范围内的传播发挥了重要的作用。本文探讨了《威尼斯商人》在中国受欢迎的原因，主要从三个独特的视角进行了分析：首先，五四运动的主题和《威尼斯商人》有很高的契合度，两者都赞美青年的力量。其次，《莎士比亚故事集》的中文译本促进了《威尼斯商人》的译介。林纾的翻译不仅使《威尼斯商人》成为该书中的开篇作品，还通过简化的译文拉近了读者与莎士比亚的距离。最后，学者对《威尼斯商人》的马克思主义解读使得这一作品在中国受到长期持续的关注。

参考文献：

龚刚，2018. "十七年"时期的莎学探索——论吴兴华对《威尼斯商人》的解读及其范式意义 [J]. 外国文学研究，40（1）：97 - 107.

顾绶昌，1982. 关于莎士比亚的语言问题 [J]. 外国文学研究（3）：18 - 30，139.

李伟民，2014. 青春、浪漫与诗意美学风格的呈现——张奇虹对莎士比亚经典《威尼斯商人》的舞台叙事 [J]. 四川戏剧（6）：101 - 105.

李伟民，2016. 用中国戏曲语言讲述世界的莎士比亚——粤剧《天之骄女》对莎士比亚《威尼斯商人》的改写 [J]. 四川戏剧（3）：14 - 19.

杨虹，2009.《威尼斯商人》的合约解读 [J]. 外国文学研究，31（2）：152 - 157.

张婷，盛雪梅，2018. 20 世纪以来《威尼斯商人》法律诠释研究综述与思考 [J]. 戏剧之家（34）：187 - 189.

ANDREAS J, 2003. Canning the classic: race and ethnicity in the lambs' tales from Shakespeare [M] //MILLER N J. Reimaging Shakespeare for children and young adults. London and New York: Routledge.

GAUDET P, 1991. Lorenzo's "infidel": the staging of difference in *The Merchant of Venice*: critical essays [M]. New York: Garland.

HAZLITT W, 1930 - 1934. Characters of Shakespeare's plays: *The Merchant of Venice* [M] // HOWE P P. The Complete Works of William Hazlitt. vol. 4. London: J. M. Dent.

HUANG A C Y, 2009. Chinese Shakespeare: two centuries of cultural exchange [M]. New York: Columbia University Press.

KOTT J, 1974. Shakespeare our contemporary [M]. TABORSKI B, trans. New York and London: Norton.

KREIGER E, 1979. A Marxist study of Shakespeare's comedies [M]. New York and London: Macmillan.

LAMB C, LAMB M, 1909. Tales from Shakespeare [M]. London: Dent.

LELYVELD T, 1960. Shylock on the stage [M]. London and New York: Routledge.

LEVITH M J, 2006. Shakespeare in China [M]. Great Britain: Continuum.

LI R, 1991. Shakespeare translation in China [J]. Leeds east Asia papers, 4: 1 - 25.

LI R, 1995. The Bard in the Middle Kingdom [J]. Asian Theatre Journal: 50 - 84.

LI R, 2003. Shashibiya: Staging Shakespeare in China [M]. Hong Kong: Hong Kong University Press.

LUNG R, 2004. Theoral translator's "visibility": the Chinese translation of *David Copperfield* by Lin Shu and Wei Yi [J]. TTR: traduction, terminologie, rédaction, 17: 161 - 184.

MARX K, ENGELS F, BAXANDALL L M, et al. , 1973. Marx & Engels on literature & art: a selection of writings [M]. BAXANDALL L, MORAWSKI S, ed. St. Louis, Mo: Telos Press.

MORGAN J V, 1984. Stanislavski's encounter with Shakespeare: the evolution of a method [M]. Ann Arbor: UMI Research Press.

STEVENS S E, 2003. Figuring modernity: the new woman and the modern girl in Republican China [J]. Feminist formations, 15: 82 - 103.

SUN Y, 2008. Shakespeare in China [D]. Dresden: Dresden University of Technology.

An Analysis on the Popularity of Western Classics in China: Taking *The Merchant of Venice as an Example*

Qimei Zhuoga

Abstract: The traveling of Western literary classics from the West to China is not a one-way transmission. The socio-historical context and textual translation alter and localize the original transcripts. The Chinese adaptation of Shakespearean works is so prominent that Alexander C. Y. Huang calls the discourse of translating, reading, performing and researching Shakespeare in China as " Chinese Shakespeare". Among Shakespeare's works, *The Merchant of Venice* was probably among the earliest and most frequently translated ones in China. By combining contextual and textual analysis, this paper looks into the reasons behind the popularity of *The Merchant of Venice* in China. Besides the impact of Eurocentrism on the transmission of Western classics and the essential appeal of Shakespearean works, I summarize reasons of *The Merchant of Venice*'s popularity in China from three aspects: (1) the importance of translating and performing *The Merchant of Venice* during the May Fourth Movement; (2) the critical role of chinese versions of *Tales from Shakespeare*'s; (3) the Chinese social context and the Marxist reading of Shakespeare.

Key words: Western classics; Chinese translation; *The Merchant of Venice*; Shakespeare

典籍编译与经典重构
——析林语堂编译作品《老子的智慧》

夏婉璐

（四川大学外国语学院，成都 610207）

摘　要：本文以林语堂的编译作品《老子的智慧》为研究对象，考察林语堂根据时代命题在《老子的智慧》中对老子思想世界意义及现代意义的萃取以及据此对《道德经》的现代重构及整理。本文首先阐明了林语堂编译《老子的智慧》时的社会历史语境，接着，详细分析了林语堂根据时代命题重构道家思想的三个具体策略：一，对道家思想世界意义现代价值的主题提炼；二，对道家思想的分流及筛选；三，对道家思想的体系化。

关键词：林语堂；道家思想；现代重构

德国思想家马丁·布伯认为，在中国的儒释道三大思想体系中，真正具有世界意义的是道家思想。在他看来，佛教的出世精神对于西方文明的发展并无益处，而且会有消极的影响；儒家思想太注重此岸世界，太入世，因此也很难成为世界性的精神；而道家思想与西方思想相似，两者同样具有超越性。因此，"布伯希望通过中国道家的'无为'、'贵柔'、'尚朴'精神，重新找回西方失落已久的精神家园，重振西方文化"（刘杰，2000：39）。1948 年，林语堂编译了《老子的智慧》，真正践行了布伯的文化理想。在时代精神的召唤下，林语堂在此书中通过编译对道家思想的世界意义及现代意义进行萃取并对《道德经》进行现代重构。

1. 林语堂编译《老子的智慧》的社会历史语境

1948 年林语堂编译《老子的智慧》时，西方社会正面临两大困境：一是社会生产的高度工业化所带来的人性的异化，二是两次世界大战对西方价值体系的摧毁。

自 17 世纪以来，科学发展和机器生产便开始深刻地影响西方的思想体系和政治理念。科学发展使人们意识到人并非中世纪经院哲学所标榜的那样，在"神"与"真理"面前是无力的、渺小的。随着工业革命的蓬勃兴起，在人与自然的斗争中，人的重要胜利使人的权能感极度膨胀。因此，当

20 世纪来临时，我们所看到的是"人的能力——一度曾奉献给上帝与救赎的能力，现在却导向控制自然，以及寻求不断增进的物质享受"（罗素，等，1974：28 - 29）。

此外，两次世界大战对西方社会造成了深远的影响。欧洲大地哀鸿遍野、生灵涂炭，几个世纪以来人们所构建的理性、道德、信仰被战争的炮火击得粉碎。在这空前惨烈的浩劫中，尼采（Friedrich W. Nietzsche，1844—1900）不禁惊呼"上帝死了"。应对这一局面的方法便是重新树立人性的旗帜，确立人生的价值。

面对时代危机，许多具有世界视野的西方有识之士，如汤因比、罗素、雅斯贝斯，站在人类大同的高度，把人类文化视为不分优劣、互补共荣的整体，期望汲取东西不同文化的精髓以重建人性。他们中的一部分将视线投向中国以寻求济世之方。白璧德（Irving Babbit）找到了儒家思想，瑞恰慈（Ivor A. Richards）找到了孟子，林语堂则找到了老子和孔子。

2. 人学：林语堂对道家思想世界意义及现代意义的主题提炼

面对时代命题，林语堂开始走出中西文化非此即彼的二元对立。他将中西文化视作建构世界文化、医治人类之疾的重要元素，根据这一理想对两种文化进行现代阐释及整理。

林语堂在《西方人文思想的危机》一文中将现代社会的困境归结为泛物质主义。而他所开出的济世良药便是中国传统文化中的人文精神。1938年林语堂编译了《孔子的智慧》，1948 年编译了《老子的智慧》。林语堂在儒家及道家思想中发现了具有世界意义及现代意义的东西，即儒家及道家思想中所蕴含的人学思想。王弼曾试图将儒道的人文思想有机结合，他将道家无为、见素抱朴的人文思想置于儒家仁义礼教思想之上，提出道家为"本"、儒家为"末"，道家为"母"、儒家为"子"的观点。而林语堂不同，他以"人学"为主题从儒家和道家思想中萃取出两套人学体系。这两套人文思想不分伯仲，不分主次，分别体现了两个不同的层面，它们相辅相成，如两根支柱，共同支撑起林语堂构建的人学大厦。

在春秋时期礼崩乐坏的时代背景下，孔子对西周时代的礼乐制度进行了整合并将其发扬光大。孔子从正面总结并继承了礼乐制度。他将人置于一个关系网的中心位置，探讨人与人、人与社会的关系。孔子所提倡的人生价值必须置于社会群体中才能实现。

　　然而，"孔子的人文主义能否叫中国人感到十分的满足呢？答复是：它能够满足，同时，也不能够满足"（Lin，2009b：118）。儒家式的人生没有给个人留下多少属于自己的空间，人的自然本性淹没在社会性之中。因此，孔子的人并不能称其为一个完整的人。正如林语堂所言，"孔子学说依其严格意义，是太投机，太近人情，又太正确。人具有隐藏的情愫，愿披发而行吟，可是这样的行为非孔子学说所容许。于是那些喜欢蓬头跣足的人走而归道教"（Lin，2009b：119）。孔子的人缺乏一个维度，即自我的维度。林语堂在老子与庄子的道家学说中找到了这一失落的维度。

　　老子也对西周时期的礼乐思想进行了扬弃。然而，老子选择了一条与孔子相反的路径。老子注意到的是礼乐制度的偏失和流弊。在老子看来，社会的无序混乱有着更深层的原因，那就是个人价值的失落，自然人性的失落。老子着重凸显人的自然本性，他试图通过回归自然的方法来矫正或避免自然人性的异化，通过"无知""无为""无欲"来恢复自然的崇高价值，从而建立起合乎自然的社会秩序，并且解放自然的人性。他主张"见素抱朴"，提出人应该不断地进行复归本位的运动，以返璞归真，保持心灵的纯净。

　　在林语堂看来，老子的人学思想正是当时人类价值失落的一剂对症良方。首先，针对科学发展以及工业化所带来的人类权能感的极度膨胀及人性的异化，林语堂试图"找到一种能被科学家所接受的思想"（Lin，2009a：XXIII）。科学家所代表的便是那些秉持"以动力横绝天下"的泛物质主义者。老子的思想具有本体论、宇宙论的成分，对于探究万物之本的科学家来说，无疑具有吸引力。在人类为科学研究所取得的巨大突破所欢欣鼓舞，认为人力可睥睨一切时，他们却并未意识到人与自然之间并不是二元对立的认识与被认识、征服与被征服的关系。

　　在道家思想的影响下，一些科学家开始重新审视人与自然、人与环境之间的关系。卡普拉在《物理学之道》一书中提出，世界本身就是个量子场，是连续运动的。量子场的能量在某种条件下被激发，从而凝聚成粒子，粒子随能量的变化时而存在，时而消散。而量子场是什么呢？在卡普拉看来，就是无，是气。这正是《道德经》中关乎万物之本的核心命题。世界的本源并不是一个孤立存在的实体。世界是一个不可分割、相互作用、永恒运动和变化的体系。任何事物都和其环境密不可分。世界并不是按等级排列的，人类并不是处于阶梯顶端的超越的存在，而是和自然，和其所处的环境共存共荣。科学研究只能解开事物如何发生之谜，但对于一些具有终极意义及价值的命题，如事物为何这样发生，却只能望洋兴叹。老子的思想既有超越的成分"道"以补科学之不足，又包括意义和价值的部分，从而有助于修正被物欲迷眼的人性，协调人与自然的关系。

此外，林语堂所针对的第二类人群是那些穷兵黩武的政客。林语堂指出，如果人们了解到"反者道之动""相对论""复归于朴"这些道理，"你争我夺的欲望顿化为无形"。"如果世上的领导者看过老子的战争论（30、31、68篇）、用兵法（68、69篇）、和平论（79篇）、不战论（31篇）就好了；如果希特勒在猛扑之前有一些老子'持而盈之，不如其己'的智慧，人类就不会空洒那么多的鲜血。"（Lin，2009a：XXII）崇尚理性及自我超越、永不满足的浮士德精神曾是西方文明引以为傲的价值观。这一精神也帮助西方在不断扩张中走向了巅峰。社会达尔文主义更是为穷兵黩武的合理性提供了理论支持。但两次世界大战却将这种价值观的弊端暴露无遗。道家的智慧在于"止杀"。道家是明确反对暴力和战争的。"君子居则贵左，用兵则贵右"；"吉事尚左，凶事尚右"。战争、暴力本身是一种"恶"，虽然有时是被动的"恶"，"必要的恶"，但由于它大量涂炭生命，即便可能造成好的结果，它本身也绝不是"善"。

3．林语堂对道家思想的分流及筛选

在"人"这个主题确立以后，林语堂对道家思想进行了分流和筛选。为了方便读者更详细、更系统地理解老子的思想，林语堂采取用庄子注老子的方法。就道家整个体系而言，不同的学派对老子的人学思想有着不同的发展。这些学派大都秉承了老子朴素自然的人性论，但在人生观上有所不同。杨朱发扬了老子无为思想中治身的方面，提出"全生葆真，不以物累形"。这种极端的"为我"思想显然无法实现林语堂"济世"的目的。王弼和郭象均强调儒道结合。王弼的"以无为体，以有为用"视自然与名教的关系为"本"与"末"的关系。郭象的"足性逍遥"强调即使按名教的规则办事，也能守住朴素自然的人性，得到精神的自由。虽然林语堂所建构的人学包括孔子的人学和老子的人学两部分，但这两部分旨在体现人学的不同维度。老子的人学重在强调与儒家人学社会性截然不同的个体性、自然性。因此，儒道结合的王弼、郭象思想也并未被选中。阮籍和嵇康的"越名教任自然"将所有的矛头对准了儒家的名教思想，忽视了人生观的其他方面，因此，他们的人学思想不够全面深入。

在林语堂看来，"了解老子的最好方法，是配合庄子来研读"（Lin，2009a：XVI），"老、庄思想的基础和性质是相同的"（Lin，2009a：XVII），《庄子》中所体现的人学思想的发展脉络与老子是一致的，皆是沿"人性—道之德（人性的体现）—理想人格"这一主线发展。区别在于，"老子以箴言表达，庄子以散文描述"，"老子教人，庄子嘲人"（Lin，2009a：XVII）。因此，林语堂选择了除《说剑》《渔父》《天下》之外《庄子》其他所有篇章的相关部分对老子人学进行补充说明。

4. 林语堂对老子思想的重构及体系化

林语堂在编译《老子的智慧》时，并不仅仅囿于译者这一角色，他还担当了编者这一角色。林语堂以"自然的人"为主题将《道德经》重新分章编排。在《道德经》的一百多部英译本中，大多数译者按原文顺序将《道德经》分为《道经》（前38篇）与《德经》两个部分。一些译者进行了大胆的尝试，如翟林奈按"道之超自然的方面及其物质表现""无为之教""处下与谦卑"等九个方面将《道德经》进行重组。林语堂虽然并没有这样大刀阔斧，但也没有遵循原文的分类。他将《道德经》分为两个部分（1到40篇为第一部分，余下为第二部分），七个章节，并用庄子注老子，在每一章节中选择与《庄子》中相匹配的内容对老子的思想进行进一步阐释。林语堂认为，在这两部分中，"前一部分为哲学原理，而后一部分则是功用论——可直接作用于人类的各种问题"（Lin，2009a：XXVIII）。通过对《道德经》进行重新编排及分类，林语堂在《老子的智慧》中着力建立一个关乎自然的人的人学体系。这一体系的内容包括：人的本性是什么？遵照自然的人性，人应该是什么样的？人在实际生活中应遵循的行为准则是什么？

第一部分包括第一章到第四章。第一章《道的性质》（The Character of Tao）（1-6篇）为林语堂所要建构的老子人学体系的基础及出发点，即老子的人性论。这一章涵盖了老子最基本的哲学观念：何为道？相对论、无为、道之德。而"何为道？"便是最核心的概念。"道可道，非常道；名可名，非常名。无名天地之始；有名万物之母"。"道"为万物之母，是深不可测的众生之源，因此也是"人"的本体源头。老子的"人"与西方哲学意义上的"人"是有差异的。布洛克在《西方人文主义传统》中将西方思想体系中对人的认识归纳为三种模式。第一种模式是神学意义上的，将人视为神的创造。第二种模式是科学的模式，将人视为自然秩序的一部分。第三种模式是人文主义模式，以人作为对自己、对上帝、对自然了解的出发点（布洛克，1997：12）。后两种模式是哲学层面的。以德谟克利特原子论为代表的第二种模式将"人"的本源视作一种具体的客观存在。以柏拉图、笛卡儿、黑格尔为代表的第三种模式将精神与肉体分离，将人的理性、意志、感官经验视为超越的本体存在。与这两种模式不同，老子的"人性"并不是孤立的，静态的，而是涵盖起源、成长、消亡的动态的过程。这一过程以"道"为出发点，通过"道"之"德"进行发展。而"道"之"德"具体体现在无为、无知、无欲三个方面。

接下来的第二章《道的教训》（The Lessons of Tao）、第三章《道的描摹》（The Imitation of Tao）及第四章《力量的源泉》（The Source of Power）便是对"道"之德的具体展开，体现了如果循道而行，遵循自然的人性，人的理想人格应该是什么样的。不过这几章中的"德"仍然在形而上的层面，为理想人格的本体建构。

第二章《道的教训》突出的是"无为"的思想。无为并非什么也不做，而是一种顺应活动，对事物本性即"德"的顺应。"天地所以能长且久者，以其不自生，故能长生。"（7篇）"无为"的理论依据在于"反者道之动"，如果一味地干预，反而会事与愿违。"持而盈之，不如其已；揣而锐之，不可长保。"因此，人应如水般不争，才能无过失。"水善利万物而不争，处众人之所恶，故几于道。"（8篇）

第三章《道的描摹》是对第二章的深化。这一章集中表现的是"无知"的思想。"道"是"视之不见""听之不闻""博之不得"的（14篇）。换言之，"道"幽深玄妙，任何将"道"视作客观事物并尝试探究其理的做法必然是徒劳的。然而，"道法自然"，"夫物芸芸，各复归其根。归根曰静，是谓复命。复命曰常。知常曰明。"道的法则体现在自然万物的运作之中。万物的生长、活动皆遵循从无到有，再从有到无，往复循环的规则。这便是恒常的"道"。"人法道"，人应当顺应并洞悉"道"的法则，超然于普通事物的界限。怎样实现这一点呢？这就需要"绝学""弃智"。儒家从伦理的角度将人性分为善恶两类，而道家则以真伪为标准。"智慧出，有大伪"，善恶之说，智慧之教使人的本性由自然朴素的真性变为虚假的、人为的伪性。而老子提出"绝学、弃智"，回复人性的本原，自然"无知"的天性，与"道"合一。"俗人昭昭，我独昏昏。俗人察察，我独闷闷。澹兮其若海，兮若无止。众人皆有以，而我独顽且鄙。我独异于人，而贵食母。"

（20 篇）这种"无知"并不是"无知之知"，而是洞悉万物化育之理后的大智慧，是"有知"后才能达到的"无知"阶段。

第四章《力量的源泉》详述了"道"为人类天性的起源，深入强调了人应循道而行的理据。"譬道之在天下，犹川谷之与江海。"（32 篇）"昔之得一者，天得一以清，地得一以宁，神得一以灵，谷得一以盈，万物得一以生，侯王得一以为天下正。"（39 篇）这一章中尤为值得关注的是"无欲"的思想。"无欲"即是指不寻求拥有和主宰其对象的欲望。"欲望"也是西方哲学中的一个关键词。奥古斯丁在《忏悔录》中深刻刻画了欲望与意志之间的斗争；弗洛伊德提出本我、自我与超我的相互冲突。在西方思想体系中，"欲望"是内在于人自身的东西。而老子的欲望却并非根源于人内部，"五色令人目盲；五音令人耳聋；五味令人口爽；驰骋畋猎，令人心发狂；难得之货，令人行妨"（12 篇）。由此可见，在老子看来，欲望来自外在的诱惑。因此，只有"复归于婴儿""复归于无极""复归于朴"（28 篇），即向本根状态——"道"复归，回到纯真、质朴的人类天性，虚静、恬淡，才能克服欲念的烦扰。"化而欲作，吾将镇之以无名之朴。无名之朴，夫亦将无欲。不欲以静，天下将自正。"（37 篇）"无欲"及虚静的态度也体现在不持强的人生哲学。"知其雄，守其雌""知其白，守其黑""知其荣，守其辱"（28 篇），"大军之后，必有凶年。善着果而已，不敢以取强"（30篇）。"兵者，不祥之器，非君子之器，不得已而用之，恬淡为上。胜而不美，而美之者，是乐杀人。"（31 篇）

总体而言，第一部分的探讨主要是在形而上的原理的层面上，是对人性本质的本体论思考。第五章和第六章为林语堂所建构的老子人学的第二部分。《道德经》原本分为《道经》（1 – 37 篇）与《德经》（38 – 81 篇）两部分。但林语堂在编排时将 38、39、40 三篇归入第一部分，他认为此三篇仍为原理描述，第 40 篇为老子哲学原理的一篇极好的摘要。第二部分从形而上走向了形而下，关注的是原理的实行，即理想人格的实现途径。老子的行为准则强调的是人应具有的内在品质和生活态度。在第五章《生活的准则》（The Conduct of Life）（41 – 56 篇）中，林语堂将老子的处世哲学对实际生活的指导意义归纳为知足与损益（41 – 16 篇）及人之"德"等具体的行为标准。如："大器晚成，大音希声，大象无形。"（41 篇）"大成若缺，其用不弊。大盈若冲，其用不穷。大直若屈，大巧若拙，大辩若讷。"（45篇）"生而不有，为而不恃，长而不宰，是谓玄德。"（51 篇）"含德之厚，比于赤子。"（55）而赤子之德，"和之至也"。在这里，出现了一个具有深刻现代意义的命题，"知和曰常，知常曰明"，也就是说，和谐乃宇宙本原最高的法则。作为"道"的产物，人的本性也是符合自然和谐法则的。当时人类社会失和，战火不断，人与自然对立的根源就在于人类失去了自然的天性，由此造成人与自然、人与人之间的不和，因此，人应当"见素抱朴""反朴归真"，恢复自然的崇高价值。此外，值得关注的是，林语堂在本部分从《庄子》中摘取的材料几乎全是富含哲理的故事，而非理论陈述，并且用老子在本章中的主要观点作为故事的题目。如第 41 篇，林语堂从《庄子》的《寓言》篇中挑选出阳子居与老子结伴而行，老子教导他何为有德之人的故事，并以老子的"大白若辱，盛德若不足"为题。这也让读者更为清楚地体会到老子所倡导的行为准则在实际生活中的指导意义。

第六章《统治的理论》（The Theory of Government）与第五章不同，这一部分关注的是统治者的行为准则。统治的关键在于掌握政权的人。那么，统治者应该怎样处理与百姓的关系呢？在老子看来，理想的政治应该是使百姓可以各安其性命之情，而不是用外在的规矩去使他们屈服。老子为统治者们树立了一个可供效法的榜样——圣人。儒家和道家都以圣人为最高的理想人物，但就圣人的标准而言，两者却有重大的差异：儒家的圣人是强调内在修为和教化力量的典范，而道家的圣人则循道而行，体任自然。"故圣人云：我无为而民自化，我好静而民自正，我无事而民自富，我无欲而民自朴。"（57 篇）"是以圣人终不为大，故能成其大。"（63 篇）圣人通过无为，以达到百姓的自化、自正、自富及自朴，从而建立起自发形成的，和谐自然的社会秩序。林语堂在序言中重点强调了 68 篇《不争之德》、69 篇《掩饰》、79 篇《平治》的现实意义。此三篇皆为战争论。"和大怨，必有余怨，安可以为善？"以发动战争来解决矛盾绝非好的方法，因为冤冤相报，无休止也。即使战争无法避免，"吾不敢为主而为客，不敢进寸而退尺"，"故抗兵相若，哀者胜矣"。战争只能出于防御，而不能以进攻为目的，在作战时须怀慈悲之心，不能大肆攻城略地，宁愿退避三舍，以求早弭战祸。对于当时那些试图通过战争解决争端，通过侵略获得利益的好战者而言，这些思想具有特殊的教育意义。

总体而言，林语堂将道家思想进行重构，使之成为一个完整的人学体系。这一体系以朴素自然的人性论为核心，以"循道而行"的人生观为发展，以理想人格为目标。这一体系旨在通过"见素抱朴""无为"回归自然的人性，矫正人性的异化，建立和谐的社会秩序。

5．结语

怀特海（Alfred N. Whiteheed）曾说："一部西方哲学史不过是对柏拉图的注脚。"（余英时，2001：215）也就是说，西方后世哲学家所讨论的都离不开柏拉图所提出的基本范畴。传统并非意味着过去。林语堂在编译《老子的智慧》时，并没有将道家哲学视为历史，将其"博物馆"化。林语堂站在世界大同的高度，洞悉了人性异化、硝烟四起的根源在于人与自然的对立、人的私心及贪欲。在此基础上，他对道家思想进行现代萃取及二次开发，从道家思想中提炼出"自然的人"这一主题，试图通过"见素抱朴""知和曰常"的道家人学思想来消解人性的异化，重建和谐世界。这一做法无疑具有深远的现实意义。此外，林语堂在《老子的智慧》中对道家思想的现代重构也让我们看到了典籍翻译的另一条路径，即如何通过翻译让传统穿越时空，沟通中西，在新的历史语境下重新焕发"二次生命"。

参考文献：

安乐哲，2006. 自我的圆成：中西互镜下的古典儒学与道学［M］. 石家庄：河北人民出版社.

布洛克，1997. 西方人文主义传统［M］. 董东山，译. 北京：生活·读书·新知三联书店.

陈鼓应，白奚，2001. 老子评传［M］. 南京：南京大学出版社.

陈鼓应，2009. 老子注译及评介［M］. 北京：中华书局.

冯友兰，2008. 中国哲学简史：插图珍藏本［M］. 北京：新世界出版社.

刘杰，2000. 马丁·布伯论"东方精神"的价值［J］. 文史哲（6）：34－40.

刘述先，2006. 全球伦理与宗教对话［M］. 石家庄：河北人民出版社.

罗素，1997. 西方哲学史及其与从古代到现代的政治、社会情况的联系［M］. 何兆武，李约瑟，译. 北京：商务印书馆.

罗素，等，1974. 危机时代的哲学［M］. 台北：志文出版社.

许抗生，2015. 道家思想与现代文明［M］. 北京：中华书局.

余英时，1995. 中国思想传统的现代诠释［M］. 南京：江苏人民出版社.

张岱年，1982. 中国哲学大纲［M］. 北京：中国社会科学出版社.

LIN Y, 2009a. The wisdom of Laotse［M］. Beijing：Foreign Language Teaching and Research Press.

LIN Y, 2009b. My country and my people [M]. Beijing: Foreign Language Teaching and Research Press.

Compiled Translation and Reconstruction of Chinese Classics: An Analysis of *The Wisdom of Laotse* Compiled and Translated by Lin Yutang

Xia Wanlu

Abstract: Based on the case study of *The Wisdom of Laotse* compiled and translated by Lin Yutang, this paper probes into the extraction to the universal and modern value of Taoism and reconstruction of *The Book of Tao* by Lin Yutang in *The Wisdom of Laotse* in line with the time spirit then. This paper begins with the elucidation of the social background when *The Wisdom of Laotse* was translated and compiled. Next, it analyzes the three steps Lin Yutang took to modernize and reconstruct Taoism: 1. extracting the universal and modern value of Taoism; 2. filtering Taoism accordingly; 3. resystematizing Taoism.

Key words: Lin Yutang; Taoism; modernization of Chinese classics

文学与文化

莫斯科观念主义画家的中国印象

——维克多·皮沃瓦罗夫访谈录[①]

池济敏　基里尔·科布林

（四川大学外国语学院，成都610207；拉脱维亚艺术科学院，里加0037166）

摘　要：在以维克多·皮沃瓦罗夫为代表的莫斯科观念主义画派的作品中，"东方"是一种象征、一种隐喻，是该画派的主要创作主题和重要创作手法。而他们作品中弥漫的中国风，不过是西方在东方主义意识下，在异质文化和异质文明中，用相当主观的材料构建出来的一种他者形象。

关键词：莫斯科观念主义画派；维克多·皮沃瓦罗夫；中国元素；他者形象

维克多·皮沃瓦罗夫（Виктор Пивоваров），俄罗斯画家，非官方艺术代表人物，莫斯科观念主义画派创始人之一。

莫斯科观念主义画派的杂志《牧师》（*Pastor*）2001年第八期的主题为"莫斯科观念主义画派的东方传统"。虽然这本文集的印数仅有100册，在目标读者之外反响不大，被引用的次数也不多，可是，这本文集对于艺术史研究，以及更宽泛的层面——后苏联时期的社会文化史和思想史研究都具有重要意义。

对于莫斯科观念主义画派而言，东方是一种象征、形象，甚至是一种隐喻，是该画派的主要创作主题和重要创作手法。无论他们在哪个领域从事创作——视觉、文本或音乐，都可以说他们对含义广泛的"东方"都有着相当程度的痴迷。对于他们来说，某种文化或传统到底是中国的、日本的还是印度的都没有太大的区别。事实上，对于冷战时期（包括后冷战时期）的真正的西方来说，假定的苏联（俄罗斯）也正是东方主义神话的主角。而该画派画家笔下假定的东方同西方眼中的苏联（俄罗斯）一样，也是西方在东方主义意识下，在异质文化和异质文明中，用相当主观的材料构建出来的他者形象。我们关注莫斯科观念主义画派的东方主义意义正在于此。

莫斯科观念主义画家塑造的东方形象，在主题、形象和手法上都非常鲜

---

① 本文为文化部项目"中国当代艺术在俄语文化世界中的接受与传播研究"阶段性成果（项目号：17DH05）。

明，在该画派的内部又各有不同。这是由诸多政治和文化因素决定的，包括中国在苏联对外政策和宣传口径中地位的急剧变化，以及苏联的出版社、文化机构、研究所的出版物发生的变化。20 世纪 60 年代中期以后，苏联人就很难有机会来到中国。官方媒体对中国要么公开表现出敌意，要么闪烁其词，不加任何评论。而与此同时，却出现了大量对中国历史文化的介绍。这当中起到最大作用的是成立于 1957 年的东方文学出版社（1964 年改为《科学》出版社的东方文学编辑部）以及莫斯科和列宁格勒[①] 的各个博物馆。这样一来，在苏联知识分子心中，中国呈现出双重的形象：毛泽东领导下正在实施"大跃进"的红色中国，以及拥有崇高精神文化传统的神秘古国。当然，西方的时尚文化也对东方产生着影响，尤其是在通俗文化消费领域。苏联解体后，中国对于过去的苏联人来说变成了一个"可以生产出一切"的经济超级大国，中国和中国传统文化的形象也发生了改变。

在《牧师》杂志 2001 年第八期的 27 位作者当中，维克多·皮沃瓦罗夫是莫斯科观念主义画派"老一辈"的代表人物。1982 年他从苏联移民，不过没有去西方国家，而是去了一个社会主义国家——捷克斯洛伐克，今天仍然生活在布拉格。20 世纪 90 年代他几乎远离了莫斯科的艺术圈，可是进入 21 世纪后又凯旋般地回归了俄罗斯当代艺术界并占据着重要地位。21 世纪以来，他多次在莫斯科、圣彼得堡的特列季亚科夫美术馆、艾尔米塔什博物馆等地举办画展。

2015 年，维克多·皮沃瓦罗夫在莫斯科国立东方博物馆举办了一场名为"狐狸与节日"的画展。"狐狸与节日"是他的一本画册和系列画作的名字。这些作品当中都有着浓重的"中国风"。但是如前文所述，这是一种不无误读的中国形象。在某种意义上，皮沃瓦罗夫的"东方"（中国）是莫斯科观念画派所共有的文化意识形态结构中的一个特色类型。观念主义作为苏联非官方艺术的一个派别，其目的正是要对意识形态进行解构和重构的游戏。可是，他们所依据的是那些完全未经反思的常见的意识形态结构，以及他们自己构建的意识形态神话。在这个意义上，关于莫斯科观念主义中国观的对话已经远远超出了艺术的范畴。

2018 年 3 月底，基里尔·科布林在布拉格的皮沃瓦罗夫工作室对画家进行了访谈。访谈主题为维克多·皮沃瓦罗夫及其他莫斯科观念主义画家们

---

① 今圣彼得堡。

心中的中国形象，这个形象的演变历程，及其对画家创作的影响。整理好的访谈文本已经皮沃瓦罗夫本人审阅并同意发表。

科：维克多，让我们从一个总体性的，同时也是复杂的问题入手：对于您来说，中国意味着什么？请说出您脑海中出现的第一个形象。这对于一个画家来说非常重要。

皮：这第一个问题就把我难住了。这个问题很难回答。在我的艺术意识里，中国出现得非常晚。首先是因为在我上学的时候，中国没有出现在苏联中小学的教学大纲里。其实，那时中国也没有出现在苏联人意识中的政治地图里。我 1951 年上了艺术学校，艺术史课程完全没有涉及包括中国在内的东方艺术，介绍的都是西欧艺术，当然还有俄罗斯艺术。

因此，中国很晚才出现在我的艺术意识里。我现在很难回想起，出现的第一个形象是什么。不过我记得有一个展览给我留下了很深的印象。这还不是中国展览，而是蒙古的。展出了一些巨大的好像是织花的壁毯……

科：佛教图案的？

皮：对，佛教的，一种罕见的图案。我记得是在普希金博物馆或是特列季亚科夫美术馆。这就是我对东方艺术最早的强烈印象。至于文字，我记得最早的文字是扎瓦茨卡娅① 和阿列克谢耶夫② 院士写的。不过我很晚才接触到阿列克谢耶夫院士的译本。我的这本书③ 是 1978 年出版的。这是阿列克谢耶夫的著作被准许出版后的第一部书。对于俄罗斯读者来说，这些翻译出来的内容看上去有些奇怪，也正因为如此才让人印象深刻。不过还是先有了同东方和中国的视觉接触的经验，然后是阿列克谢耶夫的译本，包括扎瓦茨卡娅的，以及对他们的思考。

科：对不起，我打断你一下，这就是说，第一印象还是视觉的，而非文字的。

皮：当然。

科：2001 年观念主义画派杂志《牧师》出版了瓦季姆·扎哈罗夫主编的专辑，主题是假定的东方及其对苏联和后苏联非官方艺术的影响。上面有

---

① ЕвгенияВладимировнаЗавадская（1930—2002），东方学者，翻译家，曾撰写大量关于中国文学艺术史、东西方文化关系的专著和论文。

② ВасилийМихайловичАлексеев（1881—1951），苏联科学院院士，东方学家，汉语翻译家。

③ 皮沃瓦罗夫工作室的桌上放着阿列克谢耶夫院士的著作《中国文学》，莫斯科科学出版社，1978 年出版。

您的文章。我们来谈谈这个。我们先做一个比较，杂志上巴维尔·别别尔施特因① 的一篇随笔写到，他对中国的兴趣——对东方的兴趣，而不仅仅是对中国的兴趣——开始于书籍。安德烈·莫纳斯德尔斯基也在随笔里写到，他第一次见到一本关于东方哲学的书是在 1971 年。这是东方学家谢尔巴斯基出版于革命前的一本罕见的作品——《佛教逻辑导论——法上和法称》。这是一本经典著作。可是对于您来说，还是视觉形象在先。

皮：当然是视觉形象。除了那些挂毯，自然还有中国画家的作品。首先是齐白石。

可是总的来说，我见到的第一个中国画家是徐悲鸿。他善于运用中国传统水彩画技艺，并将其自如地运用到社会主义情节的创作中。他画的马精美无比。齐白石更是画艺精湛，得过各种奖项。

科：也就是说，您在接触到这些更为当代的视觉作品之前，并没有接触过中国古代文化。

皮：是的。尤其是这些革命前出版的理论书籍，我从来没有见到过。

科：这对于我们的谈话和今天的主题非常重要。因为无论是过去还是现在，您一直对包括中国在内的假定的东方感兴趣。而这种"东方元素"在某种程度上就是曾经流行于苏联两京（莫斯科、圣彼得堡）知识分子群体中的西方潮流的一部分。在西方，嬉皮士也好，对东方的兴趣也好，都在迅速地商业化。佛教热就是个例子。苏联知识分子也经常把许多东西混为一谈，例如佛教和道教。在《牧师》上就有好几个人写道，他们热爱道教，因此去了西藏等等。这非常可笑。当然这对他们来说并不重要。可是我知道，您并不是一个追逐潮流的人，也不是一个追随主流的人。您有自己的认识中国之路，它从视觉形象开始，与中国（东方）古老神秘的智慧光环无关。

皮：我对精神层面的兴趣首先来自禅。在扎瓦茨卡娅介绍石涛的书里，这一下子就吸引了我。可以说，我是个意识封闭的人。对于我和我们这一代人，"禅"的概念相对于其他宗教典籍来说更容易理解。如果我没有理解错的话，"禅"首先是关于自由，内心的自由。这正是画家所追寻的。

科：我们已经谈到了一个重要的日期——1978 年。那时阿列克谢耶夫

---

① Павел Пеперштейн，俄罗斯画家、作家，莫斯科观念主义画派年轻一代，维克多·皮沃瓦罗夫之子。

的文集已经出版。差不多就在那个时候您在自己的创作中开始接近中国形象。这就是您说的"相当晚的时间"。这段时期您的作品中有没有相应出现某种印迹？

皮：1978 年，就在这段时期我开始有了"虚空"主题的作品。这是一个抽象系列，我将其命名为"虚空的抽象"，试图摆脱任何形式的内容，这是非常困难的——正好就是在 1978 年！

在此前的 1977 年我创作了系列画作《七场对话》，当中充满了各种寓意、象征之类的东西。这种"过载"需要某种解脱，因此就出现了下一个"虚空的抽象"系列，正如评论所认为的那样，这个系列是纯修辞的，同"neo-geo"——即几年后在美国出现的新几何学——在艺术方向上有某种相似之处。我不知道有多少这方面的因素，但是我个人的任务就是画这样的一幅画，使其无法被阐释，也没有意义。应该说，我没有完全做到这一点。

科：没有人做到过，也没有人能做到。

皮：对，可是这主要指的是意图。如果我更聪明一点，我早就应该明白这是不可能的。可是在这方面，当代艺术中还是有一些成功的经验的。比方说波兰画家罗曼·奥帕尔卡，他在画布上画出持续的自然数列。他创作出了上千幅画作，这些数已经有这么长（双手比画）。

科：可是意图，尤其是观念主义的意图，在这里是可以被阐释的。

皮：这看上去只是机械的重复，可是这背后的心理过程却无法从艺术角度进行任何阐释。

科：您看，您有些自我矛盾。您说您 70 年代没有任何中国元素，可是我们来读一下您发表在那一期《牧师》上的《我的中国元素》：

"20 世纪 70 年代，当出现了带有题字的画册、绘画、空白、留白这些形式的时候，我尝试着说出这些现象与中国古代文化的关系，可是这些听上去并不让人感兴趣。在别的地方有一些先验主义的东西，这些才有意思。"

也就是说，不管怎么说，中国还是在 70 年代就进入了您的视野。至少在 2001 年您证实了这一点。

皮：我解释一下我指的是什么。当画册，也就是把图画与文字相结合这种体裁出现之后，我一下子就发现了它与中国古代艺术的关联。我曾经看过王维的几幅画，他既是诗人又是画家。他已经自觉地集诗人和画家于一身。他的每幅画上都体现出中国古代文化的这一特点。我在《牧师》的那篇文章里说的就是这个。而当时就已经在从事画册创作的卡巴科夫却不喜欢我这种说法。他不喜欢一切类似的比较。

我把中国画家和日本画家都看作自己的先驱前辈，久远的先驱。这指的是体裁上的，因为我的画册的内容同某种中国的修行相去甚远。

科：可是维克多，我们都知道既没有单独存在的内容，也没有单独的形式。我们是在 2018 年讨论这个问题，而不是在 1918 年。

皮：是的，我同意。

科：我想打破我们问答的时间顺序，提两个重要问题。第一个，构建在书法形式上的文化，既包含了符号（在书法里）又包含了语言（在绘画里）。很难设想出一种与您和卡巴科夫的画册创作理念更为接近的对比关系。因为观念主义画派的画册并不是简单的绘画配上文字，也不仅是情节、故事。这并不是漫画。每一页都有深化的思想、象征，文字与图案密不可分。因为图案也是文字，文字也是图案。我认为，至少我知道的您的很多画册是这样的情况。我已经发现这里有一种呼应……

皮：您知道吗，基里尔，我对此的看法有点不同。首先，在这些画册中文字与图案是分离的。非常重要的一点在于，文字是一种统一的符号，既是视觉的符号又是内容的符号。而我们观念主义正是构建在分离的基础之上。因为对于我们来说重要的是反省与自我反省。为实现这一过程，需要采取某种陌生化的方法。必须让自己远离所画之物，远离正在创作的画。文与画的分离正是我们这种内部分离的外在符号。因此我很难想象画册中的图案如您所说的那样具有某种象形效果。

科：我刚才的话不是这个意思。我并不是说某些图案是象形文字。我说的是，画册中的每一页本身就是一个单独的象形文字。这个象形文字的内容和意义正好就是分离的概念，或者说是分离的象形文字。比方说把画框放大，不是看局部而是看整体，这里有一只兔子在跑，而兔子下面写着字，这一切是在一起的。正是在一起才产生了一定的结构，才可以称之为象形文字，包含了一定的，既是局部又是宽泛的意义。

皮：也许您是对的。不过在那样的情况下，西方艺术的任何图案都可以称作象形文字。

科：不对，因为那些图案没有文字。您在 1988 年举办过一个画展"汉语课"，您还记得吗？

皮：对，是有那么一组作品。

科：这是您想象出来的字母表，每个字母同时也是一个词。从某种意义上说，您发明了俄语的象形文字。比方说俄语的象形文字"房子"，三个字母构成了房子。现在来设想一下，这幅画，就是画册中的一页，它既是一幅画，又是一个场景，对吗？只是这幅《汉语课》里的文字表现的是房子，而您和卡巴科夫的其他画册里的每一页表现的是更为复杂的概念：观念主义的距离感、分离感、讽刺、善意的嘲讽、伤感的嘲讽，等等。《汉语课》是一幅非常棒的作品，在哪里可以欣赏到？

皮：在我家里。

科：您家里？我从来没有看见过。我非常喜欢。

皮：您没有看过这幅画的真迹？

科：没有。

皮：这幅画非常大。

科：能看出来，占了一面墙。

皮：其中最长的一卷有 3.5 米。我一直没能找到一个那么高的展厅能挂得下这幅画。

科：它们很像古俄语字母。

皮：是的，这幅文字让我很自豪。

科：这部作品非常棒！当我在《牧师》上看见之后就震惊了。我感觉这是让你与中国产生联系的第一部作品。

皮：我不知道，基里尔，我对您的这个想法非常谨慎。我想，在某种纯理论的层面可以进行这样的比较和阐释，可是我认为，画册并不是汉字……

科：好吧，第二种角度。这已经是社会文化学的，或者说是社会心理文化学的角度了。20 世纪六七十年代莫斯科观念主义就已经在地下存在了，当然这是一种激进的地下，大多数人还有工作。可是据我所知，你们很多人都有很强的手工业者心理，喜欢动手制作一切。你们一直在反驳一种关于莫斯科观念主义的概念，说这是一些传送带上的装配工，组装一些自认为是艺术的东西。比方说普利戈夫，他创作了几千首诗等等。我认为这是不对的，你们大多数，尤其是您，都是很好的手工业者，一切都是用双手打造。手工业者与工厂工人的区别就在于，他们把一件产品从头做到尾。而工人只是站在流水线上不停拧螺丝。这是他们之间非常重要的区别。您亲自塑造艺术作品，亲自挑选纸张，非常小心地对待这件事。实际上对于我来说，苏联时期的莫斯科观念主义的形象就是一个手工艺者的形象。他们什么都亲手制作，用自己的双手创造文化。这不仅是视觉形象，还是文学，还是行为艺术，以及其他的各种。它似乎是重新发明了这个世界。任何一个工匠，哪怕是打制一双寻常的靴子，他也在重新发明世界。因为他做的是自己的原创，哪怕很简陋，但也是从头到尾制作完成的。其实中国古代诗人不光是对材料和细节有要求，对于他们来说，这和写诗、写字是一样的。选纸（甚至造纸）、选笔、研墨，这些都是一气呵成的。中国唐朝女诗人薛涛甚至自制了一种纸笺。在我看来，很多观念主义的画册是一些在态度上、阐释上非常形似的东西。当然，这里有西方传统的因素，如英国诗人威廉·布莱克，他的诗歌在出版时常配上自己亲手画的插图。这对于后来几代的诗人、哲学家、画家、音乐家都有很大影响，是这样吗？

皮：当然！虽然我提到了像王维那样的中国前辈，但是威廉·布莱克对于我来说更为接近。他与我的画册是最接近的。其实布莱克的画不是印上去的，而是用自己的方法画出来。他还亲自手工印制过自己的书，这是一种极高的手工艺技术。至于您谈到手工艺，它是莫斯科观念主义艺术最薄弱的地方，包括我本人。我所掌握的手艺都是些洞穴时代的。我能很好地想象出那些中国诗人自己造纸，自己研墨。

这些很有意思。比方说制造小提琴，不仅需要特殊的木材，这种木材还必须生长在特定的地方，有特殊的土壤、光照等。我们莫斯科范围内当然没有这样的条件。我们都很诚实，因为我们都接受过艺术教育。可是我们所使用的材料很奇怪，它们连一百年都撑不了就会腐烂虫蛀。这正是我们作品的可怕之处。

科：我倒是认为，这正符合莫斯科观念主义的思想。我们用现实进行创作，现实本来就是很垃圾的，材料也是如此。

皮：是的。卡巴科夫实践过这个主题。比方说用过刨花板。他拿了一大块刨花板，当他把它装到画框上时，板子起泡了。我记得当时卡巴科夫说，现在看起来不美。过二三十年这就将是艺术品，看起来会很艺术，很符合审美。

科：让人回想到 FluxUS 的时期①。

皮：当然他说的是对的，现在那个刨花板上那些完全……

科：有人会对着它祷告？

---

① 20 世纪 50 年代的一种国际演艺潮流，用日常生活中的物件和声音来创作艺术和音乐作品。与所谓高雅艺术相对立。

皮：当然没有人对着它祷告，可是不管怎么说已经值很多钱了。

科：让我们回到时间线索。您在《牧师》上写到，1985 年，您的画作中第一次有了中国元素。

皮：是《苏中静物》？

科：是的，1985 年画的《苏中静物》。1989 年您画了《中国领导人》。

皮：这幅画现在收藏在特列季亚科夫美术馆。是之前在察里津诺美术馆当馆长的安德烈·叶罗菲耶夫，后来调任特列季亚科夫美术馆时带过去的。

科：1988 年您举办了画展"汉语课"，1999 年出了一本小册子《无意义的诗》，非常漂亮。这是伊戈尔·霍林[①]的诗。谁出版的呢？没有任何出版信息。

皮：这是我自己打印了 12 本并送给了霍林。我自己留了 2 本，送了 10 本给霍林。多年后，俄罗斯国家当代艺术中心决定以三卷本的方式出版，装在盒子里非常漂亮。我们也不知道印数有多少，总之很少。卖得很贵，因为都是手工制作。一套卖 300 美元。

对于我来说，霍林就是个中国人。我为此还写过文章。他是我很多项目的中心人物。首先，我们俩关系很好，我很喜欢他。他写了很多诗，形成了一个系列——《没有意义的诗》，他把手稿送给了我。我打算去莫斯科时给他一个礼物，那就是为这本《没有意义的诗》制作的画册。我送给他的时候，霍林欣喜若狂，他说，维嘉，我们用这本小册子开创了一个新千年！

我们用这些谵妄的俄罗斯的诗开启了中国的新千年。

对于俄罗斯诗歌界来说，霍林的诗别具一格，几乎没有类似的。我做起来也很有满足感。首先我就想出来了这一页，这些中国经常出现的红色印章，每一页都被这样的线条分割，每一条线又不一样。这构建出非常有意思的书面空间。

科：莫斯科观念主义画派的年轻一代提出了"精神分裂的中国"的概念。别别尔施特因说："这就像某种时空遥远的先验的东西，可以做各自想象的投射。所有人都明白，这应该是那样的，却没有人试图在现实中看见。这是一个在某种限定的理想空间扭转愿望的地方。那个我们精神分裂的、幻想的文化活动发生了转向的地方，被我们叫作中国。这是一个想象的空间，与实际的中国没有任何关系。"别别尔施特因还解释说，这个定义指的是我

---

① Игорь Холин，诗人，皮沃瓦罗夫的好友。

们感觉自己也身处"精神分裂的中国"中，我们也坠入了这种自己想象出的状态——仿佛我们置身于存在了数千年的传统中。可是我们转换幻想的地方，这仍然是一个他者。

皮：当然，需要明白，他所指的不是我们身处真正的古老的中国文明。

科：不，我们身处自己的传统当中。这是一个精神分裂的传统。

皮：有上千年历史的精神分裂的传统……

科：是的，有上千年了，可是事实上这个传统是昨天或者今天才建立起来的。只是你感觉到已经有上千年了。这是不同的东西。你发挥自己幻想的地方是一回事，而你拓展自己的意识的地方又是另一回事。您感觉到差异了吗？中国对于您来说是不是那个您通过艺术手法交织过甚至是倾注过自己的幻想、恐惧的地方？或者说得更直接一点，用《莫斯科观念主义画派词典》的话说，中国、中国文化对于您来说是不是一个大写的他者？不是那种您愿意去了解的他者，而是您对之赞不绝口却全然不了解也不愿意去了解的他者。罗兰巴特在日本之行后写下了《符号帝国》。当他身处日本，看见身边的文字却全然不识时感到狂喜，因为这是一种无谓之谓（没有所指的能指）。对于您来说，中国也是如此吗？

皮：在相当大的程度上的确如此。"精神分裂的中国"不仅仅是一个名称，我也是在用这样的方法阐释这一趋势。我们那代人所有的艺术经验都指向西方，首当其冲的是欧洲艺术。这曾经是一个确定的天堂。不光是艺术，西方本身也是那样，因为当时没有开放边界，我们无法了解西方。于是无法获知的东西在我们的意识中就变成了超验主义的。当边界一打开，人们开始去到真实的西方，艺术本身也不再是以前那样遥不可及，于是人们迫切需要找到一种新的超验之地。中国就是这样一个所在，因为人们对其一无所知。因为当时还去不了中国。在这个意义上我同意帕莎的观点。这是一个完全臆想出来的中国，完全臆想出来的、非现实的、可供幻想的空间。帕莎将其称之为为幻象、神经症或者别的什么，而我不会将之称为幻象，应该是一种想象。我把自己的某些想象和项目恰好定位于这个地方。

科：比如说《狐狸与节日》？

皮：对，完全正确，《狐狸与节日》。这很好地解释了我刚才的话。《狐狸与节日》是艺术神秘主义，同一个遥不可及、不为人知、不可理解的地方有关。而至于您刚才所说的对这个地方没有兴趣……

科：对现实的，而非想象出来的那个叫中国的地方……

皮：不是说我对现实的中国没有兴趣，而是我意识到这个地方的无法探知，这种文化的无法了解。我看过许多中国艺术展，传统的和当代的，当代的看得少一点，主要是老的（传统的）。我在柏林看过一场非常经典的中国古代艺术展，其展品的独特性和价值令人震撼。我在这场展览上的感觉就好像巴特在日本的感觉。这是绝对的他者。

科：您和巴特还不一样。这样的情形在西方每个人身上都会发生。正因如此，日本和中国的视觉文化从19世纪末，甚至19世纪下半期，就作为一种纯粹的装饰、纯粹的形式、老式的表达方式，被剥夺了一切的内容。这时候在后印象主义者当中出现了日本风。大概也就是在那时候也出现了中国风，只是规模小很多。您了解中国当代艺术吗，有印象吗？

皮：我对中国当代艺术只是略有所知。他们绝对是西方化的。很多中国画家画的似乎是中国的传统现实，是汉字，或是别的什么东西，可是完全跟随的是西方的进程，所以我认为这是同自己传统文化的断裂。我想起了帕莎的一篇小说。有一天，命运把他带去了一个类似于创作之家的欧洲城堡。他和一个中国诗人一起待在那里。他抓住诗人向其详细打听自己喜欢的古代诗人，可是那个人却盯着他，完全不想听这些。他对这些中国的古风完全不感兴趣。

科：我为这位中国诗人鸣不平。您想象一下，您是个俄罗斯作家，俄罗斯画家，您来到一个作家的别墅，假设说是在瑞士。在那里遇见一位加拿大作家，他赞叹道：您是俄罗斯人！于是开始向您详细打听套娃或是陀思妥耶夫斯基，您自然也会……

皮：不，这完全是另一回事。他开始向我打听圣像画。而我对此完全不感兴趣。

科：好吧，当有人透过民族文化的刻板印象来解读您，这会让人很不舒服，您同意吧？

皮：您说得对，那是当然。

科：您所知道的中国当代艺术，它们在技法上完全是西方的，那么在内涵和艺术世界观的方法上呢？

皮：第一、第二、第三点都是如此（都是西方化的）。当然，从功能上讲都是纯商业化的。它们完全瞄准西方市场，这是市场艺术，也是成功的艺术。刚好不久前我看见过最昂贵的当代艺术家名单，位列前三的都是中国艺术家。

科：这是因为中国买家在买他们的作品。这就很有意思了。中国买家在西方的拍卖会上购买，可是购买的却是自己国家的艺术品。因此出现了一个问题：这些作品到底瞄准的是西方的大众还是这些有钱的中国买家？这些买家通过西方的市场排行榜体系来判断应该买什么样的作品。

皮：当然。不过问题还更宽泛些，不光是我说的排行榜，西方就没有哪一家成功的大型美术馆没有自己的中国画家明星。

科：让我们从钱的问题回到更有意思的话题。《狐狸与节日》这个创意是怎么出现的？20 世纪 60 至 80 年代，苏联东方文学出版社出版了大量中国童话和神话故事，包括狐狸精的故事，读过这些书的人也会形成一种中国印象。我想，现在这一代俄罗斯大众已经没有读过这些东西了，他们大概也不会明白。您的狐狸应该在怎样的语境下去阅读？

皮：指的是这个画册吗？

科：对。这是否产生于您 20 世纪 60 至 70 年代的文化经验以及社会心理经验？

皮：我现在来试着回忆一下这个画册是如何出现的。并不总是能够抓住这个起始点，因为这是个渐进的过程。而情节本身是在某次工作中出现的。最开始是这样一个系列，并没有预想到会完成整个画册。

科：可是这个系列画作中的狐狸是中国的狐狸精。例如"雪城之狐"（2005）、"和尚与狐狸"（1989），直到整个同名画册。它们不像是俄罗斯狐狸。十年前您在接受安德烈·普鲁采尔－萨尔诺采访时说："当我做完画册《狐狸与节日》后，我的一个来自莫斯科的客人翻看了一下，'啊'了一声，问我是不是读过佩列文。我当时对这位作家还一无所知，他答应给我寄一本过来。后来我饶有兴致地读了。佩列文是个中国通，也经常去那里。我和他不能比。可是我知道蒲松龄和一些中国的神话故事。不过我画中的这些狐狸并不是直接与中国神话或中国文学有具体的联系。要知道我已经说过，我在自己的画中更大程度上靠的是自己的直觉，还有一些文化根源。"也就是说纯视觉上，不管从莫斯科观念主义的语境还是您的创作语境来说，《狐狸与节日》不是中国的。如果置入语境，则它是属于"精神分裂的中国的"。

皮：您说的完全正确。这不是中国，因为这里讲的是一种幻想的亚文化。

科：对，亚文化。

皮：这种亚文化连接了三种完全不同的传统。东正教的（因为这些圣狐当中有圣像画母题），西藏的——您说得对，因为这些唐卡是西藏的，还有希伯来的，主要是希伯来的。这些都是艺术手法，我用它们来达到自己的目的——构建一个神话，或者说是关于某个理想之地的理想和神话。

科：在现实中没有这样的亚文化。不过在中国北方有一座城市哈尔滨，那是一座非常具有俄罗斯风情的城市。我想，如果"狐狸与节日"能在哈尔滨展出，那一定很棒。最后一个问题，您认为很多莫斯科观念主义作品倾心于中国元素的原因是什么？我说两个名字：普利戈夫和索罗金。普利戈夫的《中国卡佳》或者他的行为艺术作品《这是中国的……》等等。还有索罗金，差不多每部作品中都有中国人形象，在《暴风雪》中他们更是坐着马拉的火车在俄罗斯的雪野上奔驰。

皮：这是隐喻。这是非常俄罗斯的东西，俄罗斯的问题。这是什克洛夫斯基所说的清水的陌生化手法。至于索罗金，他的确有一种直觉，超过了任何的美学指标。这是政治的、历史的、社会的和其他的直觉。他能非常准确地感知到这些东西。所以他的书才能创造出那样的对社会的印象。可首先这是种艺术手法。

科：我认为索罗金和普利戈夫不同，他受到 19 世纪后半期那种奇怪的意识形态结构的深刻影响，也就是所谓的"黄祸论"。正如索洛维约夫所说："泛蒙古主义！虽然词汇粗野，但我听来亲切。"别雷和勃洛克都深受此影响。勃洛克曾写道："血液也在变成黄色。"别雷的小说中有特别的中国主题，例如《彼得堡》。我觉得索罗金也是得了这种他自己都在嘲笑的病。

皮：如果您去找一下或者感受一下某些类似的联系，那么索罗金百分之百是无意识层面的，他自己无论如何也无法把这些联系在一起。如果您和他稍微打过交道就会知道，他不是一个理性的人，他……

科：是个作家。

皮：他是个作家，但是他有难以置信的绝对的直觉。无意识层面的。只有文化学家或者文学史专家才能感觉到您说的那种联系。

View of China by Moscow Conceptualist Painter:
Interview with Victor Pivovarov

Chi Jimin　Kirill Kobrin

Abstract: Among the works of the Moscow conceptualist school of painting represented by Victor Pivovarov, "the Orient" is a symbol and a metaphor, thereby demonstrating the main theme and style of the school. Yet, the Chinese style flowing through their works is merely an image of a Constitutive Other formed from highly objective facts under the heterogeneous culture and heterogeneous civilization dominated by Orientalism from a western perspective.

Key words: Moscow conceptualist school of painting; Victor Pivovarov; Chinese elements; the Other

关于日本 "失去的二十年" 文化社会学考察

黄晓波

（四川大学外国语学院，成都610207）

摘 要：本文梳理了日本泡沫经济崩溃之后的社会经济形势，采用文化社会学方法，对特殊经济形势下出现的诸多文化范畴的现象及事件进行了化整为零的分析，运用社会学复原的方法，揭示了个体之间的区别与关联。通过进一步的反思与作证，探明日本失去的20年里具有日本风格的亚文化发生、发展的土壤和脉络。

关键词：日本；泡沫经济崩溃；失去的20年；社会学反思

1. 时间的界分与社会学方法

关于地区经济低迷的走势，日本经济学中有个固定的表达叫作"失去的……年"，省略号处通常填充以10为单位的年数。日本经济在始于20世纪90年代的泡沫经济崩溃之后，其状态很不幸地一直被该词占据。尽管其间也不断有类似"IT景气"（1999—2000年）、"伊奘冉景气"（2002年2月—2008年2月）等若干短时间经济复苏，但均难彻底复现80年代的经济巅峰。在日本的政治经济社会话语里，"失去的……年"一词已经从10年变为20年，迄今已逼近30年。1989年日本改年号"平成"，平成三年末，日经指数暴跌，房价紧随股价下跌，银行金融体系因大规模不良债务遭遇重创，经济陷入衰退以致长期徘徊不前，因此泡沫破灭后的不景气被称为"平成萧条"。

在日本社会各界对经济崩溃的检讨中，无论是失去的10年还是20年，大多数集中在探讨经济崩溃的原因和后续政策的合理性上。许多有识之士长期关注该问题，在大萧条进入第二个10年之后，《朝日新闻》"变转经济"小组于2009年首次提出"失去的20年"概念。同年，经济学者池田信夫出版《失去的二十年：日本经济长期停滞的真正原因》（池田信夫，2009）。继而，一桥大学研究所深尾京司在其著书《"失去的20年"与日本经济》（日本经济新闻出版社，2012）中再次提及。之后，若干评论家都以报告书的形式提及。《日本经济新闻》会员芹川洋一在其著作《平成政权史》中提到"'失去的10年'最终变成了20年……究其原因，是泡沫时期的不良债权的处理滞后引起的"（芹川洋一，2018：175）。在经历了小泉内阁改革（2001—2006 年）短暂的复苏之后，日本的经济列车未能飞奔，继续摇晃在"失去的 20 年"。对日本经济的考察，池田信夫的涉猎相对全面，其表达大众化，观点切实中肯，在中国传播度较高。特别是针对第三个 10 年中当政的首相安倍晋三的经济方针见解独到，并且在《安倍经济学的妄想》（东洋经济新报社，2013）一书中再次简明扼要地分析了日本泡沫经济的成因、过程与影响。

从 1991 年至 20 世纪前 10 年，在所谓失去了 20 年的日本社会，除了经济指标的不尽如人意之外，日本社会在经济如此动荡的背景下，又受到何种影响以及发生了怎样的变化呢？在当下国内诸多舆论提出以日本经济为鉴之背景下，我们对当时日本社会中的流行文化以及其他社会现象的讨论认知，基本流于零碎个别的触碰，相对缺乏社会体系格局的深究。在此必须说明的是，"失去的 20 年"等相对于经济形势的年代通称，在探讨日本社会文化方面并不具有明确的划分意义，只因该词在现阶段中国传播甚广，故用于对紧密关联的社会事件或者文化变迁的研究。基于此，本文研究的时间设定大致于"失去的 20 年"前后延展 5 年，即设定在近 30 年的时间内。这一时期出现了大量与泡沫经济时期大相径庭的问题与现象，具有强烈的时代特色，因此本文对该时期的文化特色展开进一步探究。

面对复杂的社会环境，社会学方法基于社会事实乃是不可化约为任何单一个体的集体现象（鲍曼、梅，2010：171），探寻激荡的经济变动背后之社会变化的路径众多。集体现象作为一种共享的概念和行为模式，独立于个体，与人为的社会规范或法则构成个体所处的客观环境。文化作为典型的集体现象，是规范和控制欲望的一个根本性问题。因此，法兰克福学派的研究者霍克海姆说："社会经济生活的相互联系，社会个体的心理发展以及文化特定领域内的变化，不仅包括属于文化的科学、艺术与宗教的知识遗产，也包括法律、习俗、时尚、民意、体育、娱乐、生活方式等。"（转引自米尔纳、布劳伊特，2018：65）同时，作为策略之一的社会学让我们看到，复原（或称复制）作为研究对象的客体与主体保持严格分离，是首先必要的步骤；再者，相对于自然科学方法，在探讨社会人的行动蕴含的意义时，需要我们通过可观察的行动得出意义并达成理解，而非单纯的描述。进而，要阐释任何社会行动，我们需要对某种意义进行反思与变更。

2. 背景与现象的复原

经济形势的突变促使行业格局产生巨大的变化，包括各行业的盛衰以及行业雇佣制度的变化。尽管 1991 年泡沫急速破裂，可是直到 1996 年被认为最具改革魄力的首相桥本龙太郎上任，日本才提出全面改革计划，这一计划包括行政、经济、财政、金融、社会保障和教育六个方面，号称"六大改革"。然而，次年的 1997 年改革元年，日本国内生产总值仅增长 0.2%，到 1998 年跌破至 -0.6%，之后处于负增长长达十数年。在劳动生产率方面，20 世纪 80 年代与 90 年代相比，全产业平均降幅达到 3.0%，其中，金融保险业降幅 6.3%，制造业平均降幅 6.25%。

泡沫破灭后，处理不良债权所采取的大量填补资金空缺、利益输送以及隐藏巨额损失等不当手段，致使金融机构破产重组。从 1995 年兵库银行倒闭开始到 2003 年，破产的银行和证券公司达 181 家，包括四大证券的山一证券，以及与其资金关联紧密的赫赫有名的北海道拓殖银行等；不动产业由于地价猛跌，从盛况空前瞬间一蹶不振，1995 年三菱地所株式会社如同噩梦般从美国洛克菲勒中心仓皇撤退；1997 年曾经名噪一时的零售商日本八佰伴宣布倒闭。1999 年经营不善的日产汽车宣布与法国雷诺合并，该事件具有强烈的象征意义，仿佛欧美企业对日本 80 年代进攻的一次胜利反攻。电器类制造业由于投入产出比低下纷纷转向，2011 年松下将旗下三洋电机大型家电业务出售；2016 年，夏普过半股份被台湾鸿海的集团收购；同年，东芝白色家电业务控股权被美的集团收购；日本电子产业巨头日本电气、富士通和索尼在过去 12 年里市值蒸发了近 2/3。金融体系混乱，海外事业紧缩，产品质量严重下滑导致国际社会对日本产生信任危机，出现了 2000 年东芝笔记本电脑事件、2001 年至 2008 年的三菱帕杰罗召回事件、2010 年松下召回门等一系列事件。小泉主政之后出现的"伊奘冉景气"没能扛过 2008 年美国次贷危机给全球带来的灾难，截至 2011 年申请破产保护金额超过 1 000 亿日元的大型企业升至 100 余家。大型企业都自身难保，中小企业更是哀鸿遍野。泡沫经济持续多年的富足繁荣掩盖了社会的危机感，经济遭受的重创摧毁了国民的自信。他们面对社会规范与法则的生硬突变，茫然不知所措，社会价值观不再被单一的"消费"欲望所统辖，由此逐渐转向或分化，成为若干亚（次）文化的肇始。

1999 年，企业破产和人员裁减等引起的失业率上升至 5%，社会雇佣薪资普遍下降，自杀人数累计超过 3 万人。在严峻的形势下，大多数企业由于之前采用的终身雇佣制度和年功序列工资制，难以裁减已有员工，只能在抑制新进员工和控制成本上做文章。日本进入就业史上的"冰河期"，该词被评为 1994 年"新词·流行词"。学历崇拜的神话崩溃，待业青年中出现大量的非正规雇佣者"飞特族"（和制英语"freeter"的音译），以及不安排就学、就业、进修或参加就业辅导的"尼特族"（英文缩写"NEET"，全称"Not in Education，Employment or Training"）。"飞特族"一词收录于 1991 年（平成三年）第 4 版《广辞苑》中，意指非正式雇佣员工，包括小时工、派遣工、合同工等，制造业老龄化趋势严重，创造传统制造优势的前辈们逐渐退出舞台。大量聘用的年轻派遣员工，对企业少有归属感和忠诚度，与终身制的员工相比，缺乏提升质量和技术的积极性。为保饭碗，大多数"飞特族"被迫忍耐超时超负荷的工作，挣扎在生存的边缘。在高失业率背景下终身雇佣制难以维系，老牌公司为维护中壮年员工的利益牺牲年轻雇员的利益的事实造成了日本社会的贫富差距。非正式员工在所谓的"滑梯社会"（池田信夫，2009：134）里被排除在所有保障体系之外。

　　社会不平等日趋严重，实际的贫富差距不断扩大，国民对效率低下的政府的信任度降低，众多的不满与无奈无处宣泄，但彼时社会却鲜见能够消解不良情绪的良好渠道。作为规范和控制欲望的文化就此分化成两大方向，一是缺乏资源、相对弱势的人群，大多有自我矮小化的倾向，缺乏理想追求，胆小怕事，随遇而安，逃避龟缩到某个群体或者空间，向社会和人生显示出妥协甚或认输的姿态；二是利用某类平台或者组织，在一定的范围内用文字或者行动宣泄情感，表达对现行社会的不满和对抗。前者有泡沫经济时期以敬业为荣并自诩"工蜂""经济动物"的日本工薪阶层开始自我揶揄的"社畜"，该词在 1990 年（平成二年）被评为流行词。还有"nesomania、尼特族、御宅族、干物女、败犬女"等一系列难以用传统文化标尺定义的人格不健全的青年群体。后者则有不甘寂寞、不吐不快的社交平台常客，比如"电车男"，此外还有与社会格格不入的宗教信仰者、社团组织成员，其中以奥姆真理教教徒为代表，另外还有未成年的问题少男少女们。

　　在泡沫经济时期被美化为"家庭主义者"的社畜，被破灭的泡沫折磨得身心俱疲，工作中偶有失误就会被上司斥责或者让坐冷板凳，甚至面临随时被停工。面对令人不快的职场与令人沮丧的经济形势，20 世纪 90 年代末至 21 世纪初，许多年轻人放下既往的目标，追求安逸的个人享受，就像避难一样纷纷逃离日本，奔赴温暖、生活成本低廉的南太平洋热带岛屿，社会认为他们的行为是心疾所致，称之为"nesomania"①（米切纳，1984：20）症候群。日本富士电视台在1997年7至9月的月九剧场播出的连续剧《海滩男孩》用一种浪漫的情调温柔地描绘了男主角之一的铃木海都是如何从社会精英沦为爱岛狂症候群的一员的。此类逃避心理延续到2016年日本TBS电视台制作播出的爱情喜剧《逃避虽可耻但有用》中，该剧喊出了年轻人自己的声音，仿佛埋藏心中多年却说不出口的话终于说出来一般痛快淋漓，因此多次被要求重播。

逃避就像传染病，正如其英文缩写，"尼特族"与"飞特族"不同，他们的"失业"状态是自我选择的结果。他们在大学毕业之际遭遇就业冰河期而错过最佳职业教育期，稍有复苏的企业要求新进者具有"即战力"，缺乏文脉技能②的就业冰河期一代过早地向生活举起了白旗，索性过起了不问世事、在家啃老，看似逍遥的"小日子"。然而，日本社会对"尼特族"的印象却是一边倒的负面，通常认为他们都是"不愿工作的懒鬼""软弱无力""心理有病""靠父母的寄生虫"。尽管有社会力量的帮助以及有识之士为之正名，但是社会认知大多流于批判或讽刺。相关资料显示，2002年日本全国的"尼特族"人数在60万左右。2012年前后增至83万，据内阁同年统计，15岁到64岁的"尼特族"已经超过了132万人，"尼特族"问题使本就劳动力不足的日本社会卷进了一个深刻的悖论旋涡。

"尼特"一词后来延伸到专门用于表达年轻人无欲望的状态。2012年日本TBS电视台制作的电视剧《恋爱啃老族：忘记爱情开始的方法》，讲述的就是对恋爱不积极，甚至已经忘记恋爱方法的六名都市男女的故事。他们对情感无能无欲望，是泡沫经济破灭后典型的青年恋爱婚姻观的代表，他们的口号就是"没有比恋爱更冒险的事了"。2015年，日本思想家大前研一在其著作《低欲望社会》中指出日本人不再以《坂上之云》③为动力了。这类情绪早在21世纪初就被漫画家秀乐沙鹭敏锐地捕捉到，她于2004年开始创作的漫画《小萤的青春》的女主角小萤，因对恋爱提不起兴趣，极为简单

---

① 该词是美国新闻作家詹姆斯·米切纳1947年著作《南太平洋》中出现的词语，意义请参照《爱岛狂的情思》一文。

② 日语为"文脉スキル"，意义参见池田信夫《失去的二十年：日本经济长期停滞的真正原因》20页注1。

③ 司马辽太郎的长篇历史小说，1968年4月22日至1972年8月4日连载于《产经新闻》。

地应付复杂事务，毫无生活情趣，看起来就像干贝或干香菇那样干巴巴，被称为"干物女"。也有类似恋爱啃老族的口号"恋爱太麻烦不想谈"，几乎同时期出现的还有"丧女"① 与"败犬女"② 等。概而言之，这些新出词汇一方面反映了经济困难的背景下，派遣兴起、低薪、高工时、高失业风险造成年轻人失去自信及无力化，轻易就沦落为人生输家的现实；另一方面则反映了这一代青年的婚恋观，严苛的社会对"社畜"的要求不分性别，其结果是许多女性的职场竞争力已经追平甚至超越男性，但传统男强女弱的观念却融进了日本社会的血液里。

3.　反思大众媒介

无独有偶，除了空间上的禁锢和挪移，逃避一族还采取了转移注意力的办法。他们牢骚满腹，现实世界中却找不到可以倾诉的对象，恰逢此时网络出现在人们的视野中。硬环境有比如发迹于 20 世纪 90 年代日本秋叶原的咖啡网吧，当时个人电脑和家庭网络尚不发达，咖啡网吧作为泡沫经济破灭后的新兴娱乐行业红极一时。软环境有比如兴起于互联网的社交平台，2channel（以下简称为 2ch）网站和 Hatena 网络公司就是典型的两家。2ch 网站于 1999 年初创于美国，是日本大型的网络论坛，拥有容量巨大的留言板集合体。截至 2008 年，年收入破 1 亿日元，在日本社会有着一定的影响力，与广播、电视、报刊等传统媒体不相上下，于 2017 年更名为 5ch。Hatena（はてな）网站创建于 2001 年 7 月，提供包括日本有名的社交性书签在内的多项服务。这类平台为一些胆小怕事的人提供了尽情宣泄的"树洞"。

由于用户可以在 2ch 上申请匿名自由发言，于是潘多拉魔盒被开启。懦弱、没有话语权的年轻一代在此找到了可以任意发泄的虚拟空间并乐此不疲，同时，2ch 也成为滋事造谣、谩骂诽谤、黑客攻击等不负责任的网络行为的温床。2ch 的用户自称为"2channelor"，以男性居多，部分深信 2ch 会对社会造成强大影响的忠实用户被称为"2ch 信者"。该平台产生的亚文化群黏度高，社会影响力强，许多特殊网络用语都来自该平台，例如"中

---

① 源自日本的社交媒体 2ch 的网络流行语，约在 2004 年期间出现，是对不受欢迎的女人的称呼。

② 2003 年，日本作家酒井顺子的著作《败犬的远吠》提道："美丽又能干的女人，只要过了 30 岁还是单身而且没有子嗣，就是一只败犬。"她以"负け犬"（翻成中文即"败犬"）自嘲，认为自己（大龄单身女性）好像是丧家之犬一样，遭人排挤。该词被评为 2004 年日本流行语。

二"、"おk"（ok）、"Emoji"（绘文字），还包括前述的"NEET"等。2ch
的用户在网络的虚拟世界里寻找慰藉，共同话语让终端个体结成共同体。该
网站2002年以来使用率最高的版面一直是"モ娘版"（关于早安少女组的
看版），该版面多次因人数过多出现死机停摆。久而久之，各版网友相互熟
悉，关系如同亲人。欠缺异性缘的单身男性在2ch的"独身男性版"聚集，
由于日语"毒男"与"独男"同音，网友把该版戏称为"毒男版"，它与
前述的"丧女"成为2ch亚文化圈的次级用语。

　　2ch网络亚文化离不开秋叶原这个汇聚动漫产业所有元素的发源地，特
别是最具特色的"御宅族"文化，尽管该群体并非泡沫经济后出现的，但
是在经济崩溃之后，它却成为身体与灵魂无处安放的边缘青年难得的寄居之
所。秋叶原受"御宅族"们的欢迎，还缘于2001年首创女仆咖啡厅①，并
设有许多家售卖动漫周边、复古视频游戏、卡牌游戏等商品的专卖店。随后
女仆咖啡厅开始在日本各地纷纷开业，逐渐形成一种"御宅族"次文化的
流行风潮。"御宅族"文化有许多亚型，在这里被追捧的"萌"② 文化可以
存在，它也能容忍被遗弃的"网吧难民"③，几乎所有与动漫相关的元素，
"cosplay"、女仆、"尼特族"、"茧居族④"、"萝莉控"、"正太控"、贫穷者、
劳工阶层、苦学生、醉酒者都属于以秋叶原为中心的"御宅族"范畴。

　　"御宅族"与网络的合流，造就了"电车男"的故事。2004年3月14
日的晚上，署名"电车男"的网友在2ch"独身男性版"留言，讲述他在
电车上救了一个被醉汉骚扰的女性的故事。后来，该女子写信答谢"电车
男"并赠送了他一对爱马仕茶杯，网友和"电车男"称该女子为"爱马仕
小姐"。由于"电车男"性格孤僻，工作之外的兴趣就是逛秋叶原和漫画，
从未有与女性交往的经验，面对女性还会害羞，是典型的"毒男"，因此他
便上2ch发言向网友求援，网友们纷纷献策鼓励。5月9日，他在网上留言
宣布成功追求到"爱马仕小姐"，众网友为他送上祝福。该故事后被改编成
影视剧、话剧等。2005年7月日本富士电视台拍摄的连续剧《电车男》播

① 日语为"メイド喫茶"或"メイドカフェ"，是角色扮演系餐厅的一大类型。
② 20世纪90年代左右在日本动漫及电子游戏的次文化影响下派生出新义，被用来作为对作品中
　 的虚构角色表达强烈喜爱的用语，之后派生到可对各种事物表达类似情感。
③ 是指由于各种原因（欠租、家庭理由等），而不能再居住于自己的家中或公寓，而转到24小时
　 营业的网吧或漫画咖啡店过夜的人，日语为"カフェ難民"。
④ "蛰居族"（又叫"蛰居者"，俗称"茧居族""隐蔽人士""关门族""家里蹲"），指人处于狭
　 小空间，不出社会，不上学，不上班，性格内向，日语为"引きこもり"。

出后在日本掀起热潮，大结局取得收视率 25.5% 的好成绩。这个活生生的故事折射了泡沫经济的崩溃带来的恋爱择偶观的改变，如前所述的"败犬女"的现实存在，是否就是不善变通给她们的一记耳光呢？曾经流行的女性择偶的三高① 标准，变成了 2003 年由女性作家小仓千加子在《结婚的条件》② 中总结的一个词语"3C"，3 个"C"分别是"comfortable""communicative""cooperative"三个英文词的首字母，意义是"舒适""相互理解""高合作性"，我们是否可以断言以此为择偶条件，相比精英男性，相对平凡的男性，例如"御宅族"的"电车男"灵活度会更高呢？

4．组织行为的背后

因 2ch 用户的匿名性，神通广大的 2ch 也难以有效地消解戾气，反而被利用，成为滋生犯罪的温床。自从这个平台出现后，除一般性的个人信息泄露和侵犯人权等事件频发以外，由于 2000 年"西铁巴士劫持事件"和 2008 年"秋叶原无差别杀人事件"的罪犯在 2ch 的留言板上发布犯罪预告，引发多起模仿罪案，2ch 被社会频频诟病。杀人事件的罪犯加藤智大正是一名派遣职员，他厌世怨叹交不到朋友，遭到毒舌网友的嘲笑谩骂，后来他因公司制服失踪误认为自己已被公司开除，因而杀人泄愤。此事件在日本以外的国家亦被大量报道，是 2008 年上半年日本网络中最受人关注的事件之一。此种付诸极端行动的发泄不仅停留于个人行为，组织集体的出动亦不少见。

泡沫破灭之后的日本社会充满了不满与怨恨，1995 年 1 月发生的阪神大地震雪上加霜，让惊魂未定的人们感觉前途更加暗淡。同年 3 月东京发生了"地铁沙林毒气事件"，警方在追捕调查中发现，该事件是由名叫"奥姆真理教"的组织实施的有计划的集团犯罪行为，并且，该集团不仅犯下多起杀人罪行，还建立了"政府组织体系"，扬言要推翻现任政府取而代之，并要打破现有的社会秩序，建立新秩序，"地铁沙林毒气事件"只是达成目标的一环。而该事件并非该集团的首次犯罪，仅 1995 年一年"奥姆真理教"就实施了大规模杀伤事件 5 起。他们这种否定现有秩序并与之对抗的宗旨对当时的社会边缘青年充满吸引力，这个崇拜宗教、模仿国家机制和鼓吹战争的邪教组织，抓住了彼时年轻人不满社会现实而又苦于无法解脱的迷

---

① 高学历、高收入、高身高。
② 小倉千加子：《結婚の条件》，朝日新聞社，2003 年。

茫心理煽动对抗。从某种意义讲，宗教的思想麻醉类似流行于世的"治愈系"① 精神放松法。该事件不是单纯的宗教信仰事件，而是日本社会中充斥悲观迷惘情绪的侧面反映，特别是作为日本未来社会的中流砥柱的众多青年精英积极加入"奥姆真理教"，就足见精神空虚与亟须改变的焦虑影响至深。那年的日本仿佛站在风雨飘摇的路口，前途未卜。

如果说精神的浇筑有教育相当比重的参与，那么泡沫破灭之后日本教育界发生了怎样的变化呢？作为世界经济大国，日本教育体系的发达程度在当时是令许多国家望尘莫及的，完善的九年制义务教育，高达97%的高中升学率，以及近50%的大学升学率，是日本傲居东亚的资本。然而，耀眼的经济奇迹在泡沫的破灭声中急速黯灭，教育的问题再无神光为其遮丑。据日本文部省调查，1997年中小学长期缺席不到校者达22万之多。这种被称为"登校拒否"的学生流失现象却因社会的病变而愈演愈烈。90年代起，校园中礼仪崩坏、暴力事件丛生、宽松教育政策下孵化出学习能力和竞争力低下的扭曲的一代等现象层出不穷。象牙塔也难保其本色，高等学府为声名与地位向当红影视明星妥协的"广末凉子大骚动"② 让教育体系蒙羞。另外，对刚大学毕业的新进职员进行企业内教育也呈现疲态。一方面企业自身难保，另一方面，精细周到的企业内教育在高跳槽率的时下，只会是给他人做嫁衣。曾经被作为企业管理教科书的日本企业文化亦随之不再傲立于商界。

时至今日，日本的教育界恐怕会思念第二次世界大战后初期的斯巴达式教育以及人们热情奋进的场景。在再次出发、踏实前行前，应该重塑民族危机感，看清自我认准目标，树立积极进取的方针。

5. 结语

从日本纪元来看，2019年从平成改元令和，但是，日本的经济列车仍然被普遍认为运行在失去的30年阶段，平成萧条只是脱下了外衣。2020年，全球暴发了新冠肺炎，地球村经济遭受史无前例的重击，原定的奥运年本可能让令和时代洗去平成蒙尘，现实却给了令和时代经济复苏的期望一个难产的开端。病毒让经济格局再次发生变化，万物事事变动不居、环环相

---

① 治愈系是日本在20世纪90年代左右出现的词语，通常是指能给予观众积极、爱、阳光、温暖等等正能量的人物或作品等。
② 1998年，广末凉子考入日本早稻田大学。入学时，媒体等围追堵截式的采访引起了校园追星骚乱，严重影响了校园环境与秩序。由于后续的学习状态不佳，广末凉子四年后申请退学。

扣，社会文化又将产生怎样的新动向？无论形势作何改变，社会学思维总是能够让人从整体出发，聚焦具体事件，厘清纵横交错的社会现象，把握大势走向，在永恒变动中找到个人、集体、地区的文化坐标，找到与传统相连接的脉络。

参考文献：

鲍曼，梅，2010. 社会学之思［M］. 2 版. 李康，译. 北京：社会科学文献出版社.

米尔纳，布劳伊特，2018. 当代文化理论［M］. 刘超，肖雄，译. 南京：江苏人民出版社.

米切纳，1984. 爱岛狂的情思［J］. 葛伦鸿，译. 文化译丛（5）.

池田信夫，2009. 希望を捨てる勇気　停滞と成長の経済学［M］. ダイヤモンド社.

池田信夫，2013. アベノミクスの幻想　日本経済に＜魔法の杖＞はない［M］. 東洋経済新報社.

芹川洋一，2018. 平成政権史［M］. 日経プレミアシリーズ. 日本経済新聞出版社. 2018.

深尾京司，2012. ＜失われた20年＞と日本経済　構造的原因と再生への原動力の解明［M］. 日本経済新聞出版社.

Japan's "Lost Twenty Years":
A Survey from the Perspective of Cultural Sociology

Huang Xiaobo

Abstract：This paper breaks up the whole into parts of the cultural and social phenomena and events that occurred in the special economic situation. The method of sociology recovery reveals the differences and connections between individual events. Through further reflection and testimony, this paper explores the soil and context of the development of subculture with Japanese style in the 20 years lost in Japan.

Key words：Japan; collapse of bubble economy; lost 20 years; sociological reflection

美国 "文化战争" 中宗教保守力量的反噬
——以妇女堕胎为例

靳倩倩

（四川大学外国语学院，成都610207）

摘 要：在当今美国社会，许多核心的社会问题诸如"堕胎""同性婚姻""干细胞研究"和"学校祈祷"等都与宗教息息相关。在堕胎的议题上，美国白人基督教福音派是坚定的反堕胎者，而且推动了南方许多州出台针对"罗伊案"的新法律。这些法律和准法律的出台让女性好不容易争取到手的堕胎权面临前所未有的危机，反堕胎法案在南部各州纷纷出台是宗教右翼力量彰显的标志。特朗普当政以来在公开场合的一些言论，签署"墨西哥城"政策以及提名三位保守派大法官的举措都将促成日后对堕胎持保守态度的趋势，甚至有学者预测未来会出现"妇女堕胎再度非法化"的局面。由此可见，宗教保守派在美国社会的影响力十分强劲。
关键词：文化战争；堕胎；基督教福音派；特朗普

1. 引言

从建国开始，宗教就是美国社会与文化中非常重要的部分，宗教在美国政府的政治活动和普通老百姓生活中的影响随处可见。比如，从 5 美元到 100 美元，其背面都清楚地写着"我们信仰上帝"（In God We Trust）；美国国歌的最后一句唱道"上帝保佑美国"；而美国的"爱国誓词"则有这样的内容："我宣誓效忠美利坚合众国的旗帜以及它所代表的共和国，一个国家，归上帝主宰"；美国总统在就职宣誓时必须手按《圣经》宣誓就职。所有这些都表明基督教是美国的立国之本，也是塑造美国国民特性的精神之源。

美国是在基督教文化影响下成立的，自建国之日起就已确立起基督教对美国国家及社会的重要作用。美国文化传统早已被深深地刻上"WASP"烙印，"W"（white）代表白人，"AS"（Anglo-Saxon）代表盎格鲁－撒克逊，"P"（Protestant）代表基督教新教。而且，美国社会多种族、多文化的客观条件造就了美国多元宗教并存的局面，新教、天主教、犹太教、东正教、伊斯兰教、道教、佛教、印度教等宗教都在美国社会存在①。美国建国源于欧洲受到迫害的新教徒来到新大陆建立"山巅之城"，因此基督新教很早就成为美国社会的凝聚力。清教徒倡导的诸如辛勤工作和节俭的价值观受到美国人的肯定和弘扬。加尔文教提倡的努力工作便能取悦上帝、获得再生的观念不断促进美国人开拓边疆，征服自然，西进运动使他们养成了敢于冒险、不断进取的精神。因此，美国建国后在萨缪尔·亨廷顿（Samuel P. Huntington）看来，美国政府不仅没有忽视基督教，而且建立了较明确的宗教战略。这一战略旨在利用基督教新教来塑造国民性并增进国家身份认同（亨廷顿，2005），目的是为其政权提供合法性。此外，美国社会基督教派别林立，以新教为例，包括公理会、贵格会（又名教友会）、洗礼派、再洗礼派、五旬节派……这些教派都在美国社会存在，对美国人民的日常生活起着潜移默化的作用，成为美国文化非常重要的组成部分。总之，纵观美国社会的方方面面，基督教团体的作用是不容小觑的。下面本文将以妇女堕胎为例来论证美国社会的宗教保守派如何对美国最高法院在妇女堕胎方面做出的判决（即"罗诉韦德案"，又名"罗伊案"）提出挑战。

2. "文化战争"中的堕胎议题

20 世纪七八十年代，美国社会出现了所谓的"文化战争"（Cultural Wars），其议题包括诸如"妇女堕胎""同性婚姻""干细胞研究""学校祈祷"等。奥巴马执政期间，同性婚姻、干细胞研究已经合法化，自由派在维护同性恋或 LGBT（对男女同性恋者、双性恋者和变性者的通称）权利方面取得了重要进展。在妇女堕胎方面，最高法院在 1973 年做出判决允许妇女堕胎的"罗诉韦德案"（Rod v. Wade）判决仍原封不动，这导致许多宗教保守派人士对其政治盟友共和党建制派充满着失望感。自 1973 年"罗伊案"宣判以来，保守派没有停止反堕胎的举措。事实上，他们一直在推动反堕胎活动。

美国建国后很长一段时间都没有关于堕胎的成文法。赞成堕胎合法的妇女认为自己有权对自己的身体做主，而反对堕胎的妇女认为胎儿具有生命权，双方相持不下。这一方面跟自建国以来美国沿用英国普通法② 的传统

---

① 一个例子是 20 世纪 50 年代后，美国宗教文化里出现了"PCJ"模式，"P"（Protestant）代表基督教新教，"C"（Catholic）代表天主教，"J"（Judaism）代表犹太教。

② 按照英国普通法，堕胎是一种罪行。1821 年，美国康涅狄格州率先通过了禁止堕胎的法律，其他州纷纷效仿，到 1990 年，所有州都出台了禁止堕胎的法律。

有关，另一方面源于基督教特别是天主教的影响。一些女性因种种因素意外怀孕，而怀孕本身也会给女性的健康和安全带来影响，随着女性权利意识的觉醒，妇女们开始要求堕胎权。1969 年，得克萨斯州的一名单身孕妇化名"罗伊"（Roe），为寻求绝对的堕胎权，提起了一个挑战得克萨斯州刑事堕胎法合宪的诉讼。该刑事堕胎法规定，除非根据医嘱为了挽救母亲的生命，否则禁止堕胎。美国联邦最高法院认为，保护孕妇的身心健康比法律地位尚不明确的胎儿更加重要，认为受第十四修正案保障的隐私权能够包含堕胎权，州政府不得随意干预，因此判决得克萨斯州刑事堕胎法违宪。该判决废除了美国自 19 世纪以来所有的堕胎禁令，使妇女获得了支配自己身体的权利，将堕胎权定性为一项受宪法保护的权利。"罗伊案"是美国联邦最高法院通过司法解释和司法判例的形式对女性生育权和堕胎权进行处理的初步解决方案。之所以说"初步"，是因为堕胎合法化后，妇女也分成了两大派。至今，支持孕妇权的"选择派"和保护胎儿的"生命派"的争议仍在继续。"罗伊案"后，对此案进行调整的司法判决不断由"选择派"提出，涌向最高法院，比较突出的是"计划生育联合会诉凯西案"（Planned Parenthood v. Casey，1992，下文简称"凯西案"）①。"凯西案"为妇女堕胎做了五条限制规定，其中"已婚妇女堕胎必须获得配偶同意"经最高法院的衡量，构成了"不必要的负担"，这被视为是对"罗伊案"的判决的核心内容的挑战。最高法院的几位大法官的判决书也呈现出不同的意见（任东来，2007）。总的来说，"凯西案"使得最高法院开始认可各州立法机构对堕胎的种种限制，而不像过去那样"无条件地"保护妇女的选择权。在这个案例中，最高法院对妇女生育权的保护发生了倒退，认为只要限制堕胎没有给女性造成"过分的负担"，那么这种限制便是合宪的。利用这样的"缝隙"，美国白人福音派在各州不断掀起限制女性堕胎权的立法高潮，各州前后通过了 1000 多个相关法案。保守州大量关闭堕胎中心，使得女性，特别是贫困女性因无法堕胎而陷入绝境。

2018 年 10 月，皮尤中心发布民意调查结果，发现 58% 的美国人认为堕胎应该合法化。研究人员发现，美国男性和女性支持堕胎的比例相近（分别为 57% 和 60%），但宗教和党派才是决定人们立场的最重要因素：59% 的共和党人认为堕胎在全部或大多数情况下非法，76% 的民主党人则持相反态

① 在凯西案中，宾夕法尼亚州计划生育联合会针对宾州的《堕胎控制法案》提出诉讼。

度，两者的比例近年来都有所提升；在美国最主流的宗教新教徒中，白人新教福音派是最坚定的反堕胎群体（61%）。与之形成对比的是，67%的主流白人新教徒认为堕胎在全部或大多数情况下合法，而74%的非宗教人士认为堕胎合法。由此可见，宗教人士在堕胎这个"文化议题"上的影响力很大。

在政治方面，关于妇女堕胎的问题在国会形成了"政治极化"，共和党和民主党就这个问题分别采取不同的立场，在很多情况下是为了赢得选票①。在2016年美国总统大选中，两党在堕胎问题上的对立十分明显：希拉里声称自己捍卫生育权，而特朗普则坚定地站在反堕胎阵营一边。针对"罗伊案"树立的妇女有权处理自己的身体的原则，许多州出台法律对其进行挑战。比如，佐治亚州、俄亥俄州、肯塔基州和密西西比州陆续通过了《心跳法案》（Human Heartbeat Protection Act），禁止孕妇在检测到胎儿心跳后堕胎。这是因为医学发现，胎儿心跳通常在怀孕六周左右就可以检测到，但这个时候很多女性并不知道自己已经怀孕。2019年5月，美国亚拉巴马州参议院通过了"史上最严格"的堕胎法案。该法案规定，除非孕妇生命受到威胁，否则任何情况下都不允许堕胎，强奸和乱伦也不例外。违法堕胎的医生将被判处最高99年刑罚，孕妇不会受到处罚。2019年12月，美国俄亥俄州共和党议员提出了一项"反堕胎"的新法案——众议院《413法案》②（House Bill 413），其中有一附加条款：医生不能为"宫外孕"的女性引产，而是要将异位的受精卵或胚胎重新移入女性的子宫，否则医生将面临"谋杀罪"的指控。虽然该法案尚未进行表决，但已经引起广泛的争议。早在2016年4月，俄亥俄州州长就签署了所谓的《心跳法案》，规定胚胎出现心跳后，禁止对孕妇实施堕胎手术，除非出现一些危及孕妇生命的情况。而众议院《413法案》则更加极端。从医学上讲，将异位的受精卵放回子宫的可能性几乎为零，并不可行，但这次拟议新法案中关于"异位妊娠"的规定在2016年5月就被提出了，足见俄亥俄州基督教保守派力量的强大。

---

① 美国两党关于堕胎问题的对立还要追溯到20世纪。在1972年的总统竞选中，共和党人尼克松为赢得南方白人的支持而奉行"南方策略"，将反堕胎立场作为吸引天主教选民的战略。但在他上台后，他又签署法案给经济条件较差的妇女提供资金堕胎。当共和党逐渐与"福音派右翼"等保守主义结盟的时候，民主党则获得了越来越多自由派的支持，两党在堕胎问题上的立场逐渐走向分裂。

② 本报道见 https://www.theguardian.com/us－news/2019/nov/29/ohio－extreme－abortion－bill－reimplant－ectopic－pregnancy，2019年12月11日访问。

这些法律和准法律的出台让女性的堕胎权面临前所未有的危机，甚至有学者预测未来会出现"堕胎再度非法化"的局面。反堕胎法案在南部各州纷纷出台是宗教右翼力量彰显的标志。

宗教右翼力量彰显的另一个重要表现是唐纳德·特朗普（Donald J. Trump）的当选。众所周知，特朗普成功入主白宫的支持团体是基督教福音派。当选前后，特朗普同基督教福音派人士交往十分密切。2016 年，特朗普打出"美国优先"（America First）的竞选口号，成功吸引了大批选民。自特朗普上台后，政府推出的一系列政策不仅破坏了美国政府的公信力，也损害了美国的价值观。他的所作所为让原本已经撕裂的美国社会再度撕裂。所谓美国社会的撕裂，主要体现在社会保守派和自由派在枪支管控、种族冲突、同性婚姻、妇女堕胎等社会热点问题上相持不下、持续对峙、产生分裂的局面。特朗普当政以来，对妇女堕胎的态度时而保守时而自由，让人不得不怀疑其说话的场合和动机。例如，在其当选之前的 1999 年的一场电视节目中，特朗普表示自己在堕胎问题上"亲选择"（pro-choice）。特朗普就职总统不久就恢复了一项针对堕胎议题的激进的"全球禁令"——"墨西哥城政策"（Mexico City Policy），禁止联邦政府给支持堕胎的海外非政府组织（NGO）提供资金。随后，基督教保守派团体家庭研究协会（Family Research Council）领导人珀金斯发推特在社交媒体上对这一举措表示赞同。但在 2019 年 5 月，亚拉巴马州颁布了史上最严的"堕胎法案"[①] 后，善于利用"推特治国"的特朗普总统终于打破沉默，连发三条推特，对最严"反堕胎法"表达了自己的看法，说自己"亲生命"（pro-life）。此外，特朗普当政期间一共提名了三位最高法院的保守派大法官。与此同时，自由派的金斯伯格大法官已经身故，布雷耶大法官年满 79 岁，摇摆派大法官安东尼·肯尼迪也已 81 岁。一个由保守派组成的最高法院在堕胎方面做出的判决甚至有可能走向与"罗伊案"完全相反的方向。种种迹象表明，特朗普对妇女堕胎的态度趋向保守。

---

① The legislation—House Bill 314, "Human Life Protection Act" — bans all abortions in the state except when "abortion is necessary in order to prevent a serious health risk" to the woman, according to the bill's text. It criminalizes the procedure, reclassifying abortion as a Class A felony, punishable by up to 99 years in prison for doctors. 314 号法案"人类生命保护法"禁止该州的所有堕胎行为，除非遇到"对妇女的健康造成严重风险而必须堕胎"的情况。该法案将堕胎行为定为犯罪，将堕胎重新归为 A 级重罪，堕胎涉事医生可被判处最高 99 年的监禁。

3. 结论

在当今美国社会，许多现实的社会问题诸如"堕胎"、"同性婚姻"、"干细胞研究"、"学校祈祷"和"家庭价值观"等核心议题都与宗教息息相关。在堕胎的议题上，美国白人福音派是坚定的反堕胎者，推动了南方许多州出台针对"罗伊案"的新法律。这些法律和准法律的出台让女性好不容易争取到手的堕胎权面临前所未有的危机，反堕胎法案在南部各州纷纷出台是宗教右翼力量彰显的标志。特朗普当政以来在公开场合的言论，签署"墨西哥城"政策以及提名三位保守派大法官的举措都将促成日后对堕胎持保守态度的趋势，甚至有学者预测未来会出现"堕胎再度非法化"的局面。由此可见，宗教保守派在美国社会的影响力十分强劲。

参考文献：

埃斯贝克，2016. 美国宪法中的政教关系［M］. 李松锋，译. 北京：法律出版社.

俄亥俄州出台"史上最严"堕胎法［EB/OL］. ［2019 – 12 – 11］. https://www. theguardian. com/us – news/2019/nov/29/ohio – extreme – abortion – bill – reimplant – ectopic – pregnancy.

亨廷顿，2005. 我们是谁——美国国家特性面临的挑战［M］. 程克雄，译. 北京：新华出版社.

美政府宣布堕胎没有"国际权利"，被指与联合国共识背道而驰［EB/OL］. ［2020 – 11 –22］. https://3g. 163. com/dy/article/FPKOEKSD05504DOQ. html.

平克，2019. 当下的启蒙：为理性、科学、人文主义和进步辩护［M］. 侯新智，欧阳明亮，魏薇，译. 杭州：浙江人民出版社.

任东来，2007. 司法权力的限度——以美国最高法院与妇女堕胎权争议为中心［J］. 南京大学学报（2）.

涂怡超，2017. 当前美国推进"国际宗教自由"的机制、行动与成效［J］//宗教与美国社会，15（1）.

徐以骅，2019. 特朗普政府上任以来的宗教与中美关系［M］//宗教与美国社会，18（1）.

COBB S H, 1902. The rise of religious liberty in America：a history［M］. New York and London：Macmillan.

LAMBERT F, 2008. Religion in American politics：a short history［M］. Princeton, New Jersey：Princeton University Press.

The Backlash of the Religious Conservatives in American "Cultural Wars": Take Women's Abortion as an Example

Jin Qianqian

Abstract: In today's American society, many of the core issues of social issues such as abortion, same-sex marriage, stem cell research and school praying are closely related to religion. White evangelicals in the United States are staunchly anti-abortionists on the issue of abortion, and they have pushed many southern states to introduce new laws against the Roe case. The introduction of these laws and quasi-laws has left women facing an unprecedented crisis over their right to abortion. The fact that some anti-abortion bills have been introduced in southern states indicates a comeback of religious right-wing forces. Donald Trump's public comments since he took office, the signing of the "Mexico City" policy and the nomination of three conservative justices will all contribute to a future trend towards conservative attitudes toward abortion, with some scholars predicting a "re-illegalization of abortion" in the future. Thus, religious conservatives have a strong influence in American society.

Key words: cultural wars; abortion; evangelicalism; Trump

从失语到发声

——《大地》三部曲中中国女性形象的塑造

刘丽华

（四川大学外国语学院，成都610207）

摘　要：本文对赛珍珠所撰写的长篇小说《大地》三部曲中的女性形象的发展变化进行了梳理和研究，并结合斯皮瓦克的"妇女话语"来考察西方读者眼中的"他者"——《大地》三部曲中的中国妇女形象，说明赛珍珠通过这部作品打破了西方虚构型的"他者"的模式化形象——深受压迫的中国女性，让中国女性发声，成长为具有女性意识的反抗者。

关键词：《大地》；中国女性；他者；女性话语；失语

美国著名女作家塞珍珠的长篇小说《大地》三部曲，奠定了她作为为西方书写中国社会和文化的作家的地位。正如1938年她被授予诺贝尔文学奖，主持人在颁奖典礼上对她所做的介绍那样："赛珍珠女士，你通过自己质地精良的文学著作，使西方世界对于人类的一个伟大而重要的组成部分——中国人民有了更多的理解和重视。"（赛珍珠，1991：1）这部小说不仅展现了以农业人口为主的中国家庭的兴衰变化以及他们的恋土情节，还塑造了处于中国封建社会最底层的"他者"——中国女性形象。本文将根据小说中女性婚恋观的变化，从后殖民主义视角探讨这部小说对中国女性形象的塑造，旨在说明赛珍珠对中国女性的同情和关注，尤其是她通过这部小说而重塑的中国女性形象及她所认同的新时代中国女性。

1. 后殖民理论视阈下的"他者"形象

美国后殖民主义批评家爱德华·赛义德（Edward Said，1935—）将文学研究与政治、社会、历史紧密结合起来，其理论使英美后殖民主义批评家注意到了"东方"。赛义德将文学研究从纯文学方向延伸到更为广阔的文学与社会相结合的视阈中，从文化和政治的角度对文本进行解读，阐释了文学文本与世界的复杂关系。

后殖民理论的另一代表人物美籍印度裔女学者佳娅特丽·C. 斯皮瓦克（Gayatri C. Spivak，1942—）关注第三世界妇女的命运，强调后殖民批评中的"第三世界妇女"发言，并重新创造和建构了东方女性话语，拓展了妇女文学批评的视角。

本文便是在后殖民理论视角下对《大地》三部曲中中国女性形象变化的研究。本文从赛义德的东方主义批判观出发，结合斯皮瓦克的"妇女话语"来考察西方世界中的"他者"——赛珍珠笔下的中国妇女形象，以此说明赛珍珠通过这部作品来打破西方所虚构的"他者"形象——中国女性，让她们在自己的婚姻中摆脱"从属者无权说话"的"失语"状态，发出自己的"声音"——勇于表达和选择自己的婚恋观，从男权大厦里的怨恨者成长为具有女性意识的反抗者。

1.1　作为思维方式和话语方式的"东方主义"

赛义德的《东方学》（*Orientalism*）一书中的"Orientalism"不仅是一门学术研究学科，还是一种思维方式，更是一种权力话语方式。作为思维方式和话语方式的"Orientalism"通常被译为"东方主义"。

赛义德认为，欧洲虚构了一个"东方"，但是却有着"东方主义"的悠久传统。东方不仅是欧洲的殖民地，还是欧洲的文化和语言之源，更是欧洲文化的"竞争者"，因此成为欧洲最常出现的与西方相对照的"异己者"形象之一，西方用新奇和带有偏见的眼光去看东方，从而产生了一种完全不同于欧洲（西方）的民族本质。

东方主义作为西方人任意藐视"东方文化"并虚构他们自己想象中的"东方文化"的一种带有偏见的思维方式和认识体系，使东方与西方具有了本体论上的差异，因而东方也成为西方的"他者"（the other）。这种想象的、杜撰的思维方式，使得西方权力者就此对"东方"产生居高临下的优越感，书写"他者"理念下的东方。昔日西方人因东方的辉煌而悲哀，而现代西方认为对东方的胜利让他们充满优越感并得到满足。"东方"这一概念本身所具有的历史及思维传统，使其能够与欧洲（西方）对峙，成为西方存在的对照物。但是东方仍被西方赋予空虚、失落和灾难的色彩。西方有大量的作家接受了这一东方与西方的区分，"并将其作为建构与东方、东方的人民、习俗、心性和命运有关的理论、诗歌、小说、社会分析和政治论说的出发点"（赛义德，2007：4）。在其《文化与帝国主义》一书中，赛义德还注意到了西方文本中普遍使用那种模式化的"神秘的东方"形象和思维，第一世界创造了并且东方化了那个神秘而又迟钝的第三世界（东方）文化，即一种想象中的没有经历社会变革和政治动荡的第三世界文化，因而非白人总是隶属于欧洲和美国的权力掌控者。赛义德结合福柯的"话语"理论，认为"东方主义"也是一种话语方式，是"（西方）对东方进行描述、教授、殖民、统治等方式来处理东方的一种机制：简言之，将东方学（东方主义）视为西方用以控制、重建和君临东方的一种方式"（赛义德，2007：4）。此外，赛义德坚持认为西方为自己的经济、政治和文化利益服务，编造出一整套重构东方的战术，设定了对东方的理解模式，并且通过文学作品和历史著作创作出"东方主义"视角下的"他者"——东方形象。赛义德据此强调，一种文化总是试图对另一种文化加以改头换面的虚饰，而不是真正地接受另一种文化。东方主义者总是通过改变东方的本来面目使其神秘化，这样的行为是为了自己和自己的工作，也是为其所信仰的那个东方（朱立元，2005：418）。作为东方主义者的西方知识分子通过对东方文化的研究和构建参与着种族歧视、文化霸权和精神垄断。这说明作为一种权利和控制形式的东方主义在内容上是有效的，这是建立在白人优越论上的种族主义。

然而赛义德认为，对东方主义的认识并不是宣扬仇外的民族主义，而是强调文化多元主义，拒绝被制造出来的文明的冲突，接受文化间的相互融合，认为应把知识分子从东方主义的束缚中解放出来，进入多元文化共存的后现代世界格局之中。

1.2　"沉默的他者"与女性话语权

斯皮瓦克强调后殖民批评的人文话语。她认为第三世界的妇女在被第一世界的观看中沉入了历史地表，她们是"沉默的他者"，已经被打上了父权化、殖民化的烙印，在文学作品中成为男权主观臆断变形的描写。而语言本身是由世界和意识所决定的，第三世界妇女的无语状态或失语状态，说明她们是男性的从属者，处在被压抑的状态，从而丧失了主体地位而沦为工具性客体，不能发出自己的声音、表明自己所具有的权利和自我意识，也因此处在世界与意识的边缘，成为男性权利话语中的不在场的、无名的、不确定的空洞能指。

因此，斯皮瓦克认为，第三世界的妇女应该走出失语沉默状态，发出自己的声音，表现自我世界，表达自我意识，坚持自己的独立人格和主体身份，打破西方对第三世界妇女——"他者"的模式化的构建，重新建构东方女性话语。

1.3 中国女性:"东方主义"视角下"他者中的他者"

作为西方后殖民理论中的一个常见术语,"他者"可以被用来剖析第一世界文化中所蕴含的西方中心的潜意识。在这一理论中,西方人成为主体性的"自我",而殖民地的人民则被称为"殖民地的他者",即西方文化和意识形态中的"他者"。西方人将"自我"以外的非西方世界视为"他者",将"自我"和"他者"截然对立起来。从广义的角度来说,"他者"成为与主体"自我"既有区别又有联系的参照。黑人成为白人的他者,女性成为男性的他者,第三世界成为西方世界的他者。而第三世界中的中国女性则成为"他者中的他者":她既是男性的他者,又是白人的他者。

由于东方主义虚构的"东方"与西方具有了本体论上的差异,因而西方得以用新奇和带有偏见的眼光去审视东方。中国作为西方眼中"东方"不可忽视的代表,其形象也成为"东方主义"解读和试图把握、征服的对象,西方帝国主义权力者就此对"中国"产生征服的利益心。19世纪,在大多数欧洲人与美国人的眼里,中国只是个"落后""僵固""充满奇风异俗"的国家。而在同一时期的欧美文学文艺作品中,"中国人物形象"大多是工人,被描写成遭受取笑、侮辱的角色,是典型的东方主义视角下的"他者"形象。就连马克·吐温这样的严肃作家,在其与布莱特·哈特合写的剧本《阿兴》(*Ah Sin!*)中,也为主人公取名"Sin"(罪过),主人公还在剧中被称为"笨蛋""道德肿瘤"等,其带有的种族主义倾向可略见一斑。

而"东方主义"眼中的另类"他者"——中国女性,也必然被"东方主义者"进行操纵,贴上了受奴役、受迫害、充满怨恨、逆来顺受不敢反抗的标签,因而帮助并且解放中国妇女成为西方传教士来中国传教的目的之一。早期传教士妇女也撰写了许多有关中国妇女的文学作品。在美国传教士子女另一杰出人物浦爱德(Ida Pruitt)的母亲安娜(Anna Seward Pruitt,1862—1945,中文名"浦安讷")和19世纪的传教士妇女已出版的作品中,讲述的是"亚洲妇女被邪恶而又可怕的男性异教徒所残酷压迫的故事。她们这样的重点讲述可以鼓励更多的人捐款和吸收更多的人成为传教士"(Marjorie King,2006:105)。

在来华传教士反映中国妇女的文学作品中,某些具有"东方主义"意识的传教士将写作的重点放在了对"东方主义"视角下"他者"的关注上,即关注中国妇女的艰苦生活和悲惨命运,使得西方男性眼中的"他者"——中国妇女不但与西方男性而且与同时代的西方女性有着巨大的差异。一方面，这样的描写有些是建立在一定的事实基础上的；另一方面，传教士们"东方主义"视角下对中国妇女的解读使得他们有意回避了对中国妇女聪明坚强、与命运抗争的积极一面的描写。这样的有意为之势必进一步激起和坚定了西方传教士来华传教的热情和决心。

具有中美双重文化身份的赛珍珠热爱中国，同情中国人民。她曾经说过："我最大的愿望就是要使这个民族在我的书中如同他们原来一样地真实地出现，倘若我能做到的话。"（郭英剑，1999：603）她试图用自己的文字重新书写她眼中的中国妇女，重新塑造"东方主义者"眼中的"他者"——中国女性形象，让"失语"状态的中国妇女冲破社会的羁绊，敢于为自己的命运抗争而"发言"，构建中国新时代女性话语。

2. 赛珍珠的中美双重文化身份

赛珍珠在她只有两个月大的时候便由其传教士父母带到了中国，她从此在中国成长并同时接受中美两种文化的教育，中西方文化同时影响着赛珍珠。1925 年赛珍珠回到美国进入兰道夫·梅康女子学院接受美国高等教育。也就是在这一时期她开始感受到了她与美国同龄人的不同，成为美国文化的"他者"。这种不同源于她的中国文化背景。

赛珍珠回到中国后，先后担任中学和大学教师，大部分时间生活在中国江苏的南京、镇江以及安徽的宿州一带。赛珍珠在中国度过了她的童年、青年以及成年后的一部分时间，这是一个人人生中最美好也是个人身份包括人生观和价值观形成的重要阶段。中国文化对赛珍珠的成长产生了重要的影响。她热爱中国文化，长期生活在中国各个阶层中使她理解中国社会，了解和同情中国人民。她意识到她所了解的中国人民与西方文学作品中对中国人带有偏见的"他者"描述有着巨大的差异。因而中国社会和中国人民成为她后来文学创作的重要主题。其中，《大地》更是成为她重要的代表作，得到了"中国农民生活史诗"的美誉。

作为一名有着双重文化背景的女性作家，赛珍珠虽然不是一名战斗性很强的女权主义者，她认为自己"天性上属于家庭妇女型"（赛珍珠，1991：2），但是她从来没有停止过对东西方女性的关注，尤其是女性在家庭中的地位、职责以及她们的婚恋观和命运等，这种关注首先是因为对其父母的谈不上幸福的婚姻的思考。这些思考和关注所形成的观点体现在她的非文学作品《男人女人面面观》（*Of Men and Women*）里。在中国成长和生活的几十年使她更加了解和同情中国女性的地位和命运，由此创作了一系列有关中国女性的文学作品，塑造了包括桂兰（《东方西方》），阿兰、梨花（《大地》三部曲），母亲（《母亲》）等中国女性形象。其中，她在《大地》三部曲中所塑造的群体女性形象可以看作是对从失语到发声、从被压迫到反抗的中国女性的成长历程的记述。

3. 《大地》三部曲的女性婚恋观的书写

《大地》三部曲由三部小说组成，它们分别是《大地》《儿子》《分家》。在这三部作品中，赛珍珠通过对女性婚恋观变化的书写塑造了不同时期的中国女性形象，折射出 20 世纪中国女性形象的进步，重塑了东方主义观念下的他者——中国女性。

3.1 《大地》：失语的中国传统女性

中国的传统女性就是在男权社会里遵循三从四德的标准做一个贤妻良母。她们在家庭及社会中都无权对婚恋发出自己的声音，不能选择自己的婚姻，因而也很难获得幸福而平等的婚姻，只能听从包办婚姻的摆布。《大地》中的阿兰便是这样一个典型的传统妇女。她幼时被父母卖到大户人家当丫头，后来由女主人做主嫁给农民王龙。虽然她没缠过脚，不够漂亮，但是女主人对王龙说："你看得出，她有那地方人的强壮的身体和方正的脸庞。她会在田里很好地给你干活……她也不算聪明。可是你就让她做什么，她都做得很好，而且她脾气也很好。"（赛珍珠，1998：15）阿兰就这样在女主人的安排下嫁给了王龙，从此在这个家庭中与王龙共同辛苦劳作，生儿育女，孝敬长辈，勤俭持家，处处体现出中国传统妇女贤妻良母的美德。她与王龙的婚姻不是因爱而结合，而是中国传统包办婚姻。因此她与王龙也没有多少交流，"但这个女人，除了生活中非说不可的话以外，她从不讲话……她像一个忠诚的、沉默寡言的女仆，一个只有女仆身份的女人"（赛珍珠，1998：23）。阿兰在家庭中"失语"，未能得到婚姻的幸福。

但是，赛珍珠并没有就此简单地描写阿兰缺乏幸福的婚姻和家庭生活，她赋予了阿兰相当的智慧和悄无声息的反抗，尽管这样的反抗没有改变她的命运。例如在面临家庭困境外出逃难时，富人家被穷人造反，她从富人家的墙内发现了珠宝并悄悄带回家，从此发家致富。当王龙娶了荷花做妾时，阿兰坚决拒绝伺候荷花，公然反抗王龙的指责，发出了自己的声音："在这个家里，我至少不是丫头的丫头。……你还把我的两颗珍珠给了她！"（赛珍珠，1998：163）阿兰的抗争让王龙感到了羞愧。这样的描写已经打破了对中国传统女性悲惨命运的雷同的赘述，赋予了中国女性敢于向命运抗争的决心。

梨花是另一位传统女性。她本是王龙家的丫头，命运坎坷，出于对王龙的感恩而对王龙产生了崇敬之情，而王龙也因一时冲动娶了她。她和王龙的感情更像是父女之情，但是她一直忠于这份情感，王龙死后，她还独自一人抚养者王龙的傻女儿，牺牲了一生的幸福，直至最后遁入佛门。她的善良、忠贞、信守诺言令人感动，但是她从未表达她的婚恋观以及她选择这种生活的缘由，所以她不敢去追求她自己的幸福，着实令人同情。

而荷花作为一个反面人物既是来衬托阿兰和梨花的勤劳、善良，也是赛珍珠不认同其价值观的一个女性形象。在大多数章节里，赛珍珠也没有赋予荷花追求爱情和婚姻的表达，仅有的几句言语是她在家庭生活中的无理取闹和极力取悦王龙的无奈。这说明赛珍珠反对女性抛弃传统美德，成为男权社会的祭品，反对女性寄生于男人，靠取悦男人为生，成为男人的附属品。

总之，在《大地》第一部里，中国传统女性形象成为主流，揭示了封建社会末期中国女性的地位和命运。但是她们正在为争取幸福的婚姻，发出自己的声音，与命运抗争着。

3.2　《儿子》：传统思想与现代意识并存的中国女性

第二部的时代背景主要是在军阀混战时期，传统思想依然存在，而新思想新观点也逐渐为人们所接受。因此小说中这一时期的几位女性形象兼具中国传统思想与尚处萌芽状态的现代意识。这种进步中的女性形象从她们的婚恋观和在家庭的地位中反映出来。

两个代表人物是王龙三儿子王虎的第一个女人，她的身份是土匪头子豹子的女人，以及王虎的大太太即爱兰的母亲，她们身上都兼具传统思想与现代意识。这两个人物都没有姓名，这说明在中国妇女追求女性意识的进程中，她们仍然没有自己的身份，无法充分表达自己的心声。

豹子的女人漂亮泼辣，识文断字，智勇双全。像所有的中国传统女性一样，她嫁给了豹子就从一而终，即使豹子死去也绝不背叛。为了给豹子报仇，她用她的美丽和智慧迷倒了王虎。嫁给王虎后，表面上顺从王虎，暗地里勾结豹子手下的人企图杀死王虎东山再起。王虎虽然识破她的阴谋，亲手杀死了她，但她的美丽和阴险让王虎既留恋又愤怒，从此不倾心于任何女人。因此，豹子的女人既展示了中国女性的传统婚恋观——从一而终，赛珍珠又赋予了她智慧和勇敢，为她增添了一丝现代女性的魅力。

王虎的大太太在当时就是个新潮女子，她知书识礼，不缠小脚，常常独自一人上街。她这样与众不同的女人不为当时的社会所接受，因此二十五六岁时还未能嫁出去。最终她还是未能摆脱传统婚姻的压力，无法选择自己的爱情和婚姻，只能听任王虎的哥哥做媒而嫁给王虎。王虎娶她则是为了繁衍后代，因此他们的婚姻并没有爱情。当她发现王虎并不爱她时，只好专心培养女儿，努力让女儿接受好的教育，希望女儿长大后能够自立，寻找自己的幸福，不再像她一样成为男人的附属品，在社会上毫无地位和话语权。她希望通过她和她女儿的努力，让自己女性解放的愿望得以实现。最终她离开丈夫带着女儿来到了走在时代前沿的海滨城市，而女儿也受她的影响成为具有现代意识的独立女性。

在这部作品中，赛珍珠所塑造的这两位女性处于女性意识萌芽的阶段。她们渴望在男权社会发出自己的声音，但是社会传统依旧束缚着她们，使他们在传统与现代意识中挣扎而最终屈服。

3.3　《分家》：现代女性的发声

赛珍珠在第三部里着重塑造了两个具有现代婚恋观的女性——爱兰（源同父异母的妹妹）和梅琳（爱兰妈妈收养的弃儿）。

虽然爱兰很小就和母亲来到了海滨城市，衣食无忧且受到了良好的教育，得到母亲的精心呵护，但是她并不是赛珍珠所推崇的真正的新女性。她无拘无束地成长，但是她贪图享乐、过于开放的生活态度使她未能真正自立，最终未婚先孕，嫁给了她自己选择的有妇之夫。她成全了自己的幸福，牺牲了另一位妇女的婚姻，而她也成了男性的附属品。她的母亲最终也非常痛心地意识到她的溺爱未能让爱兰成为具有崇高精神的独立女性。"她（爱兰）长得这样漂亮，这是我和我的孩子生活中的灾难。她什么事也不必做，不必用脑、用手或用其他任何东西，她只要让人们看着她，让赞扬声围绕着她……这样的美貌只有具有崇高精神的人才能承受，爱兰不是那种坚强得足以承受它的人。"（赛珍珠，1998：850）当爱兰生下自己的儿子时，她拒绝母乳喂养自己的孩子，而她的丈夫却宣称爱兰是新时代的女性，他说："有什么人曾使爱兰做她不愿做的事呢？至少我没有尝试过，现在肯定也不敢这样做。爱兰是个现代女性，你知道！"（赛珍珠，1998：919）

但是赛珍珠通过源和梅琳之口批判了这样的"新女性"。源认为爱兰的婚恋是轻率的，甚至是大逆不道的。而梅琳更是直接喊出了她对爱兰拒绝哺育自己孩子的不满："哦，缺德，缺德，缺德!"（赛珍珠，1998：919）

　　梅琳才是赛珍珠刻画的具有真正现代意识的新时代中国女性形象。她由爱兰的母亲收养并受其影响。她美丽、善良、聪慧而又庄重。她和爱兰母亲一起经常去照料那些被遗弃的孩子。她坚持学医，当源向她求婚时，她拒绝了，因为她上完学，想成为一个医生，而不只是像那时大多数的中国传统女性一样只是结婚、料理家务和带孩子（赛珍珠，1998：882）。"她要等到自己希望结婚时才结婚。她将以对她说来是最好的方式安排她的一生……"（赛珍珠，1998：883）她的独立和坚强使她成为爱兰和她母亲的依靠，也让源非常欣赏和喜欢。经过一段时间对源的考察和了解，她才最终答应了源的求婚，决心和源一起开创新的生活。"我想我能在任何地方生活……最好能生活在那座新城市里……也许有一天我能在那儿建一座医院，我要将自己的整个生命投入这种新的生活。我们是属于那儿的——我们这一代新人——我们——"（赛珍珠，1998：943）。梅琳通过自己的努力最终获得了美好的爱情和婚姻。至此，赛珍珠所塑造的新女性形象完美地呈现在读者面前。

　　综上所述，在《大地》三部曲中，通过刻画一个大家族中不同时代的中国妇女形象的演变，从第一部《大地》里忍辱负重、沉默寡言、顺从屈服的阿兰，到第二部《儿子》中出现的传统思想与现代意识并存的中国女性、没有名字的土匪头子豹子的女人，以及王虎的太太即爱兰的母亲，再到第三部《分家》中的新女性爱兰和中国新时代女性形象的代表——独立坚强，勇于追求爱情和表达自己想法的梅琳，赛珍珠努力打破西方读者眼中"他者"的中国女性的刻板形象——失语与顺从，力图向西方读者呈现出现代中国女性的新形象——敢于为争取自由和幸福发出最强音。

参考文献：

陈敬，2006. 赛珍珠与中国——中西文化冲突与共融［M］. 天津：南开大学出版社.

郭英剑，1999. 赛珍珠评论集［M］. 桂林：漓江出版社.

赛义德，2007. 东方学［M］. 王宇根，译. 北京：生活·读书·新知三联书店.

赛珍珠，1991. 我的中国世界　美国著名女作家赛珍珠自传［M］. 尚营林，张志强，李文中，等译. 长沙：湖南文艺出版社.

赛珍珠，1998. 大地三部曲［M］. 王逢振，等译. 桂林：漓江出版社.

赵一凡，张中载，李德恩，2006. 西方文论关键词［M］. 北京：外语教学与研究出版社.

朱磊，2012. 赛珍珠及其作品研究 ［M］. 济南：山东大学出版社.

朱立元，2005. 当代西方文艺理论 ［M］. 第 2 版，增补版. 上海：华东师范大学出版社.

CONN P, 1996. Peter S. Buck, a cultural biography ［M］. New York：Cambridge University Press.

KING M, 2006. China's American daughter：Ida Pruitt（1888－1985） ［M］. Hong Kong：The Chinese University of Hong Kong.

From Aphasia to Utterance:
The Shaping of Chinese Female Images in the Trilogy of
The Good Earth

Liu Lihua

Abstract：This paper attempts to make a study of the development and change of the female characters in the trilogy of *The Good Earth*, which is the most important part of the family's novel. From the perspective of "the Other" and "female discourse" of post colonialism, this paper also makes an analysis of "the Other" —the Chinese female images, in the eyes of Western world, including the changes of their identity and aphasia. It states that Pearl S. Buck intends to break the stereotyped portrait of "the Other" —the deeply oppressed Chinese women, helping them break the aphasia, shout for their freedom, and construct their new female discourse.

Key words：*The Good Earth*；the Chinese females；the Other；aphasia

多元的文化与抵抗性的大众
——析阿多诺和霍克海默的文化工业批判理论

吕 琪

（四川大学外国语学院，成都 610207）

摘 要：法兰克福学派活跃的学术研究和丰富的学术成果在第二次世界大战后的
20世纪60年代才开始对美国学界产生真正广泛的影响。其中的文化工业批判理论
经常被阐释为是对与精英文化相对的大众文化的批判，有反对者批评精英文化主义
的狭隘与局限，认为它是缺乏实践性的纯理论研究。本文拟从文化工业批判产生的
文化背景试析这一理论反映出的与精英文化主义不同的文化多元的政治理念，并试
图证明文化工业批判不应被简单理解为对精英文化的怀旧维护或对大众文化的抨
击，而是经历流亡的、具有多重文化身份的德国思想家与美国文化理念和现实冲
突、碰撞的产物。

关键词：法兰克福学派；文化工业；精英文化；多元文化

"法兰克福学派"是指自20世纪在德国法兰克福成立的"社会研究所"
第一代成员所组成的一个学者、思想家团体。研究所的成员虽然在个别问题
上有分歧，但是其集体讨论修改发表论文的传统使这一学派的理论具有相对
的系统性，其理论通常被统称为批判理论，是"西方马克思主义"阵营中
影响最大、历史最久、理论体系相对最完整的一个学派。这一学派的前身为
20世纪20年代诞生于德国法兰克福的"社会研究所"。其创始人是韦尔
（Felix Weil）、盖拉赫（Kurt Albert Gerlach），第一任所长是格吕堡（Carl
Grünberg）。其宗旨在于研究马克思主义和工人运动史。而通常所谈及的
"法兰克福学派"一般认为始于1931年哲学教授霍克海默（Max
Horkheimer，1875—1973）继任所长后。在他的领导下，该所的研究中心转
到了哲学和社会科学上来，并把"批判理论"作为其指导思想，即在坚持
哲学反思的同时，吸纳社会科学等其他学科的先进经验，加强整体的批判力
度，通盘考察资本主义异化趋势。在霍克海默的主持下，研究所吸引了经济
学家和国民经济计划专家波洛克（Friedrich Pollock），哲学家、社会学家、
美学家马尔库塞（Herbert Marcuse），精神分析学家弗罗姆（Erich Fromm），
哲学家、美学家阿多诺（Theodor Adorno），文艺批评家本雅明（Walter

Benjamin）等。

德国纳粹掌权后反犹主义情绪高涨，由于主要成员的犹太身份，研究所不得不辗转日内瓦、巴黎等，最后落户美国，至1950年研究所才结束流亡生涯返回联邦德国，部分成员留在了美国。然而，正如马丁·杰伊在其《法兰克福学派史》（原名《辩证的想象：法兰克福学派和社会研究所的历史》）的引言中所指出的，"直到研究所被迫离开法兰克福之前，一个特殊学派的概念并未形成"（杰伊，1996：3），甚至到研究所1950年回到德国前，这一术语也并未出现。但是，研究所在第二次世界大战后的德国和美国引起人们学术兴趣和研究热潮的大部分著作却正是诞生于其流亡美国的时期。而在法兰克福学派批判理论中，对美国的精神生活产生最重大影响的，也是对当前的文化研究领域影响最大的当数文化工业批判理论（杰伊，1996：249）。这一理论是对当时美国大众文化所呈现的景观进行的不无严厉的批判。这种批判的直接和严厉程度一方面使其得以成为影响美国20世纪60年代反文化运动的一个重要思想源头，一方面也使法兰克福学派的理论被认为是精英主义的论调（费瑟斯通，2000：22），或是缺乏实践性的局限于个人体验的内在批评的一个重要原因（陆扬、王毅，2007：105）。此后，尽管研究所重返德国，它和美国的联系却始终没有中断，而研究所留在美国的成员如洛文塔尔（Leo Lowenthal）、马尔库塞等也都对这一课题进行了持续的研究。

笔者认为，对理论有效性的评价必须首先厘清理论产生的社会文化背景以及理论家自身的经历，从而阐释理论与实践的切实联系。法兰克福学派的文化工业批判理论是目睹了极权主义的残酷现实、流亡于异国他乡的受过深厚欧洲哲学影响的思想家们在美国文化和现实冲击下进行的严肃反思，因此可以说这一理论既是对当时美国文化的批判也是对当时美国现实进行反思的产物。简单地认为这一理论是对精英文化的怀旧维护或是对大众文化的敌视抨击都会抹杀应用这一批判理论的潜力。因此，本文拟从最早提出文化工业批判理论的霍克海默和阿多诺就该课题进行研究的中心论点分析入手，探讨当时美国文化背景对法兰克福学派的影响以及他们对这种影响所做出的回应，并试图由此探索应用法兰克福文化工业批判理论对当代美国文化进行研究的潜力和可行性。

1. 抹杀文化内在差异的大众文化——文化工业的定义与阐释

　　法兰克福学派的核心成员霍克海默和阿多诺在其合著的《启蒙辩证法》（1945 年）中首次提出了"文化工业"这一术语。正如 1975 年阿多诺在《德意志批评》上发表的《文化工业再思考》中所言，"文化工业"与"大众文化"密不可分，在《启蒙辩证法》中他们之所以采用"文化工业"这一术语主要是为了强调他们的批判对象并非一种自发形成的大众文化，绝不是单纯的流行艺术的当代形式（Adorno，1975：12 - 19）。我们需要看到，霍克海默和阿多诺对文化工业所进行的批判的中心并非大众文化僭越了精英文化的阵地，而是工业文化带来了一种抹杀文化内在差异的大众文化，即文化多元性的丧失，以及与之相随的文化中革命性和反抗性因素的丧失。

　　在深入讨论文化工业批判理论之前，我们要更仔细地理解霍克海默和阿多诺对"文化工业"的定义。在《蒙蔽大众的文化工业》中，霍克海默和阿多诺的文化工业更多是指直接与文化产品的制造相关的工业力量，主要是由电影、广播以及杂志组成的一个统一的整体，他们指出，这些工业只能依附于更为强大的关系国计民生的其他工业（Rivkin & Ryan，2004：1242）。在后来的《文化工业再思考》中，阿多诺已经明确地将"工业"的概念扩展到了不仅限于具体的以生产文化产品为直接目的的某一工业（如电影工业）本身，而是指向以"标准化"以及技术分配的"经济利润导向的合理化"这样的工业生产方式来组织非工业生产环节的人类社会生活各方面的文化倾向（Adorno，1975：12 - 19），而最终这种文化倾向是为这一标准化和利润合理化的系统服务的。在这一概念中文化工业的"工业"成为更为抽象的和概括性的指称，或者更准确地说，是"工业化"这一概念。从"文化工业"到"工业化的文化"，阿多诺对"文化工业"定义的阐释体现了法兰克福学派对"文化"功能的进一步思考。对于霍克海默和阿多诺而言，"文化"本身应该具有对统治制度的反抗性，文化并不等同于政治，或仅仅是政治经济的被动反应，因此"文化工业"的真正威力不在于它赚取的利润而在于它对人们思想的影响，即当文化工业化后，这种文化的反抗性便日渐消失了。针对这点，两人非常明确地提出"文化"的反抗性就在于其本身所包含的差异性，而一旦文化被视为"大众"的，即差异被工业化压抑了，那么文化的反抗性功能也就消失了。在《蒙蔽大众的文化工业》中，霍克海默和阿多诺对文化产业的另一种称呼是"文化垄断"，这更清楚地指明他们所要抨击的并非具有反抗性的与统治的意识形态相抗衡的大众文化，而是那种以"文化工业"为特征的"文化工业化"所带来的"文化垄断"。

我们可以说，文化的多元性概念在法兰克福学派的文化工业批判理论中是与同质性的"大众文化"相对的。对于霍克海默和阿多诺而言，如果不是文化工业刻意抹杀差异的话，其实并不存在一个可以满足所有人需求的所谓的大众文化，真正的大众文化事实上就是充满差异和变化的非整体性的文化。文化工业生产的文化产品不可能是为大众的需求设计生产的，即使大众正在参与消费它们，因为文化工业为了利润的最大化，会以众口难调为借口，让文化产品的生产尽量地处于更易于高效率大规模生产的状态，也就是说减少个性、强调共性。长此以往，文化工业生产的文化产品都极为相似，而为了体现变化，文化产品的不同只能做细节上的改动。因此"大众"这一概念在两人看来也是可疑的，它抹杀了实际上存在于人们间的不平等和不同。

此外，霍克海默和阿多诺之所以受到诟病，被认为持"精英文化论调"，正是由于他们始终认为艺术具有高下区别，而文化工业下的大众文化让这种区别模糊了。霍克海默和阿多诺提出艺术的高下区别是为了对比文化工业下的大众文化的同质性。如果"精英文化"指代的是家庭出身殷实、受过高等教育的人所必然抱有的文化观念的话，那么霍克海默和阿多诺的文化背景的确使得他们难逃"精英文化"的代言人这样的质疑。但是我们判断两人对"文化工业"的批判是否是精英文化主义，还必须审视其在文章中具体的讨论。实际上，在讨论"文化工业"时，两人并没有对流行于下层民众中的文化样式有明显的敌意或蔑视。在《蒙蔽大众的文化工业》中，他们指称不同的艺术使用的是"艺术的一支"这样的概念。他们真正担忧的是"如果艺术的一支与具有不同媒介样式和内容的另一支都遵循同一套规则"（Rivkin & Ryan, 2004：1243），即都被糅合进入了文化工业生产链条上的一环，且是可以替换的一环，那么艺术的多样性也将日渐消失。

在《文化工业再思考》中，阿多诺指出文化工业自上而下地将其消费者整合，它将千百年来高雅和低俗文化相互分离的领域强制性地糅合在一起以至于将两者都摧毁了。高雅文化的严肃性在效率的算计中被毁灭了，而较低文化的严肃性——体现在社会控制未达到整体化时曾存在于内的反抗性抵制，则消失在强加其上的文明化的控制之中（Adorno, 1975：12 - 19）。可见，在霍克海默和阿多诺的文化工业批判理论中，"高雅文化"和"低俗文化"只是文化具有差异性的例证，而这种划分并不是将一方压在另一方之上，因为两者都具有其严肃性。作为文化的一支，它们都以各自的方式担负着文化应该具有的反抗性的责任。与"大众文化"相对的并不是"精英文化"，甚至也不是"高雅文化"，而是多元性的文化。

我们应该看到，法兰克福学派的多元文化概念并不是现在美国研究中经常讨论的多元文化概念，后者多指以民族、种族为概念的多元或亚文化的多元。不过，法兰克福学派对文化工业下的大众文化的走向的预言仍然极大影响了美国知识界对大众文化功能的反思和其中所压抑的美国社会中长期存在的不平等和歧视偏见。这使得法兰克福学派文化工业批判理论与之后美国社会的文化变革发生了交集。而法兰克福学派将其批判理论的剑锋从社会哲学领域指向了文化领域却也正是美国社会的文化现实挑战冲击下的产物。

2．孤立还是同化——美国文化现实的冲击

被迫从德国流亡的法兰克福思想家们不得不面对这样的美国现实：发达资本主义坚固的统治，工业生产力的进一步扩大，而与之相对的是无产阶级尽管在生活和工作条件上没有得到相应的改善，却没有显现出改造社会的革命潜力；学术上，不仅美国传统实用主义哲学和科学实证主义的统治十分稳固，而且美国大学完善的体制也对该学派的独立研究精神构成了威胁；生活上，美国参战前的反犹主义更是对思想家们的生存构成了现实的威胁。更为重要的是，随着传播技术的发展，以广播、电影为代表的大众传媒在这一时期的发展极为迅猛，在极短的时间内改变了大多数普通人的生活、休闲乃至学习的习惯。这一切都对法兰克福学派的思想家们造成了巨大的冲击。对于法兰克福学派的思想家们而言，独立还是同化是美国文化现实摆在他们面前的两难选择。

独立是法兰克福学派自诞生起一直坚持的学术精神，而在流亡美国时期，其核心成员仍然试图坚持这一传统。面对同化的压力，其应对的方法最重要的是两点：坚持以德语写作、出版他们的著作和期刊，以及不接受任何学院和机构的直接控制，保持研究所经济上的相对独立。这两点无疑让法兰克福学派在学术上得到了相对的自由，得以坚持进一步发展具有马克思主义倾向的批判理论，同时也让他们与美国文化现实保持了适当的距离，从而可以更敏锐地体察出这一文化的发展趋势。但这种坚持的代价则是法兰克福学

派丰富的研究失去了广大的接受群体：纳粹控制下的德国无法看到他们的著作，而美国的读者又难以轻易看懂他们的理论，因此直到战后他们的理论才开始为美国读者所了解，到60年代才开始成为一种有力的理论武器为人们所利用。

然而，虽然法兰克福学派试图保持孤立的姿态独立于美国文化之中，但其学术理论的发展却留下了美国文化的深刻烙印，其中最显著的烙印正是将文化工业纳入了他们重点研究的课题当中。法兰克福学派之所以出现这种理论转向是由于当他们一方面对法西斯主义在欧洲的猖獗进行猛烈批判，对极权主义、权威人格主义、法西斯主义、反犹主义、斯大林主义等课题进行集体攻关时，另一方面，他们却切身地感受到了美国文化工业中所呈现的和正在影响人们生活的大众文化对深刻社会矛盾及其根源的漠视，以及联想到了随之而来的对美国潜在的极权主义的威胁。

20世纪三四十年代的美国与欧洲一样是不平静的。20世纪以来科技的发展、生产力的进步带来了社会总体物质财富的增多，但财富分配方式深刻的不平等使得经济危机如噩梦般席卷整个美国。由于自由资本主义的经济体制和当时美国胡佛政府不恰当的政策，在经济危机中受到最大影响的是中下阶层的美国人。威廉·曼彻斯特在其《光荣与梦想：1932—1972美国社会实录》中便指出在这段时期，面对国际国内的种种矛盾，政治上的左派和右派进行了激烈的争夺，而右派极权主义的威胁不仅更为迫切而且更为危险（曼彻斯特，2006：43，80）。引起法兰克福学派的思想家们警觉的首先是电影和流行音乐。在美国经历经济衰退时，只有电影产业处于蓬勃发展的阶段，但是当时美国的电影体制实行的审查制度让电影内容受到严格限制，不仅回避了色情的内容，也同样避开了严肃的主题，因此好莱坞电影成为不分老少和信仰都可以观看的大众娱乐。这种不分对象的情况在30年代的摇滚音乐中也存在，即各个年龄的人都可以买到不同拍子的摇滚舞曲（曼彻斯特，2006：84-87）。而广播作为当时大众传媒的一个代表在这一时期的作用也尤为突出。其作用既有明显的政治性的宣传作用，也有娱乐休闲的作用。就前一个作用而言，罗斯福的"炉边谈话"是一个例子，它起到的是"教育人民、向他们阐明新政的目标"的作用，这个作用立竿见影，但是并不一定百发百中。而那个时期的美国，库格林神父比罗斯福更善于操纵宣传工具，他建立了一个以传媒为中心的商业帝国，一边在广播中散布极权主义的仇恨思想，一边利用这些华丽的辞藻制造个人崇拜大发横财（曼彻斯特，

2006：84－87）。除去直接的政治宣传外，广播的家庭娱乐功能十分重要，而其娱乐的功能从来不是免费的或是观众可以控制的，而是经过精心的商业安排，充斥着商业广告。而商业广告的特点恰恰是通过重复和简单的口号在听众头脑中制造应激的联想。但比政治宣传和商业操纵更能显示大众传媒威力的事件莫过于 1938 年 10 月 30 日，哥伦比亚广播公司的一场恶作剧般的火星人攻占地球的广播剧造成了上百万人的恐慌。而与此形成对照的是，当 1941 年 12 月 7 日日本偷袭珍珠港时，广播界却对此反应冷漠迟缓，仅有一家公司打断了职业足球赛的节目插播战争消息，而此前直到纳粹德国突然入侵奥地利，美国也没有认真地对欧洲的重大事件进行过广播报道（曼彻斯特，2006：140）。

这种冷漠与美国传统的孤立于国际事务的态度有关，反映了文化工业的商业特性和政治上的顺从性。民众对于文化工业缺乏批判的概念，一边将其视为一种制造娱乐的方式，一边却又潜意识地接受其为可靠真实消息的代表，对之毫无抵抗地接受，于是连对虚拟与真实都产生了混淆。即使是美国参战后，由于远离战场，对于美国公司而言战争更如一种买卖，对于道义上的胜利的兴趣远小于战争带来的物质胜利（曼彻斯特，2006：230－231）。第二次世界大战后美国出现了所谓的消费者社会。消费商品以及为之所设的消费场所和活动大量积累，民众面对超过其日常必需的眼花缭乱的选择时似乎必须接受引导，而这种引导恰恰要依靠文化工业的规范，于是消费者也是文化工业链条上的一环了。

可以想象，当法兰克福的思想家们将自身的欧洲体验与美国的文化工业所呈现的大众文化进行对照时，可以看到强烈的反差下又呈现出潜在的共性，反思便是不可避免的，而研究所一贯坚持的以马克思主义为基础的批判理论更为这种反思提供了有力的支持。

值得我们注意的是，正如马丁·杰伊注意到的，法兰克福学派的思想家们大多具有犹太血统，然而在纳粹开始得势并通过宣传煽动让反犹主义笼罩德国之前，他们的著作对"反犹主义"却很少提及，甚至否认其存在。但当研究所成员进入美国后却发觉同化异常困难，甚至对自身的犹太身份也更加敏感（杰伊，1996：43）。法兰克福学派的思想家们有极权主义的恐怖教训，又因其流亡的身份对美国文化保持了适当的距离，某种旁观者的角度让他们对于美国文化工业下的大众文化格外敏感，同时也更有洞见。

3. 被动与主动的博弈——对研究当代美国文化的启示和意义

在美国文化中，大众文化在与意识形态的博弈中究竟是充当了被动、主动还是互动的角色值得我们更深入的研究。从当时美国的文化现实来看，法兰克福学派对文化工业所导致的缺乏对革命性的大众的批判似乎言之过早。首先，法兰克福学派流亡美国的时代正是美国工人运动最剧烈也是其遭遇资本家最血腥镇压的时代；其次，在战后法兰克福学派重返德国后，美国社会也在酝酿着社会大变革，而在 20 世纪 60 年代的民权运动和反文化运动中，这种能量得到了爆发性的展示。但是，同样值得注意的，也更有价值的是，法兰克福学派对这种反抗力量通过大众文化被整合入资本主义生产方式成为意义再生产环节的一部分的预言又极为准确，这其实是对美国战后步入消费社会的一种准确的判断。

无论是美国的工人运动还是反文化运动，从表面看来，这些的确改变了美国文化的外貌，其中主要涉及种族平等的多元文化主义的流行和体现为不同生活方式的文化多元化的发展都是明证。然而在另一方面，从经济和政治结构来看，这种文化的多元主义和多样性却没有对资本主义的经济和政治形式提出挑战。美国经济上跨国公司越加庞大的力量增长和政治上新保守主义的盛行与其文化工业所刻意呈现的多元文化主义共同构成了当代美国文化的景观。有学者认为，两人的理论将美国与德国的情况相提并论，却"无视美国的发达资本主义和大众社会不同于他们在欧洲遭遇的独特社会因素"（杰伊，1996：337），这种批评无疑是中肯的。在霍克海默和阿多诺提出"文化工业"的时代，冷战思维才刚刚起步，但文化工业批判理论不是冷战思维，而是极为尖锐地指出文化的工业化倾向对整个人类精神发展的束缚，即文化工业与极权政治的关系，这种理论的确主要是基于其欧洲的体验。但是我们同样也要看到，霍克海默和阿多诺的文化工业批判理论是建立于针对整个资本主义社会现代性，即在启蒙精神所倡导的理性至上原则下，西方文化对工业文明的极端推崇的总体批判基础之上的。他们认为，这种以工具理性或技术理性为主导的文化只能导致商品拜物教的泛滥从而进一步导致人的异化，启蒙因此也具有极权的特性，即走向了启蒙的反面，极权主义是自由主义过度发展的产物。这种批判对于欧洲第二次世界大战前的情况而言是现实，而对于美国的现实而言却更像警钟。

对于研究当代美国文化的学者而言，法兰克福学派的文化工业批判理论中最具有启发和借鉴意义以及操作性的部分是其对大众传媒的巨大威力的洞见。这涉及将大众传媒预先设为与大众传播技术相连而拥有某种特定性质的综合体或整体，但又必须考察这一整体当中的各种不同媒体之间的既竞争又合谋的关系；而同时还必须要将大众传媒的影响从技术层面转向人际关系的层面，即考察大众传媒从业者与控制大众传媒的利益方以及接受大众传媒的大众间的复杂多变而又有律可寻的关系。例如美国从 2007 年底开始的好莱坞编剧大罢工即是值得研究的对文化工业内部运作进行更深刻反思的案例。对大众传媒的这一层次研究就必然涉及传媒产业与其他产业间的关系，而在这些关系中体现了显现的或是隐藏其中的意识形态与文化形式的结合。如美国媒介文化学者道格拉斯·凯尔勒所认为的，法兰克福学派的文化工业批判为填补美国媒介文化研究中出现的文化主义和实证主义范式间的学科范式鸿沟提供了可借鉴的研究途径。在凯尔勒的《海湾电视战争》（1992 年）一书中，他成功应用了法兰克福学派的文化工业批判理论，对大众传媒与意识形态的联系进行了批判性研究，极为深刻地指出了大众传媒在整合意识形态，如为第一次海湾战争制造民意支持和舆论倾向上的强大力量，大众对这种力量却后知后觉、无能为力，并指出这种看似独立的媒体事件中所体现的美国文化发展的趋势。我们可以看到，这种分析的力度和预见性在后来的海湾局势的发展中得到了进一步的验证。

在当前的美国文化研究中应用文化工业批判理论，我们还必须注意到"全球化"时代文化工业新的发展趋势和对全球文化的深刻影响。文化工业批判理论对资本主义不同政体间在文化生产上的相似性的比较，惊人地预见了现在经济全球化在全球制造同一性文化的趋势，而他们对这种同一性文化压制了实际的经济不平等和深刻社会矛盾的警告也值得我们深思。经济全球化下，不同文化间有了更多的交流，但是这种交流是不平等的，而这种不平等其实是经济不平等所造成的，具有发达文化工业的强势文化无疑将有可能，并且正在导致越来越多的文化趋于相同，即对垄断资本主义的价值体系的认同。而这种文化的认同却有可能导致政治上的单边主义盛行，但处于经济链条弱势地位的大众却已经失去了斗争的意识，也失去了判断和主宰自身文化的能力。当下，与大众传媒相连的文化工业比霍克海默和阿多诺时代更为强大，目前全球性的传媒系统越来越集中控制在少数西方文化传媒集团手中已成事实。21 世纪初最庞大的六大传媒集团是，美国的美国在线时代华纳公司（AOL Time Warner）、迪士尼公司（Disney）和维亚康姆集团

（Viacom），法国的维旺迪环球公司（Vivendi-Universal），德国的贝特斯曼集团（Betterlsmann），以及澳大利亚的默多克新闻公司（Rupert Murdoch's News Corporation）；另有四家全球性跨国公司，包括美国的美国电信（AT & T）、微软（Microsoft）、通用电气/美国全国广播公司（General Electric/ NBC）以及日本的索尼/哥伦比亚/三星（Sony/Columbia/TriStar），而这些公司的传媒文化工业又都隶属于更庞大的工业集团之下（Straubhaar & Larose, 2004：467 - 468）。而西方的"传媒帝国"却通常以多样性作为巧妙的伪装，每个庞大的集团旗下都有众多的媒介样式，制作难以计数、看似风格各异的文化产品供大众选择。然而，正如霍克海默和阿多诺的观察，这种表象的风格各异压制了触及经济和政治等关键问题的差异。另一方面，同样可怕的是，全球化时代表面上的信息多样化虽然让大众的知情权得到了更大的满足，但大众判断信息和驾驭信息的能力却不会随之自然增强，因此，"恐怖主义"作为对压抑进行反抗的极端方式便大肆利用传媒的特性，以制造恐慌和震惊为目的，发动骇人听闻的袭击。但由于其仍然按照文化工业的思维模式进行反动，其效果却只会进一步增强传媒工业的力量和更强势意识形态的控制，同时更可能让大众对于血腥和暴力从恐慌变为麻木。

进入 21 世纪以来，美国上升的民粹主义与垄断性的社交媒体又形成一种新型共生关系。在《美国噩梦——特朗普、媒介奇观与威权平民主义》（2016）一书中，凯尔勒对熟谙大众传媒叙述生产方式和共情方式的特朗普当选为美国总统进行了犀利的分析，指出特朗普通过推动选举的真人秀化，其特立独行的性格倾向有助于营造一种媒介奇观，制造话题和曝光度，培养忠实的追随者，也就成功地转移了大众对其政治倾向危险性的警惕。在娱乐化的外衣下，特朗普将自身偶像化，方便实施威权主义的政治治理方式。现在看来，凯尔勒的判断是富有洞见的，他当时的担忧也是已经发生的现实。

4. 结语

对于中国的美国研究者而言，法兰克福学派的文化工业批判理论不仅是曾经影响美国文化的一种思潮，也能为我们研究当代美国文化提供可以借鉴的理论和值得反思的素材。法兰克福学派的文化工业批判理论的中心论点是文化工业下的文化具有丧失多元性的趋势，而随之而来的便是抵抗性的大众文化的消失，以取代软弱的认同性的大众文化。西方民主制度的民主能否实现取决于是否有一个坚实可靠的、得到充分信息的、具有判断力的大众基础，但当民意被同一化的媒体文化所引导和塑造时，信息的充分性和判断的客观性则成为一个问题，这可能导致民粹主义的上升和新形式的政治极权。这一理论并不是某种简单的精英文化主义的论调和对大众文化的盲目抨击。研究者研究的立足点是极为重要的，法兰克福学派的思想家们在流亡美国时期坚持了其在德国法兰克福时期的学术理念和学术良心，始终秉持独立批判的精神并结合自身的经验和体验，对包括德国和美国在内的整个西方启蒙思想进行严肃的反思。文化工业批判理论所倡导的对与文化相连的整个社会的通盘考察这一点值得借鉴和学习。而我们借鉴和学习这一理论的同时，也应当对这一理论本身的理论渊源和文化背景加以考察。当我们应用法兰克福的文化工业批判理论时，必须更清楚地认识到这种反思中留下了历史和文化的烙印，从某种角度来看使其具有局限性和狭隘性。一方面，它是否可以应用在任何一个国家任何一个时期的文化工业批判上还值得斟酌，另一方面这一理论是否由于理论提出者自身的历史社会限制而并未得到充分深入的发展也有待研究。

参考文献：

费瑟斯通，2000. 消费文化与后现代主义［M］. 刘精明，译. 南京：译林出版社.

杰伊，1996. 法兰克福学派史（1923—1950）［M］. 单世联，译. 广州：广东人民出版社.

陆扬，王毅，2006. 文化研究导论［M］. 上海：复旦大学出版社.

曼彻斯特，2006. 光荣与梦想：1932—1972 年美国社会实录：上［M］. 广州外国语学院美英问题研究室翻译组，朱协，译. 海口：海南出版社.

汪民安，2007. 文化研究关键词［M］. 南京：江苏人民出版社.

沃林，2000. 文化批评的观念［M］. 张国清，译. 北京：商务印书馆.

赵一凡，张中载，李德恩，2006. 西方文论关键词［M］. 北京：外语教学与研究出版社.

ADORNO T W, 1975. Culture industry reconsidered［J/OL］. New German Critique, 6：12 - 19，［2008 - 04 - 18］, http://www. icce. rug. nl/ ~ soundscapes/DATABASES/SWA/Culture_ industry_ reconsidered. shtml.

KELLNER D, 1992. The Persian Gulf TV War［M］. Boulder：Westview Press.

KELLNER D, 1996. American nightmare：Donald Trump, media spectacle and authoritarian populism［M］. London：Sense Publishers.

RIVIKIN J, RYAN M, 2004. Literary theory：an anthology［M］. 2nd edition. Oxford：

Blackwell Publishing Ltd.

STRAUBHAAR J, LAROSE R, 2004. Media now: understanding media, culture, and technology [M]. 4th edition. Beijing: Tsinghua University Press.

Diverse Cultures and Resistant Masses: An Analysis on Adorno and Horkheimer's Critique of the Cultural Industry

Lü Qi

Abstract: The dynamic academic studies and the rich legacy of the Frankfurt school started to influence American intellectual world more widely and deeply in 1960s. Its critique of the cultural industry has been often interpreted as a criticism of the mass low culture as the opposite of the elite high culture, which makes this critique discredited by some opponents as narrow-minded or impractical. This article aims to analyze this critique by looking back closely the social and cultural backgrounds it rooted, pointing out that the political premise this critique holds is to maintain and empower an option of diverse cultures that could help maintain resistant masses, instead of preaching a hierarchy of cultures. The critique of the cultural industry should not be labeled simply as a defence of the fading power of high culture over low culture in the mass culture age. Instead, it is more useful to understand this critique and its significance as a result of cultural clashes between German American thinkers who had multiple identities and the American reality they were living.

Key words: the Frankfurt School; cultural industry; elite culture; diverse cultures

华顿老纽约小说所折射的柏拉图思想

孙 薇

（四川大学外国语学院，成都610207）

摘 要：由于老纽约小说属于关注世俗主题的风俗小说，因此，暗藏在伊迪斯·华顿作品中的柏拉图思想一直被评论界忽视，少有人就此进行探讨。但深入了解后不难发现，柏拉图的理想国与华顿向往的贵族统治一脉相承，而其小说中所表现的爱情和"精神共和国"的理想都印下柏拉图影响的痕迹。那是文学承载的社会理想，是作家通向理想社会之路的一种文学实践。

关键词：伊迪斯·华顿；柏拉图；理想国；贵族统治；"精神共和国"

1. 理想国与贵族体制

尽管到1516年人们才从托马斯·摩尔爵士（Sir Thomas More）那里听说乌托邦的存在，但最早的乌托邦思想可以追溯到柏拉图时代。柏拉图式的理想国度并不只是丰衣足食、民富国强，它更是真理的寻求和真善美的至高体现。

也许柏拉图并不是历史上第一个背负人类精神追求和政治理想的哲学家，但他的论述在很大程度上激励了人们去构想一个完美的理想社会，并留下美好的遐想。实际上，在19世纪中期，特别是在1871年理想主义哲学家本杰明·乔伊特（Benjamin Jowett）翻译和出版了柏拉图的所有作品以后，随着柏拉图文本走出古典哲学家的殿堂，走近普通读者，"维多利亚时期的人们，以及后来的几代人，已经用《理想国》来形成他们自己的观点……"（安纳斯，2008：33）。人们一般认为柏拉图式的理想主义蕴含了自由、平等、美德、幸福、真理等现代人常识中不可或缺的观念，理想国会保障人们的基本权益，使人类取得地位的平等，获取精神的自由。

美国是一个被寄予乌托邦希望的国家。自1492年哥伦布发现美洲大陆以后，这片新的土地就被欧洲看作新的契机。各国的君主在这里开辟新的疆域，清教徒把这里当作新的"应许之地"，穷人在这里拓展一线生机，而富人则努力累积财富和名誉。"人生而平等、自由"（《独立宣言》）的立国之本使得美国本身差点就成为乌托邦的化身。

　　打破人们理想美梦的是 20 世纪的钟声。1893 年为庆祝横跨美洲大陆的铁路通车，世界哥伦布博览会在芝加哥举行。这次世博会涵盖了艺术、制造业、商业、园艺、矿业和海洋产业等各个方面，来自世界几十个国家的代表第一次目睹了美国所代表的一个新的时代：东部与西部从此构成了连续完整的美国疆域。然而几乎与此同时（1850 年至 1890 年期间），"美国文明性质的大部分变化都……变得明显"（斯皮勒，1990：106），中西部在长啸的汽笛声中向社会宣告了自己的存在，冲击东部所代表的"文雅"的欧陆文明体系；而工业文明所带来的残酷剥削与贫富差距正消解着"镀金时代"的虚假与伪善，"美国梦"开始成为一种幻想和泡影。所有的一切都标志着一个传统的结束，而这个传统就是承载着柏拉图精英主义倾向的贵族统治。

　　在《理想国》中，我们不难发现柏拉图宣扬的是一种能人统治论，无论"哲人王/后"还是"卫国者"都是这一思想的直观体现。在他的理想社会中有三个阶级：统治阶级、战士阶级（也称为保护者）和劳动阶级。"只有第一个阶级，即一批有教养的人，——肯定是一个很小的阶级——来领导并治理国家，制定法律并监督其执行。这个阶级的主要美德乃是智慧。他们以真正哲学家的洞察力，只从事于努力实现真理与全民的福祉。柏拉图相信这个国家中有教养的、精神意识最强的、最深谋远虑的人的集体智慧。"（赫茨勒，1990：103）在这一前提下，民众时常被忽略，或被看作统一、乌合的整体，只能无条件跟随，他们失去了自身本真的个性，其存在的本身就是为了凸显精英阶层的存在。

　　柏拉图所倡导的类似当年贵族统治的方式无疑需要当权者具有高度的智慧和强有力的道德约束。因此，柏拉图在要求"（统治者）……具有洞察事物的能力和组织能力，并具有清醒的头脑，不受下层民众变幻莫测的思想干扰"（赫茨勒，1990：115－116）的同时，还要无条件接受"善"。"只有与善取得一致，智慧才是真正的智慧，美才是真正的美。真理、知识、美——所有'一切'已知的事物不仅是从善得到的，而且它们的存在与本质也是由善赋予的。但善本身并不是本质，而是超越本质，在尊严和权力上都高于本质。科学与真理并不是善，但具有善的本质，因为善高于它们。"（赫茨勒，1990：211－212）当然，在这里"善"并不等于道德本身，它是高于道德的一个抽象理念，是美、知识、真理的源泉，是永恒、至高无上的体现。但在"善"的具体达成中，与"善"的结合无疑需要精英（统治者）同时具有智慧与美德，对柏拉图来说，这需要四种美德和良好修养的统一，即智慧、勇敢、节制、正义，共同支配人的思想与行为，以此对抗"善"的对立面，以获得正确和恰当的结果。

小说家伊迪丝·华顿（Edith Wharton，1862—1937）对柏拉图的理解主要来自《理想国》、《会饮篇》（*Symposium*）和《斐德罗》（*Phaedrus*），在她的藏书里有 1875 年版的 5 卷本对话录。对古典传统的理解和接受使她在面对社会变革与思想冲撞的时候保留了"过去时代的特征"，毫不退让地坚持被别人认为是"过时"的观点，包括柏拉图式的精英观和道德观，以及精神共和国的理想。在她与友人玛格丽特·钱勒（Margaret Chanler）的通信中可以看到："对我来说，接受柏拉图对话录和它的古典准则简直让我每一块新生的血肉筋骨都震惊石化。"（转引自 Singley，1995：163）换句话说，新的观念与价值在经典的传统思想的强势压迫下毫无喘息的余地，对她而言，改良的贵族体制就是一种完美的政体。虽然必须承认，这个"完美"的政体中也包含了白人种族主义、排外以及帝国主义的意识与情绪，但它更多的还是一种关于秩序、道德和品位的固定观念与行为模式。规则与美德、知识与智慧被牢牢地钉在贵族理想的匾额上，激励和引领普通民众同样为之奋斗。正如华顿的前辈，文学家拉尔夫·爱默生（Ralph Waldo Emerson）在波士顿商业图书馆协会发表的演讲《年轻的美国人》（"The Young American"，1844）中所说：

> 我们应该有国王，我们也应该有贵族。大自然为每个社会提供了这样的机会——我们惟一的要求是选择真正的领袖，而不要那种有名无实的家伙……如果社会的透明度高，贵族自然会到处受到欢迎……他的职责和工作就是确保自己清纯完美，作为他本民族的潜在影响。我想，我在每个社会都能看出为贵族准备的地位和责任……他去指导并修饰生活，为了千万大众的利益，贡献他精致的研究，坚持不懈的努力，自我献身精神、对卑微朋友的友情，以及他私人生活的隐秘美德。（爱默生，1998：229－230）

这个社会理想也成为华顿以及维多利亚时代精英文人看待和接受世界的一种浪漫主义的方式，但和早出生 50 年的爱默生不同，华顿不会配合这位激情澎湃的思想家，以此来"创建自己的世界"，因为，这位理性的作家清楚地知道，在现实中创建自己世界的目标是难以企及的。她所生活的这片新大陆正在经受工业发展和现代化的巨大影响，她熟悉的那个维多利亚的美国正在被颠覆，内战结束后的那个老纽约贵族阶层正在被抹杀。社会政治、经济活动和生活习惯，一切都在发生变化，而传统的价值、道德和信仰纷纷土崩瓦解，属于她的，只有她的记忆、她的思想和她虚构的故事。因此，她挣脱束缚、付诸笔墨的世界是现实的反映，也是理想的折射，不过正如多数早期华顿研究者所忽视的，这种既包含现实又寄予理想的作品通常都会否认她充满知性、感性和同情的一面，掩盖她的理想主义观点和激情，给人以冷酷、讥诮的智者形象。实际上，她在很多小说中都炉火纯青地杂糅了残酷的现实和美妙的乌托邦假想，浪漫主义的思绪常常像被扯断的蛛丝，飘摇在现实的风雨中。

2. 理想国与"精神共和国"

毫无疑问，19世纪末的美国正在向世界展示它的兴盛与繁荣，然而，在深受柏拉图理想主义熏陶的华顿看来，它却远远不是一个理想社会，至少，在老纽约小说中那个代表着美国精英阶层的纽约上流社会中找不到华顿理想的乌托邦。于是，她在她的作品里缔造一个又一个的角色来阐明她的柏拉图理念，寄托她的精神共和国理想。

如果说，和华顿同样出身纽约名门的老罗斯福（西奥多·罗斯福）当政是贵族理想的现实低配版——虽然老罗斯福缺乏"哲人王"的智慧与气度，但其个人魅力在美国历史上仍然可圈可点——那么，把现实与乌托邦的构想结合在一起，将阿切尔引入罗斯福时代的国家事务和市政改革可谓作家通向理想社会之路的一种文学实践。在小说《纯真年代》（*The Age of Innocence*，1920）中，纽兰·阿切尔是贵族理想的代表人物。抛却他在与奥兰斯卡伯爵夫人相恋时所表现的保守与退缩不谈（实际上，这种行为更有力地说明了他对家庭生活的责任感），在社会公共生活中，这位上流社会的绅士一直被人们称作"好公民"。他热爱家庭，恪守职责，堪称公众人物的表率。他在州议会任职后没有被连选，做一份有名无实的市政工作，后来又再次降格为一份改革周刊写文章，但这并不妨碍他为社会变革努力地默默工作。"在纽约，在过去的许多年间，每一项新的运动，不论是慈善性质的还是市政或艺术方面的，都曾考虑过他的意见，需要过他的名字。在开办第一所残疾儿童学校的时候，在改建艺术博物馆、建立格罗里埃俱乐部、创办新图书馆、组织室内音乐学会的时候——遇到难题，人们便说：'去问阿切尔。'"（华顿，2002：302）连纽约州州长有一天晚上从奥尔巴尼到他家进餐并过夜的时候也说："去他的职业政治家吧！阿切尔，你才是国家需要的那种人。要想把马厩清理干净，像你这样的人必须伸出手来帮忙打扫。"（301）

他谦逊、谨慎地去扭转他那个时代有闲阶级不从业、不经商、不参政的无所事事的风气，作为一名"沉思者与浅尝者"（302），"阿切尔试图以某种程度的尊严和适应性去面对秩序的剧变。他短暂的从政，这是他的阶级以前闻所未闻的"（Wershoven，1982：89）。他像柏拉图理想国中完美的统治阶级一般，用智慧和宽容理解并适应新的时代和新的秩序，并行不悖地贯彻精英主义与平等思想。一方面墨守成规，受制并依附于那个他所鄙视的贵族社会，另一方面以绝对的美德认知"对与错、诚实与虚伪、高尚与卑鄙……对预料之外的情况不留半点余地"（华顿，2002：306）。他的形象完全符合批评家苏珊·古德曼（Susan Goodman）对华顿"内圈"（"inner circle"是华顿对自己朋友圈的称谓）的评述：他们"宣告了一种对世界关系，同时具有防御、评判和精英的特性。这个团体从不完全脱离他们那个阶层的典型的偏见"（Goodman，1994：9），是文明世界在大众和物欲中的避难所；而纽兰·阿切尔这一角色，就正是华顿用文本虚构的乌托邦贵族，柏拉图思想的现实协调员。

在《欢乐之家》（*The House of Mirth*，1905）中，华顿向往的乌托邦虽然没有直接在文中出现，她却借男主角劳伦斯·塞尔登（Lawrence Seldon）之口将自己心目中的理想之国昭示于众，也可以说，"精神共和国"（"Republic of Spirit"）就是理想国的一种变形，将此概念引入作品，"是作者浪漫情愫的诉求，其目的便是希望能借柏拉图式的理想和爱情来实现社会伦理现实与个人道德理想的和解"（孙薇，2014：98）。精神共和国的概念在该作品中源于塞尔登对成功的定义，它是"个人的自由"（华顿，1993：68），是极少的一部分人"不受一切制约——金钱、贫困、闲适和忧虑，一切物质困（因）素。保持一种精神上的共和国"（68）的状态，这与华顿在她的自传《回眸》（*A Backward Glance*，1934）中所描述的心灵的"秘密花园"一脉相承。

在《欢乐之家》这部小说中，塞尔登可谓是柏拉图思想的传播者。他冷静旁观、游离在老纽约的边缘，一边享受着它的安适，一边睥睨着它的繁华与堕落。和女主人公莉莉交往是他自我追寻的一个部分，在小说伊始，读者就借着他的目光开始关注中央车站人流中引人瞩目的莉莉·巴特小姐，将他的注视和她的命运紧密地连在了一起。

而莉莉是柏拉图思想的践行者，是爱和美的维护者、牺牲者。从"漂亮的巴特小姐"（华顿，1993：201），到脸色"灰黄"，"呆滞""面无血色"（289）的缝帽女工，再到平静、冰凉的尸体，无论是在上流社会受人诬陷，还是在底层的贫困中挣扎，自从在白乐蒙山庄与塞尔登一起出游，接受了他关于成功的定义，莉莉至死都实践着"精神共和国"的道德理想。她没有出卖朋友以重新换取上流社会的入场券，也没有把灵魂出卖给婚姻和利益的结合。"她就像《会饮篇》里苏格拉底与第俄提玛提到的经别人引导游于爱欲之中的人，'先从美的东西开始，为了美本身，顺着这些美的东西逐渐上升……'。一开始她沉溺于华服美食，或者美的个体，但一旦她的灵魂触及了真实的影像，瞥见了美的本身，她就逐渐轻视物质的美的诱惑……"（孙薇，2014：101）如上所述，莉莉对美的理解最初是肤浅的，对艺术、文学的鉴赏，对服饰、建筑的审美，不过是上流社会用习惯和金钱培养的品位，是消遣、玩乐和炫耀，是"知道怎样去花钱"。但在精神共和国的理念引导下，她混沌的世界观开始有了一丝光亮，明白了对真正的美的追求使她"永远不会因为过去使我满足的那些东西而得到幸福"（华顿，1993：315）；而对于爱情，莉莉平素对于塞尔登的好感在白乐蒙之行以后升华为一种精神上的爱恋，自我觉醒使她中断了对富家子帕西·格赖斯的引诱，因为柏拉图式的爱否定了维多利亚式的淑女教育，排斥了物质至上的信条，激发了她的反叛意识，为其成为超越物欲和性欲的理想主义者奠定了基础。正如她最后一次蹲在塞尔登火炉边所承认的那样，过去的那种"超然、优雅、十分讲究的生活"（92）已经永远不会使她满足，每次遇到不幸，她都从白乐蒙的谈话中获得力量，以防被贪欲变成"很多人想象的那种样子"（314）。塞尔登是她的精神导师，也是所有对爱的幻想的集合，是他的精神共和国支撑了她的灵魂，因此，到故事的结尾，莉莉的爱情已经登上了柏拉图"爱的阶梯"，它不是单纯的对一个人的迷恋，而是"从对美的物体的占有转为对普遍真理的深思和领悟"（Annas，2007：46），从肉欲的、尘世的爱恋演变成为爱的哲学。

3. 结语

诚然，在老纽约小说中伊迪丝·华顿对柏拉图理念的小说建构是零散和不完整的，但是由此忽略她为此所做的努力，抹杀其作品中柏拉图式理想主义的观念也是错误的，因为，她有限的平等观、简朴的道德观和理想的爱情观仍在很大程度上托身于柏拉图的观点，显示着柏拉图思想对后世强大的辐射力。尽管隔着数以千年的时间间隔，它们之间的相似之处依然依稀可辨。只不过柏拉图的理想国透露着强烈的政治诉求，强调的是宏观的社会乌托邦的构成，为更多人所熟悉；而华顿的精神共和国更小众化、文学化，她强调的是微观的个人乌托邦精神、道德与思想，它在不同的地方可以被冠以不同的名称。应该说，隐藏在作品中的柏拉图思想是华顿老纽约小说的一个小小的亮点，却也是非常重要的一个亮点，它折射在华顿的写作实践上，成为作家通往理想社会之路的媒介，它打破了一些批评家对风俗小说的阶级意识偏见，为华顿老纽约小说世俗的主题抹上理想主义的色彩。

参考文献：

爱默生，1998. 美国学者——爱默生讲演集 ［M］. 赵一凡，译. 北京：生活·读书·新知三联书店.

安纳斯，2008. 古典哲学的趣味 ［M］. 张敏，译. 南京：译林出版社.

柏拉图，1986. 理想国 ［M］. 郭斌和，张竹明，译. 北京：商务印书馆.

赫茨勒，1990. 乌托邦思想史 ［M］. 张兆麟，等译. 北京：商务印书馆.

华顿，1993. 欢乐之家 ［M］. 赵兴国，刘景堪，译. 南京：译林出版社.

华顿，2002. 纯真年代 ［M］. 赵兴国，赵玲，译. 南京：译林出版社.

斯皮勒，1990. 美国文学的周期 ［M］. 王长荣，译. 上海：上海外语教育出版社.

孙薇，2014. 精英传统与消费文化：伊迪丝·华顿"老纽约小说"研究 ［M］. 成都：四川大学出版社.

ANNAS J，2007. Plato：a very short introduction ［M］. 高峰枫，译. Beijing：Foreign Language Teaching and Research Press.

GOODMAN S，1994. Edith Wharton's inner circle ［M］. Austin：University of Texas Press.

SINGLEY C J，1995. Matters of mind and spirit ［M］. New York：Cambridge University Press.

WERSHOVEN C，1982. The female intruder in the novels of Edith Wharton ［M］. London：Associated University Press，Inc.

The Platonic Ideas Reflected in Edith Wharton's Old New York Novels

Sun Wei

Abstract: Wharton's Old New York stories are usually classified as novel of manners, a literary genre which concentrates on worldly topics. Thus critics always neglect the Platonic ideas hidden in her works and fail to discuss them. However, we find it natural to notice Plato's Republic and Wharton's aristocracy are one part of a long line of social ideal, and Plato's ideas have apparent marks in Wharton's writings of love stories as well as her creation of "the Republic of Spirit". It is a social ideal embedded in literature, or to say, a literary practice to approach an ideal society.

Key words: Edith Wharton; Plato; Republic; aristocracy; "the Republic of Spirit"

莎士比亚戏剧中的中国形象研究①

汤 平

（四川大学外国语学院，成都 610207）

摘 要：随着 15、16 世纪欧洲新航线的开辟，来自葡萄牙、西班牙、荷兰的商人到中国通商，欧洲传教士进入中国传教、翻译中国典籍，各种旅行游记层出不穷。中国文化在近代早期欧洲的传播对英国伊丽莎白一世时期的作家产生了重要影响。这一时期不同文学作品中相互交织的中国形象成为融合现实与幻想的时代产物。本文以莎士比亚戏剧中的中国形象为研究对象，采用跨文化形象学的研究方法探究中国形象在英国"文化他者"体系中具有的言说"他者"和言说"自我"的双重功用。中国形象作为英国伊丽莎白时代的集体想象物，不仅折射出英国社会当时的需求、欲望与焦虑，而且与英国在自我认同过程中的身份建构形成了互动关系。

关键词：莎士比亚；中国形象；文化他者；自我塑造

众所周知，欧洲中世纪广为流传的《马可·波罗游记》激发了西方人对东方的向往。英国文艺复兴时期历史学家、航海家沃尔特·罗利（Walter Raleigh）曾指出，"现代旅行和地理的主要进步归功于寻找传说中的中国（Cathay）"②。随着 15、16 世纪欧洲新航线的开辟，全世界第一次具备了"一个完整的交通网络"（史景迁，1990：19），大批来自葡萄牙、西班牙、荷兰等国家的商人、传教士、旅行家到中国通商、传教、旅游，旅行游记层出不穷。1585 年，西班牙传教士、历史学家门多萨（Mendoza）的《中华大帝国史》作为近代西方第一部详细介绍中国历史文化的巨著，为欧洲建构了一个文明道德、社会秩序良好的中国形象。这本畅销书"七年内竟以七种欧洲主要语言，出版了四十六版"（史景迁，1990：2）。与此同时，《英国航海、旅行和地理发现全书》（1589—1590）、《利玛窦中国札记》（1583—1610）等书籍的传播使近代欧洲民众对幅员广阔、物产丰盛、富庶文明的中国产生了浓厚兴趣。

---

① 本文系教育部人文社会科学研究项目"英国文艺复兴时期文学中的中国形象研究"（20XJC752001）、四川大学创新火花项目库"莎士比亚戏剧中的中国形象探究"（2018hhf‑53）的阶段性成果。

② 转引自 Richard Hakluyt：*Principal Navigations*，*Voyages*，*Traffiques and Discoveries of the English Nation*，12 vols.，Glasgow：James Maclehose & Sons，1903‑1905，p. 10.

　　1588 年英国舰队打败西班牙"无敌舰队",确立了海上霸主地位。女王
伊丽莎白一世在约翰·狄(John Dee)、汉弗莱·吉尔伯特(Humphrey
Gilbert)等大臣的支持下,启动了著名的"远东探险"计划(Far Eastern
Enterprise),对中国这个东方神秘国度表现出"极大的热情"(Mingjun,
2015:3)。1600 年英国东印度公司的成立在很大程度上加强了英国与东方
的贸易往来。来自中国的瓷器、茶叶、丝绸、香料深受英国人喜爱。中国是
他们眼中拥有"无尽资源、无尽财富、无尽利益"的"理想化真实空间",
成为"文明的典范,是道德与文化传承的模范"(Markley,2006:85-
109)。英国伊丽莎白一世时期的远东探险、与中国的贸易往来不仅丰富了
近代英国的航海叙事,而且为当时的作家带来源源不断的创作灵感与素材。
马洛的诗剧《帖木儿大帝》(Tamburlaine the Great,1590)生动刻画了蒙古
征服者帖木儿骁勇善战、野蛮残暴的形象,反映了英国当时日益膨胀的帝国
意识和海外扩张的欲望;剧作家莎士比亚在《无事生非》(1598)中塑造的
蒙古可汗形象成为现实与幻想中至高权力的经典代表;《一报还一报》
(1604)中提及的中国瓷器体现了当时英国人对感性奢侈生活的向往。在这
个时期,英国作家描写的中国与西方的差异不是表现在英国比中国的文化优
越、种族优越上,而是基于上层社会的共同兴趣、欲望符码的"核心"文
化认同的变异(Markley,2006:106)。莎剧中出现的中国瓷器、丝绸、扇
子、牙签等物品,表面上看来是剧作家在创作中把中国文化作为戏剧的装饰
性元素加以背景利用,实际上反映了英国社会当时的需求、欲望与焦虑。

　　目前,国内外学界关于近代西方文学中的中国形象研究主要集中在 17、
18 世纪,而对英国伊丽莎白一世时期文学,特别是莎士比亚戏剧中的中国
意象研究甚少。理查德·巴伯(Richard Barbour)在《东方主义之前:关于
东方 1576—1626 年间的伦敦剧院》中把东方局限于土耳其帝国和蒙古[①];
阿尼亚·卢巴(Ania Loomba)的《莎士比亚、种族和殖民主义》重点分析
了莎剧中出现的"局外人"与"异邦人"——"印度人、犹太人、吉卜赛
人、摩洛哥人、土耳其人、摩尔人、'野蛮的爱尔兰人'、'未开化的鞑靼
人'",而对中国人只字未提(Loomba,2002:8)。阿卜杜拉·达巴
(Abdulla Al-Dabbagh)在《莎士比亚、东方与批评》中指出,莎士比亚塑造

---

① 参见 Richmond Barbour:*Before Orientalism:London's Theatre of the East,1576-1626*,New York:
Cambridge University Press,2003.

的东方人物以及对东方文化的反映表现了他改变成见，颠覆偏颇观点的戏剧艺术态度；他对命运、自由意愿的戏剧处理与伊斯兰苏菲主义非常类似①。近年来，国内学者周骏章、姜智芹、杜平、张之燕等对莎剧中的中国人形象进行了文本梳理和文化考察，但对莎剧中中国形象在英国"文化他者"体系中具有言说"他者"和言说"自我"的双重功用缺乏关注。本文以《无事生非》、《一报还一报》、《温莎的风流娘儿们》（1598）、《第十二夜》（1600）为文本研读对象，采用跨文化形象学的研究方法探讨莎士比亚在英国伊丽莎白时代如何把个人情感与社会集体想象融入戏剧创作中，从文化想象、文化利用、传播影响三个方面，分析莎剧中的中国形象不仅代表了财富与美德兼备的理想"他者"，与此同时，中国的"他者"形象作为一种文化利用积极参与了16、17世纪英国社会的自我塑造。

1. 文化想象：东方"征服者"与中国瓷器

早期东方的神秘形象是"欧洲文化幻象中最极致、最微妙的投射"（Campbell，1988：8）。中世纪英格兰骑士约翰·曼德维尔（Sir John Mandevile）被称为"座椅上的作家"，他虽然从没到过中国，然而利用天马行空的想象和当时游记的素材，创作了后来对欧洲社会影响深远的《曼德维尔游记》（*The Travels of Sir John Mandeville*）。曼德维尔笔下的中国是世界上最大的国家，"大汗"（the Great Chan）也是全世界最强大的统治者。② 正如美国地理学家约翰·怀特（John Kirtland Wright）所言，"人们脑海中既有一张知识地图，又有一张想象地图。想象的地图是由不同民族文化与个人根据自身的欲望、恐惧、爱、焦虑等情感构筑的世界图景"（Wright，1966：68-88）。早期欧洲想象中的中国是一个幅员辽阔、物产丰富的东方国度。随着16世纪中叶葡萄牙、西班牙、荷兰的商人到中国通商，欧洲传教士进入中国传教，他们学习中国语言文字和儒家思想，翻译中国典籍著作，向欧洲传播中国传统文化。汉学研究从早期单一的儒家经典翻译扩大到研究中国历史、哲学、文学等多个领域；与此同时，近代早期欧洲盛行的旅行游记详细介绍了中国的地理、历史、政治、经济、社会文化等情况，激发了文艺复兴时期英国对东方这一神秘国度的浓厚兴趣。从16世纪50年代开始，伦敦

---

① 参见 Abdulla Al-Dabbagh：*Shakespeare, the Orient, and the Critics*，New York：Peter Lang，2010.
② 参见约翰·曼德维尔：《曼德维尔游记》，上海：上海书店出版社，2010年。

从美洲和亚洲进口和转口贸易的数量逐渐增长（Batchelor，2014：8）。在17世纪，由欧洲传教士、商人、船长、医生、船员、士兵和独立旅行者撰写的关于亚洲的书籍有百余本，其中至少25本书专门描写南亚，15本书关于东南亚本土，20本书关于群岛，60余本关于东亚（Lach & Kley，1993：1890）。这些书籍当时被译成了欧洲多种语言传递着亚洲文化，可以说"当时几乎没有欧洲文人完全不受这些关于亚洲书籍的影响"（Lach & Kley，1993：1890）。

戏剧家马洛于1590年出版的《帖木儿大帝》以蒙古征服者帖木儿的征战为题材，一方面赞扬了这位东方征服者骁勇善战的英雄主义，另一方面揭示了他的野心与残酷。帖木儿"穿着欧式盔甲，肩挎佩带，头发卷曲，浓密的胡子修得十分整齐，俨然一位威风凛凛的武士"（Barbour，2003：44）。马洛塑造这个枭雄形象时正值英国帝国意识增强，海外扩张的野心日益膨胀。帖木儿得到当时英国观众的认同是因为他具有强烈的"英国味儿"，观众似乎从这部戏剧中看到了自己的影子，感觉戏剧说出了自己的心声。《帖木儿大帝》在伦敦剧院的成功上演为莎士比亚戏剧创作带来了不少灵感。

作为莎翁四大喜剧之一，《无事生非》中的蒙古可汗成为现实与幻想中至高权力、威武的代表，呼应了蒙古可汗在近代早期欧洲人心中的威武形象。剧中曾与墨西拿总督较量射箭的"剑客先生"培尼狄克从战场胜利归来，他在战场上"立下很大的功劳"，"是个很好的军人"，"一个正人君子，一个堂堂的男儿，充满了各种的美德"①。正直勇敢的培尼狄克自然赢得了不少年轻女性的芳心，但是信奉独身主义的他被视为"永远是一个排斥美貌的顽固的异教徒"（2：12）。全剧最引人入胜的莫过于培尼狄克与冤家对头贝特丽丝从最初两人相互嘲讽挖苦，互不相容，蔑视爱情与婚姻，到最后彼此倾慕，美满结合的恋爱情节。在第2幕第1场，戴上面具的培尼狄克在化装舞会上听到贝特丽丝说自己坏话，他非常生气地告诉阿拉贡亲王，"她的每一句话都是一把钢刀，每一个字都刺到人心里……即使亚当把他没有犯罪以前的全部家产传给她，我也不愿意娶她做妻子"（2：25）。亲王后来要求培尼狄克陪同他与贝特丽丝见面，进退维谷的培尼狄克赶紧解释说："殿下有没有什么事情要派我到世界的尽头去？我现在愿意到地球的那一边去，

---

① 威廉·莎士比亚：《无事生非》，载《莎士比亚全集》（第2卷），朱生豪等译，南京：译林出版社，1998年，第6页。本文所选译文皆出自这个版本，随文在括号内标出卷数和页码，不另加注。

给您干无论哪一件您所能想得到的最琐细的差使：我愿意给您从亚洲最远的
边界上拿一根牙签回来……我愿意给您去从蒙古大可汗的脸上拔下一根胡
须……可是我不愿意跟这妖精谈三句话儿。"（2：26）在培尼狄克眼里，他
宁愿冒险去亚洲拔下威武的蒙古可汗脸上的一根胡须，也不愿与这位"毒
气会把北极星都熏坏"（2：25）的贝特丽丝进行交谈。然而，正是莎翁笔
下这位崇尚独立自由、追求男女平等关系的文艺复兴新女性逐渐吸引了曾信
誓旦旦要一直保持单身的培尼狄克，两人从水火不容的冤家最终成为相互欣
赏的情侣。莎士比亚借戏剧人物培尼狄克之口说出了英国伊丽莎白一世时期
人们对蒙古可汗威武形象的崇尚。

　　想象中的东方广泛存在于文本之中，它们是"集体想象物"，同时也是
具体作家或诗人创造性想象的产物。从异国情调到想象，再到想象创造，是
一个复杂的文化影响——接受影响——释放影响的过程（杜平，2008：1）。
中国瓷器最早在 17 世纪初伦敦的"中国屋"（China-houses）出售。这些商
店集中在 1609 年开业的时尚购物中心"新交易"（New Exchange）附近
（Porter，2010：137）。瓷器本身具有光洁、精美的特点，象征优雅、高贵。
大卫·波特曾指出，早期伦敦市场上的中国瓷器所激发的英国大众的想象不
是源自瓷器固有的或自生的意义，而是来自充满"感性、新颖、欲望、柔
美、诱惑、交换"的观念场域（Porter，2010：139）。瓷器显然成为融合这
些观念的物质载体。莎士比亚在《一报还一报》中提到的中国瓷器折射出
当时英国人对中国瓷器的崇拜，对感性奢侈生活的向往。在第 2 幕第 1 场，
庞贝告诉埃斯卡勒斯"花了三便士买来精美的碟子，你也许看过这种碟子，
虽然不是中国碟子（china dishes），但也算好碟子"①。尽管庞贝强调自己买
的果碟如此精美，他仍对中国碟子的优雅、高贵流露出崇拜与向往。埃斯卡
勒斯马上回应他"算了算了，别尽碟子碟子的闹个不清了"（2：496）。剧
中孕妇欧尔博奶奶嚷着要吃梅子，"可是碟子里只剩下两颗梅子，其余的都
给这位弗洛斯大爷吃去了"（2：496）。精美的碟子是财富与身份的象征，
磕着梅子核儿的弗洛斯一年有八十磅的可观收入。近代欧洲关于中国瓷器的
性别想象经历了三个阶段：在第一阶段，瓷器为女性性征和欲望的大众商品
化提供了再现和思考的方式；在第二阶段，瓷器，特别是陶瓷茶具有助于使

---

① See "a dish of some three pence, your honours have seen such dishes, they are not china dishes, but
they are good dishes..." (2.1.90 –92) Quotation is taken from *The Arden Shakespeare Complete Works*,
Revised Edition, Richard Proudfoot eds., London：Bloomsbury Publishing Plc., 2011, p.808.

家庭空间变成约束女性叛逆的社会场所；在第三阶段，瓷器成为女性自身彻底家庭化的经纪人，驯服了她的脾气，把她从一个心怀不满的妻子打磨成普通母亲和女主人（Porter，2010：147）。莎剧中的中国瓷器体现了当时英国人对中国器物的感性崇拜，尚处于第一阶段。中国物品不仅被视为新的时尚宣言，而且成为充满魔力的不熟悉的文化价值表征（Porter，2010：21）。莎士比亚借《一报还一报》中庞贝对中国瓷器的向往强调了中国瓷器具有这种充满魔力的不熟悉的文化价值表征。

2. 文化利用：中国作为英国社会改进的良方

约从公元 10 世纪开始，欧洲统称中国为"契丹"（Cathay），称中国人为"契丹人"（Cataian）。中国形象作为文化他者"参与塑造了西方文化的'自我'，并对西方文明的进程留下了不可磨灭的痕迹"（姜智芹，2005：1）。16 世纪末、17 世纪初，中国成为实现社会繁荣、国富民安的理想国代表。1599 年英国地理学家哈克卢特在《英国航海、旅行和地理发现全书》中写道："中国非常富饶，超过东方其他王国；……男人耕田种稻，女人养蚕缲丝……画家很多，使用笔或针，后者又叫做刺绣工。神妙地把金线织到丝绸、棉布和亚麻布上。"（转引自陈伟、王捷，1999：68）纵观历史，当时中国明代和英国伊丽莎白一世时期的社会都处在走向"一种新型的、城市的，或许是原始的资本主义社会的过程中"（史景迁，1990：30－31）。1600 年随着投资 5 万英镑的东印度公司的成立，女王把英国与东方的贸易往来视为"为了民族的荣耀，为了人民的福利，为了加强航海，通过增强合法交通促进国民利益"（Loomba，2002：13－14）。其实早在 1576 年至 1578 年间英国就有这个海外发展计划，目的是要寻找一条通往亚洲的道路，英国女王伊丽莎白一世是该计划的股东之一。虽然此计划数次尝试都未成功，但英国民众却因此熟悉了"契丹"与"契丹人"。近代早期英格兰民族形成经历的"焦虑、不稳定和未完成的进程"揭示了"帝国野心和民族形成之间的积极关联（aggressive connections）"（Loomba，2002：16）。

16、17 世纪欧洲人来到中国福建、广东、北京等地通商、传教后发现他们眼里的中国形象反映了完美的文化、社会和政治价值。中国深入人心的文明与欧洲人关于西方发展延续、成为基督教徒的自我焦虑形成鲜明对比（Markley，2006：136）。在英国伊丽莎白一世执政时期，社会发生了深刻变化，旧的封建体制逐渐解体，新的资本主义正在兴起。处于新旧交替时期的英国社会矛盾重重，危机四伏。面对错综复杂的社会现实，莎士比亚敏锐地感受到新时代在孕育过程中的痛苦。他在戏剧创作中塑造的积极正面的中国形象代表了一种乌托邦理想，利用中国文化促进英国社会的变革成为当时改造英国社会的一种外在动力。正如美国著名汉学家史景迁所言，"一个文化对另一个文化的利用是极其复杂的，它不仅体现在不同政治、经济和社会间相互影响的过程中，而且体现在两个不同民族间思想和意愿的微妙交流中"（史景迁，1990：12）。

　　《第十二夜》中的女主人公奥丽维娅出身高贵，美丽善良，"是一位品德高尚的姑娘"（2：189）。哥哥的离世使她陷入无尽的悲痛与哀思中。奥丽维娅"像一个尼姑一样，行走的时候，蒙着面幕，每天用咸涩的泪水浇洒她的深闺。这一切都是为着保存一个死去的哥哥对她的爱，她要把它永远活鲜鲜地保存在她悲伤的记忆里"（2：188）。她不仅拒绝了叔父托比·培尔契爵士介绍的"一年有三千块钱收入"（2：191）的傻骑士安德鲁爵士的求婚，还果断拒绝了受人爱戴的伊利里亚公爵奥西诺的追求。托比爵士难以理解侄女把求爱者拒之门外的行为，"我的侄女见什么鬼，把她哥哥的死看得那么重？悲哀是要损寿的呢"（2：190）。嗜酒如命、粗鲁无礼的托比由于受到大管家马伏里奥的斥责，决定对管家进行报复。在这场恶作剧中，托比把侄女奥丽维娅视为"一个中国人"（a Cataian）①，自己是"阴谋家"，他和同伴模仿侄女笔迹给马伏里奥写了一封情书，要他经常穿难看的黄色长袜。鬼迷心窍的马伏里奥上了当，丑态百出，被误认为精神失常而关进暗室直到剧末真相大白。托比爵士把优雅高贵的奥利维娅看成"中国人"，是因为她不仅充满魅力，而且富有理性。她没有选择年收入可观的傻骑士安德鲁，也"不愿嫁给比她身份高、地位高、年龄高、智慧高的"公爵奥西诺（2：194）。随着戏剧多层次剧情的发展，奥丽维娅逐渐走出深闺，敞开心扉，打破贵族择偶的传统，大胆追求爱情，与西巴斯辛终成眷属。莎士比亚借剧中小丑之口指出"有的人是生来的高贵，有的人是挣来的高贵，有的人是送上来的高贵"（2：268）。奥利维娅是莎翁笔下闪耀着文艺复兴时期人文主义爱情理想光芒的新女性。她勇于摆脱父权制社会的束缚，追求男女平等，努力实现自我意识和人生价值。奥利维娅的"中国人"意象无疑成

---

① See "My lady's a Cataian, we are politicians..." （2.3.75）Quotation is taken from *The Arden Shakespeare Complete Works*, Revised Edition, Richard Proudfoot eds., London: Bloomsbury Publishing Plc., 2011, p.1200.

为高尚、理性的表征。

在《温莎的风流娘儿们》中，贪财好色的约翰·福斯塔夫爵士分别给温莎镇的福德太太和培琪太太写了字迹相同、内容相同的情书表达爱意，因为她俩都掌管着丈夫的钱财。穷困没落的福斯塔夫爵士异想天开要成为她们的情人，"去接管她们两人的全部富源，她们两人便是我的两个国库；她们一个是东印度，一个是西印度，我就在这两地之间开辟我的生财大道"（1：493）。收到福斯塔夫的情书后，两位太太感到丧失了尊严，人格遭到侮辱，决定联合起来捉弄这个好色之徒，"我想最好的办法，是假意敷衍他，却永远不让他达到目的，直等罪恶的孽火把他熔化在他自己的脂油里"（1：501）。在第 2 幕第 1 场，福斯塔夫以前的侍从尼姆和毕斯托尔特意提醒福德和培琪防备福斯塔夫觊觎他们的妻子。培琪觉得侍从"啰里啰嗦莫名其妙"，但他们说的还是有道理，尽管城里牧师认为福斯塔夫是"真正的男子汉"（1：503），培琪认为这个胖骑士绝不是"中国人"（a Cathayan）。① 精明能干的福德太太、培琪太太串通快嘴桂嫂等人精心安排与福斯塔夫的"幽会"，巧设圈套一次又一次戏弄"这个坏东西"（1：502），让他狼狈不堪，丑态百出。福斯塔夫在福德太太家为了不被福德捉奸而被迫把自己肥胖的身体藏进装脏衣服的篓子，被仆人当作脏衣服扔进泰晤士河里，"像一块给铁匠打得通红的马蹄铁，放到水里，连河水都滋拉拉地叫起来呢"（1：540）。即使遭到这样的戏弄，贪财好色的他第二天又与培琪太太约会，使她决定继续惩罚这个"该死的狗东西！这种人就是捉弄他一千次也不算罪过"（1：546）。福斯塔夫被迫装扮成福德痛恨的胖巫婆遭到一顿痛打，最后因欠债无奈抵押自己唯一的财产——马。这位封建没落骑士彻底失去尊严，遭到惩罚。莎士比亚在《温莎的风流娘儿们》中通过塑造福斯塔夫这一喜剧人物，嘲讽、批判了封建社会解体时没落阶级的丑恶。这个懒惰胆小、贪财好色的胖骑士与莎士比亚时代人们心目中勤劳勇敢、善良真诚的中国人形象形成了强烈反差。

3. 传播影响

法国形象学家布吕奈尔指出，"形象是加入了文化和情感的、客观的和

---

① See "I will not believe such a Cathayan, though the priest o' the town commend him for a true man."
(2.1.130 – 131) Quotation is taken from *The Arden Shakespeare Complete Works*, Revised Edition,
Richard Proudfoot, eds. London: Bloomsbury Publishing Plc., 2011, p. 867.

主观的因素的个人的和集体的表现"（转引自孟华，2001：113）。欧洲的中国形象在漫长的历史长河中形成了一个完整的、具有一定连续性和关联性的象征系统。从文艺复兴到启蒙运动时期，中国意象被欧洲建构成美好理想的异国乌托邦。英国伊丽莎白一世时期的海外扩张和殖民探险一方面增强了民族自信心与自豪感，另一方面也带来了民族身份的种种焦虑，"失业增长、犯罪、饥饿、小岛人口剧增"（Loomba，2002：9）等社会问题亟须寻求解决途径。以莎士比亚为代表的英国文艺复兴时期文人通过在文学作品中塑造与自我相对应的中国他者形象，对中国文化进行文化过滤①、文化转化②和文化传播。英国博学之士罗伯特·伯顿（Robert Burton）在散文《忧郁的解剖》（1621）中对16、17世纪之交欧洲知识分子的流行病——忧郁症进行了淋漓尽致的剖析，书中三十多处提到中国，涉及中国的政治、经济、法律、科举制度、宗教、文化等领域，并指出中国的繁荣富庶、政治开明、文人执政是医治欧洲忧郁症的良方。中国意象的文化利用在一定程度上激发了17世纪英国资产阶级不畏强权、反对专制的精神。中国形象在英国"文化他者"体系中具有言说"他者"和言说"自我"的双重功用，通过言说他者，获得自我认同的反思。

参考文献：

陈伟，王捷，1999. 东方美学对西方的影响 ［M］. 上海：学林出版社.

杜平，2007. 想象东方：英国文学的异国情调和东方形象研究 ［M］. 上海：上海外语教育出版社.

姜智芹，2005. 文学想象与文化利用：英国文学中的中国形象 ［M］. 北京：中国社会科学出版社.

曼德维尔，2010. 曼德维尔游记 ［M］. 郭泽民，葛桂录，译. 上海：上海书店出版社.

孟华，2001. 比较文学形象学 ［M］. 北京：北京大学出版社.

莎士比亚，1998. 莎士比亚全集（1－8卷）［M］. 朱生豪，等译. 南京：译林出版社.

史景迁，1990. 文化类同与文化利用——世界文化总体对话中的中国形象 ［M］. 廖世

---

① 文化过滤是指不同文学或文化之间在交流时，"接受者的不同的文化背景和文化传统对交流信息的选择、改造、移植和渗透作用"。参见曹顺庆：《比较文学论》，成都：四川教育出版社，2005年，第130页。

② 大卫·波特指出"文化转化"（cultural translation）有三种典型模式：第一种模式是随着东方意象的出现欧洲人建构想象中的地理；第二种模式是在欧洲直接模仿（mimetic）或改良异域文化；第三种模式是跨文化转化中最常见的类型——影响的间接形式。参见 David Porter：The Chinese Taste in Eighteenth-Century，Cambridge：Cambridge University Press，2010，p. 38.

奇，彭小樵，译. 北京：北京大学出版社.

Al-DABBAGH A, 2010. Shakespeare, the orient, and the critics [M]. New York: Peter Lang.

BARBOUR R, 2003. Before orientalism: London's theatre of the east 1576 – 1626 [M]. New York: Cambridge University Press.

BATCHELOR R K. 2014. London: the selden map and the making of a global city, 1547 – 1689 [M]. Chicago: University of Chicago Press.

CAMPBELL M B. 1988. The witness and the other world: exotic European travel writing, 400 – 1600 [M]. Ithaca: Cornell University Press.

HAKLUYT R, 1903 – 1905. Principal navigations, voyages, traffiques and discoveries of the English nation [M]. 12 Vols. Glasgow: James Maclehose & Sons.

LACH D, KLEY E J, 1993. Asia in the making of Europe [M]. Vol. 3. Chicago: Chicago University Press, 1993.

LOOMBA A, 2002. Shakespeare, race, and colonialism [M]. Oxford: Oxford University Press.

MARKLEY R. 2006. The far east and the English imagination 1600 – 1730 [M]. Cambridge: Cambridge University Press.

MINGJUN L, 2015. The Chinese impact upon English renaissance literature [M]. Surrey: Ashgate Publishing Limited.

PORTER D, 2010. The Chinese taste in eighteenth-century [M]. Cambridge: Cambridge University Press.

SHAKESPEARE W, 2011. The Arden Shakespeare complete works [M]. Revised Edition. Richard Proudfoot, eds. London: Bloomsbury Publishing Plc.

WRIGHT, J K, 1966. Terrae incognitae: the place of the imagination in geography [M] // Human nature in geography: fourteen papers, 1925 – 1965. Cambridge, MA: Harvard University Press.

A Study on the Image of China in Shakespeare's Plays
Tang Ping

Abstract: With the opening of new European routes in the 15th and 16th centuries, businessmen from Portugal, Spain, and the Netherlands went to China for business, European missionaries entered China to preach and translate Chinese classics, and various travel books emerged one after another. The spread of Chinese culture in early modern

Europe had an important influence on British writers in the Elizabethan period. The images of China intertwined in different literary works during this period became the product of reality and fantasy. This article takes the Chinese image in Shakespeare's plays as the research object, and uses the cross-cultural imageology to explore the dual functions of the Chinese image in the British cultural "Other" system that both speaks of the "Other" and the "self". As the collective imagination of the British Elizabethan era, the image of China not only reflects the needs, desires and anxiety of British society at that time, but also forms an interactive relationship with the construction of British identity in the process of self-fashioning.

Key words: Shakespeare; Chinese image; cultural Other; self-fashioning

西班牙大流感与法国公共卫生管理体制改革①

肖晓丹

（四川大学外国语学院，成都 610207）

摘　要：公共卫生学最早发轫于法国，19 世纪早期的巴黎学派和微生物学家巴斯德在该领域取得了杰出成就。然而，由于强调主体自由和责任的哲学思想曾一度占据主导地位，加上医师行会长期抵制国家介入医疗事务，法国公共卫生体系的创立和发展经历了艰难曲折的探索历程。虽然 1902 年颁布的首部公共卫生法案标志着公共卫生体系的初步建立，但政府在应对 1918 年西班牙大流感疫情时表现出的混乱无序和无能为力，暴露出法国公共卫生管理制度存在国家投入不足、职能部门零星松散、缺乏统筹协调性、管控不力等弊端。1920 年，公共卫生、社会救助与福利部的创立意味着法国公共卫生体制改革拉开序幕。

关键词：法国；西班牙大流感；公共卫生体系

1. 引言

　　法国的公共卫生学历史悠久、底蕴深厚，但自大革命以来，其公共卫生体系的建设却步履蹒跚。与备受重视的临床治疗相比，公共卫生服务在法国曾长期遭到忽视。第三共和国初期开始酝酿的公共卫生法案饱受争议，直到1902 年才艰难出台。据粗略统计，1918 至 1919 年间肆虐全球的西班牙大流感在法国造成超过约 125 000 至 250 000 名平民和 30 000 多名军人死亡（Guénel，2004：175）。这场瘟疫浩劫成为法国启动公共卫生体系改革的一个重要契机。本文拟回顾 19 世纪至 20 世纪初法国公共卫生制度所经历的复杂而曲折的发展过程，考察法国政府应对西班牙大流感疫情的措施，分析其暴露出的公共卫生体系的结构性缺陷，进而探究法国在第一次世界大战结束后启动公共卫生管理体制改革的缘由及其影响。

2. 法国公共卫生体系建立的曲折过程

　　公共卫生学作为一门学科起源于法国。1794 年，巴黎卫生学校的哈勒

---

① 本文是国家社会科学基金项目"法国工业环境监管制度的历史考察"（项目编号：18XSS007）的阶段性成果。

教授（J. -N. Hallé）最早提出"公共卫生"的概念。19 世纪二三十年代，以杜沙特雷（A. -P. Duchâtelet）和维尔梅（L. -R. Villermé）为首的巴黎学派非常重视城市环境对健康的影响。巴黎卫生委员会对城市卫生状况开展了数次大规模的调查，调查对象包括用水供给、排水系统、墓地、工业污染、废弃物处理、住宅卫生条件、城市各区域疾病发生率、卖淫与性病传播等。巴黎学派率先将医学统计方法应用于社会调查，对海峡对岸的英国公共卫生和都市改革产生了重要影响。19 世纪中后期，巴斯德对致病微生物及免疫方法的研究对现代传染病理论的建立具有里程碑式的意义，并为预防和控制传染病奠定了科学基础。通过疫苗来防控传染病意味着需要加强公共卫生体系建设，这使得政府当局的干预显得尤为必要。

然而，在一些医疗史学家看来，法国深厚的医学土壤却未能孕育出真正的公共卫生文化（参见 Murard & Zylberman，1996）。相比于其他欧美国家，法国的公共卫生管理制度经历了更为漫长而崎岖的发展历程。医生"自由执业"是 19 世纪法国医疗制度的核心。医疗纯属私人事务的观念根深蒂固，偏重临床医学、轻视公共卫生的现象尤为突出。代表精英阶层的医师团体反对国家权力干预公共卫生事务，因而一直抵制建立集体医疗保健制度。1793 年，法国一些城市行政区设立了救济机构，向儿童、老年人和穷人提供国家援助。为了弥补医生人数的不足，法兰西第一帝国政府于 1803 年创设"医官"（officier de santé）一职。经过专科学校培训或跟医生当一段时间学徒，并通过省级考试之后，医官被规定只能在培训地点所在的省份行医。医官的出现成了国家与医师团体之间长达百年的矛盾冲突的导火索。法国的执业医师都是医学博士出身，他们轻蔑地称呼医官为"小脚医生"（Tabuteau，2010：105），认为其技能低下，损害了医学界的威望，其低廉的收费构成不公平竞争。1848 年，法国各省均设立卫生委员会，但它们实质上属于咨询和评估机构，市镇卫生局在维护城市环境卫生方面虽有少数几项治理权，但一般很少做出强制性的规定，而且往往会因涉嫌干涉个人自由而受到一些居民的敌视。政府实际上很难介入公共卫生领域，法国的公共卫生服务因而未能像英国那样快速发展起来。医师团体曾分别于 1825 年、1828 年、1833 年、1847 年四次提交废除医官的议案，最终以其强大的势力迫使议会于 1892 年 11 月 30 日通过"谢万迪埃法"（loi Chevandier），彻底废除医官制度，这标志着政府干预公共卫生事务的尝试遭遇重大挫败。医师团体事实上垄断了医疗卫生行业标准制定的话语权。因此，国家只能将医疗卫生体系的组织和管理权交予医师团体。

1832 年、1848 年和 1855 年，霍乱在法国的大肆流行致使大量人口死亡。普法战争期间，23 469 名法军因天花的暴发而毙命，而德军仅损失 297 人（Jorland，2011：27），法军的惨败在一定程度上可以归因于此。这一系列惨痛的教训引发了政府当局和医学界人士的忧虑。19 世纪 70 年代，团结互助的观念开始酝酿、兴起并逐步影响政界。第三共和国的施政者们制定了雄心勃勃的国家政策，成功地建立了现代公民教育体系，但在公共卫生方面却面临重重困阻。医官制被废除后，卫生立法在很大程度上受医师团体左右，医学专业和其他卫生专业之间存在难以弥合的裂痕，这种带有偏见的职业二分法长期以来一直阻碍着法国现代卫生系统的发展。19 世纪晚期，在世俗主义兴起的背景下，加上巴斯德关于细菌与传染病关系的重大发现，修女在收容所和慈善机构照顾病人的传统角色越来越受到质疑，由此诞生了首批护理学校，护理专业的发展开始起步。而在强制接种疫苗方面，个人自由的倡导者和卫生学家经常进行激烈辩论，结果巴斯德的祖国竟是最后一个规定强制接种天花疫苗的欧洲国家。

议会围绕是否建立国家公共卫生体系展开了长达二十余年的争论。于 1902 年艰难出台的公共卫生法案被视为"皮洛士式的"惨胜。其积极意义在于，该法案初步搭建起了公共卫生法律体系框架，在公共卫生医师、穷人的免费医疗援助、应对传染病的措施以及强制接种疫苗等方面做出了具体规定。根据这一法案，将设立一个全国性的公共卫生委员会，凡是人口超过两万的城市均需设立公共卫生局，公共卫生管理权限归属市政府。法案第一条规定，"市长应在征求市议会意见之后，以市政决议的形式制定卫生条例，以预防和控制传染病"[1]。但是，市长仅被赋予寥寥几项卫生治理权，且执行强制性措施的可能性极小，因为这极易招来民众的不满。而省长只有在市长权力空缺和危机情形下才会介入。经省议会审议通过后，省长可以组建一个负责监督、检查和协调公共卫生服务的督察机构，其职能是负责指导、协调和提供技术支持。[2] 但实际上该机构可有可无，其存在极不稳定。总之，1902 年法令在内容上漏洞百出，在执行上成效不佳。无怪乎法兰西医学院

---

[1] Loi du 15 février 1902 relative à la protection de la santé publique, *Journal officiel de la République française*, 19 octobre 1902, pp. 1173–1176.

[2] *Circulaire du 19 juillet 1902 du ministre de l'Intérieur et des Cultes*, sur les conditions de la mise en vigueur de la loi du 15 février 1902.

在 1912 年不无嘲讽地指出："法国的公共卫生系统不过是虚有其表，后面什么也没有。"（Murard & Zylberman，2003：21）

3. 西班牙大流感对法国的影响及其应对

20 世纪初席卷全球的西班牙大流感对处于第一次世界大战后期的法国来说无疑是雪上加霜。1918 年 4 月，第一例法国本土感染者出现在驻扎于巴黎近郊的法军军营。同年 5 月和 6 月，第一波疫情横扫法国全境，病患数字一路飙升，但在 7、8 月份有所回落。起初，这一传染病并未引起法国当局的重视，因为多数病患表现为轻症，而且流感尚未被列为必须上报的传染病。再加上时值第一次世界大战末期，当局加强了新闻管制，报纸刊登的有关疫情的报道十分鲜见。第二波疫情始于 1918 年 8 月中旬，与之前不同的是，流感致死率陡然上升，于 10 月达到峰值。此时政府才开始担忧出现传染病大流行。9 月 18 日政府发布通告，要求医生必须上报流感病例。据统计，1918 年秋季，共计有 24 万法国平民和军人死亡，死亡率接近 4%（Zylberman，2006：769）。

法兰西医学院和巴斯德研究所的专家结合 1889 年欧洲大流感的经验，认为这一疾病通过口鼻飞沫和沾有唾液的手在个体间传播，但无法准确识别病原体。由于当时没有对抗流感的疫苗，也没有抗生素可以治疗流感引发的细菌性感染，人们只能靠隔离、消毒、加强卫生防护等非药物方式来遏制疫情蔓延。1918 年 10 月，法兰西医学院和塞纳省公共卫生委员会呼吁当局关闭影剧院、餐厅等公共场所，建议公众避免与患者发生不必要的接触，基本原则就是控制传染源和切断传播途径。内政部副国务秘书法弗尔（A. Favre）向各省省长发布指导方针，允许各省出于疫情防控需要下令关闭公共场所并加强消毒，甚至限制民众外出和聚会。处于应对疫情最前方的各市镇长官仅部分遵循了上述指令，如在医院隔离病患，对病人的床单、衣物等进行消毒，在公共场所喷洒灭菌剂等。更严格的社交疏离措施因被视为对公民权利和自由的限制而遭到民众抵制，难以推行。有临床医师抱怨称："由于公众（对流感病毒）的无知和轻视，不理解隔离和防护措施的重要性，使通常持续时间不超过六周的流行病延至六个月。"（Lahaie，2011：104）如果说防疫的首要原则是隔离和消毒，治疗的第一要素则是休息。然而，战争期间的社会经济活动不可能因为疫情按下"暂停键"。为保障军工生产和生活物资生产供应不间断，城市公共交通、铁路交通运输照常运行，法军总司令部也决定不禁止军队的流动。

在关闭学校和公共场所方面，各地也没有遵循统一的方案和时间表。在巴黎，学区副区长只下令 10 月 24 日至 11 月 3 日期间高中生停课。在里昂，普通考试和高中毕业会考照常举行。波尔多则没有实施停课。里昂和波尔多的影剧院分别从 10 月 15 日和 10 月 24 日起关闭，但在 11 月 12 日后又全部重新开放，而当时疫情还远未结束。巴黎和南特的影剧院一直没有关闭。影剧院经理以抚慰战争孤儿和支持爱国事业为由拒绝停止营业。当局也只是要求影院每天定时暂停放映以便影厅通风，并在空气中喷洒福尔马林或桉叶蒸气（Guénel，2004：168–169）。

在病患的救治工作中，国防部、内政部和地方政府之间缺乏协调合作。军队向民间医院召集了大批医务人员并征用医疗设施。法国的 2 万名执业医生中，将近 18 000 名已被军队招募。"1918 年，在法国军队中每 203 名男性中就有一名医生。而在英国军队中，这一数字为 376 人。"由于军医中有八成来自后方，于是乎法国许多地区沦为医疗荒漠，"每 7 500 名居民仅拥有一名医生，而在同一时期，英国每 2 300 名居民有一名医生，德国则是每 5 700 名居民一名医生。"（Zylberman，2006：769）

由于流感病患数量骤增，大批医护人员超负荷工作，过度疲劳以致殒命者不在少数。许多医生被迫停止接诊，几近饱和的城市医院拒绝收治新病患。由于缺乏人员和交通工具，农村的卫生服务更是陷于瘫痪，大量病患被弃之不顾。当时法国最大的医疗机构——公共救济医院建议轻症感染者居家静养。然而，家中隔离的结果却是造成病毒在家庭和社区内部传播。1918年 9 月底，法军总司令部正在筹备发起最后一轮猛攻，因担忧军营中大量的感染者占用伤兵的床位，军队医疗指挥官做出了一个轻率的决定，即将伤员撤离前线并送至后方的城市医院，致使病毒在城市和平民当中加速蔓延。

1918 年 10 月，法国四大日报之一的《新闻报》发文指责政府当局仅满足于张贴海报和发布通告，建议民众取消集会、喝朗姆酒兑水制成的格罗格酒、服用阿司匹林和奎宁，如有不适则电话联系医生等等，却没有采取诸如下令关闭学校、禁止集会以及强化边境防疫等实质性举措。事实上，朗姆酒价格高昂得令人望而却步，药物几乎无处可寻，医生更是难找。《新闻报》记者认为政府应当出台更严厉的保障措施，如学校停课、禁止集会和在领土边界和港口设置防疫封锁线等（Bouron，2009：88–89）。

总之，法国针对西班牙大流感的防控措施均局限于地方层面，欠缺国家层面的统一部署和协同作战，致使病人救治和防疫工作组织不力、行动低效。

4. 法国公共卫生管理体制改革的肇端

政府在应对疫情时表现出的混乱无序还暴露出法国各部门卫生机构权责分散、条块分割、难以统合协调的弊端。1918 年 10 月 25 日，面对严峻的疫情形势，内政部长下属、负责公共卫生的副国务秘书法弗尔在众议院接受质询时颇为不满地说："我被要求负责管理根本不在我职权范围内的事务。"（Zylberman，2006：769）他公开揭露了一个令人难堪的事实，即管理公共卫生的机构居然分散在国防部、内政部、劳工部、贸易和工业部、农业部等八个部门，并且长期居于次要地位。

早在 1859 年，孔德思想的继承者、哲学家利特雷（E. Littré）就曾呼吁成立专门的卫生部。但这一提议在很长时间内遭受冷遇，因为在法国占主流地位的观点认为，医疗保健属于私人领域的范畴，公共权力不应涉足。1902 年的公共卫生法出台十年后，1913 年 6 月 25 日，众议院社会事务委员会在会议上指出："公共卫生服务目前分散在好几个政府部门，且在某种程度上属于次要机构。在我们这个人口出生率持续下降，死亡率却高于邻国的大国，必须使公共卫生服务具有凝聚力和行动统一性，才能有效地杜绝造成人口减少的风险和祸患。鉴于此，我们建议所有公共卫生机构合理地集中。"（Tabuteau，2012：95）西班牙大流感使政府意识到统合各部门下属卫生机构的急迫性和重要性，甚至有议员倡导"卫生领域的雅各宾主义"。创建卫生部第一次被提上国家议程。第一次世界大战后对人口复兴的需求也使公共卫生成为一项要务。此外，第一次世界大战结束后阿尔萨斯和洛林的回归客观上也推动了法国的卫生保障体系建设。早在 19 世纪 80 年代，俾斯麦时期的德国就已通过社会保障立法首创医疗保险制度。由于法国奉行平等原则，当政者面临两种选择：要么在阿尔萨斯和洛林废除此前民众享有的社会保障制度，要么将其扩大到整个领土。显然，作为社会保障制度的受益者，阿尔萨斯人和洛林人相当看重这项福利，法国政府于是考虑将医疗保障制度推广至全国，在此情形下，成立一个专门的卫生部门显得势在必行。

1918 年，设立卫生部的议案被提交至众议院。在向众议院报告审议结果时，众议院公共卫生委员会呼吁尽快改革公共卫生政策，其内容包括"提高生育率，减少并尽力消除疾病和夭折，纠正公私领域中各种不卫生现象"。"这一方案比以往任何时候都更应引起掌权者的关注，因为政府当局有义务确保国家的人口恢复。"①

该提案要求国家设立卫生部,将民间和军队医疗、救助、公共卫生职能统归入一个部门麾下,为恢复人口数量和社会经济提供卫生保障。由于当时的法国饱受战争蹂躏,同时又遭受了致命流行病的重创,设立卫生部的提议史上罕见地获得了多数议员的支持。很快,众参两院一致通过该议案,以往分散于八个部门的卫生机构被整合为一个全国性的行政部门。1920 年 1 月 21 日,公共卫生、社会救助与福利部正式诞生。布勒东(J.-L. Breton)被任命为第一任部长。从此以后,公共卫生及相关社会事务在政府机构中占据一席之地。

法国卫生部的诞生使长期停滞不前的传染病防治工作取得了实质性的进展。"1917 年至 1940 年,结核病诊所的数量增加了 18 倍。到 1930 年,平均每 58 000 名居民有一家结核病诊所,而 1920 年时平均每 147 600 名居民才有一家。到 1934 年,每 50 000 名居民就有一家结核病诊所。"在资金投入方面,1926 年,劳动部下属卫生司的预算占国家财政支出比重仅为 1.1%。1932 年、1938 年升至 3.1%。(Murard & Zylberman,2003:24 - 25)

为了强化国家对公共卫生的管控,新生的卫生部重新重视起省级公共卫生督察的角色,要求征聘合格的专业人员,尤其强调与临床医生的合作,并承诺为省级卫生督察工作的运转提供必要的资金和人员支持。1924 年,卫生部出台新的政府通告,省卫生督察局成为必须设立的专门性机构,由省长和卫生部部长直接领导。护理专业的重要性也得到承认(Raimondeau & Bréchat,2002:67)。在 1922 年 6 月 27 日颁布的法令当中,时任卫生部部长斯特劳斯(P. Strauss)批准了三项资质证书,即医院护士、结核病护理上门护士和儿童护理上门护士资质证书,这标志着护士职业得到了官方认可。

5. 结语

法国公共卫生体系创建的曲折过程表明,如果社会没有达成团结互助的共识,国家就难以实质性地介入公共卫生领域。而这一共识往往是在大规模战争或传染病大流行给民众的生命健康和经济社会的发展带来巨大威胁时方才达成的。撇开战争因素不谈,西班牙大流感疫情暴露出法国公共卫生管理

① Annexe n° 5131, Séance du 31 octobre 1918, Documents parlementaires - Chambre.

体系存在国家投入不足、政府部门之间协作松散、缺乏统筹协调性、管控不力等弊端。同时也证明，在重大公共卫生危机面前，疫情控制远远超出医学治疗的范畴，还涉及卫生保健、社会管理、舆情引导等诸多方面，而强有力的公共卫生管理措施是遏制疫情的关键。第一次世界大战结束后，卫生部的设立揭开了法国公共卫生体制改革的序幕。人们开始意识到，唯有行之有效的、能覆盖最脆弱人群的、面向大众的普惠性医疗保健系统才能为民众提供最佳保护。虽然两次世界大战之间的卫生部地位还不够坚实稳固，但法国朝惠及全民的国家卫生服务体系迈出了重要的一步。

参考文献：

BOURON F, 2009. La grippe espagnole (1918 – 1919) dans les journaux français [J]. Guerres mondiales et conflits contemporains, 233 (1).

GUÉNEL J, 2004. La grippe «espagnole» en France en 1918 – 1919 [J]. Histoire des Sciences Médicales, 38 (2).

JORLAND G, 2011. La variole et la guerre de 1870 [J]. Les tribunes de la santé, 33 (4).

LAHAIE O, 2011. L'épidémie de grippe dite «espagnole» et sa perception par l'armée française (1918 –1919) [J]. Revue historique des armées, 262.

MURARD L, ZYLBERMAN P, 1996. L'hygiène dans la République. La santé publique en France, ou l'utopie contrariée (1870 –1918) [M]. Paris：Fayard.

MURARD L, ZYLBERMAN P, 2003. Mi-ignoré, mi-méprisé：le ministère de la santé publique, 1920 –1945 [J]. Les Tribunes de la santé, 1.

RAIMONDEAU J, BRÉCHAT P H, 2002. 100 ans d'une histoire des médecins inspecteurs de santé publique [J]. Actualité et dossier en santé publique, 41.

TABUTEAU D, 2010. Pouvoirs publics et professions de santé [J]. Les Tribunes de la santé, 26 (1).

TABUTEAU D, 2012. Le parlement et la santé [J]. Les Tribunes de la santé, 34 (1).

TABUTEAU D, 2015. La santé publique en France, une histoire singulière [M] // SUESSER P, BAUBY C, éd. Conjuguer la santé de l'enfant et de la famille au singulier et au pluriel. Du soin individuel à la santé publique. Toulouse：ERES.

ZYLBERMAN P, 2006. Comme en 1918! La grippe «espagnole» et nous [J]. Médecine/Sciences, 22.

The Spanish Flu and the Reform of
the French Public Health System

Xiao Xiaodan

Abstract: The discipline of public health originated in France as the Paris school in the early 19th century and microbiologist Pasteur made outstanding contributions to this field. However, the establishment and development of its public health system in France went through a process full of difficulties and setbacks, due to the dominance of philosophical thoughts that emphasized freedom and responsibilities of the individuals in France and the long-standing resistance of state interference in medical affairs by the physicians' guild. The first French Public Health Act was promulgated in 1902, marking the preliminary establishment of a public health system. But the government's response to the Spanish influenza pandemic in 1918 could best be described as chaotic, disorderly and incompetent, which revealed the drawbacks of the French public health management system including insufficient national investment, loose and fragmented responsibilities of functional departments, lack of overall coordination, and ineffective management and control. In 1920, the establishment of the Ministry of Public Health, Social Assistance and Welfare signified that the reform of the French public health system was about to begin.

Key words: France; Spanish flu; public health system

从欧元区的制度设计缺陷
看欧债危机发生的深层原因及欧盟的应对措施[①]

严天钦

（四川大学外国语学院，教育部区域国别研究基地四川大学欧盟研究中心，成都610207）

摘　要：受美国次贷危机的影响，自2008年开始，欧盟多个成员国，特别是欧元区的国家开始陷入比较严重的债务危机。很大程度上，美国的次贷危机只是欧债危机的一个诱因，欧盟成员国自身存在的结构问题和管理问题才是引发欧洲主权债务危机的重要内因。而对于一些深陷债务危机的欧元区国家来说，危机的发生还与欧元区制度设计本身存在的缺陷密切相关，比如欧元区成立之初缺乏统一的财政政策、经济协调政策、有效的财政监管机制、危机应对机制等。随着危机愈演愈烈，欧盟被迫先后启动了一系列改革举措以缓解危机、稳定欧元区的金融系统，具体措施包括启动"欧洲经济恢复计划"和"欧洲学期"、推出新的法规和金融稳定机制、打造欧洲银行联盟等。这一系列的改革举措不仅弥补了欧元区原来的设计缺陷、缓解了欧盟成员国的主权债务危机，同时也通过完善经济与货币联盟把欧洲一体化进程往前大大推进了一步。

关键词：欧元区；制度设计；欧债危机；应对措施

随着经济全球化的发展，不同市场之间的联系越来越密切，一个市场发生危机之后会迅速波及其他市场。美国在2007发生了严重的次贷危机，2008年雷曼兄弟公司宣布破产，由此引发的连锁反应使国际信贷市场陷入极度混乱的状态。2007—2008年爆发的全球金融危机和低迷的经济状况使全球范围内很多国家的政府预算赤字扩大，主权债务增加。包括希腊、葡萄牙、西班牙、爱尔兰和意大利在内的多个欧盟成员国开始向欧盟和国际货币基金组织寻求帮助。到2012年的时候，标准普尔把欧元区9个国家的信用评级都下调，南欧五国10年期国债相对于德国的息差也急剧攀升，致使债务违约的风险增加，欧洲主权债务危机全面爆发。欧债危机的爆发意味着欧元区的希腊、葡萄牙、西班牙、爱尔兰和塞浦路斯5国在没有欧洲中央银行

---

① 本文系教育部西部和边疆地区青年基金项目——"欧债危机背景下欧盟成员国公共管理改革比较研究"（14XJC630007）的阶段性研究成果，同时本文还得到国家留学基金的资助。

和国际货币基金组织等第三方提供财政援助的情况下完全丧失了偿还本国政府背负的高额外债或继续融资的能力，也无法帮助本国债台高筑的银行摆脱困境。

在2010年至2011年，欧元区的几个国家经历了危机爆发后最困难的时期，欧债危机持续多年，不仅威胁到欧洲经济与货币联盟的生存，也给被危机困扰的欧盟成员国乃至世界经济都造成了深远影响。

欧洲货币联盟成立后，欧元区国家的经济都经历了一段不错的发展阶段，欧元不仅成为欧盟集体身份的重要象征，同时也给生活在欧元区的投资者和普通民众带来了极大便利。随着欧洲大市场一体化程度不断加深，欧元也成为仅次于美元的强势货币，很多国家将欧元纳为国际储备货币。曾一度欣欣向荣的欧元区市场为什么在2008年会遭遇一场旷日持久的主权债务危机呢？其原因很复杂，除了与国际金融市场上的投机行为有关，也涉及欧盟成员国内部管理方面的问题以及欧元区制度设计的问题。

1. 欧元区制度设计的缺陷

在成立欧洲经济与货币联盟之初，倡议建立欧元区的人都认为单一货币可以让市场释放出更大潜力从而促进经济增长和投资；使用单一货币不仅会降低交易成本、使出口的产品价格更透明，还可以消除货币投机活动，减少兑换汇率带来的风险。总之，许多人相信使用单一货币可以帮助欧盟把自身打造成一个更强大的经济体。从理论上来说，欧洲央行通过运用一些政策工具可以帮助欧元区的物价维持稳定，使欧元的利率维持在一个较低的水平，这样既可以防止通货膨胀也可以促进投资和经济增长。1986年签署的《欧洲单一法令》（the Single European Act）就曾明确提出要建立一个欧洲统一大市场，以便货物、人员、服务和资金可以自由在市场内流动。欧元区成立后，上述四个要素确实可以在欧元区自由流动，但人员的流动性还是不够强，物价缺乏一定弹性，基本不存在财政转移支付机制，正是经济与货币联盟自身在管理制度方面存在的缺陷为欧债危机的爆发埋下了隐患。

1.1 缺乏统一的财政政策

一个非欧盟的成员国如果积累了一定的外债，它可以通过调整货币的利率和汇率，或从本国中央银行贷款，公共债务不至于把这个国家压垮。但是，《马斯特里赫特条约》规定，欧盟成员国在遭遇债务危机时不能直接申请从欧洲中央银行贷款，也不能直接把债务转移给其他成员国，欧洲中央银行也不能直接购买由欧盟成员国政府发行的债券或其他债务工具。欧元区的国家只是欧元的使用者而不是发行者，所以这就使得这些成员国无法采取扩张性的财政政策。当然，后来为了拯救深陷债务泥潭的成员国，欧洲银行还是购买了不少成员国政府发行的债券，这实际上违背了《马斯特里赫特条约》的相关规定。由于欧元区刚成立时就存在一些制度设计上的缺陷，欧元区具有统一的货币政策，却没有统一的财政政策，在南欧诸国遭遇通货膨胀时并不能动用相关政策工具让货币贬值，或降低利率，或减少货币供应量，这使得南欧诸国在经济管理方面所能采用的工具非常有限。

在遭遇经济萧条时，政府税收减少，失业率上升，公共开支负担加重，致使债务违约风险增高。然而，如果欧元区具有统一的财政政策，成员国之间的贸易顺差或逆差都不重要了，也不会因为贸易逆差而导致高额贸易赤字的产生。当然，这意味着欧元区需要更深层次的政治一体化，需要建立起与联邦体制类似的政治机制。但从目前的情况来看，欧洲一体化还远没有发展到这样的阶段。

1.2　缺乏经济协调政策

欧债危机的爆发一方面表明欧元区成员国之间经济发展水平和生产结构存在巨大差异，另一方面显示欧盟缺乏有效机制和制度来扩大欧盟内部市场的需求。欧盟注重生产要素在内部市场的自由流通，相信市场自身的调节能力，但是由于一些制度设计本身存在很大缺陷，有些问题是市场和成员国政府自身根本无法解决的。

要解决欧元区的一些深层问题，欧元区需要制定有效的经济协调政策，而这种政策在最初的制度设计中并没有被考虑到。比如，欧元区各成员国之间的工资水平存在很大差异，法国基本能按照《稳定与增长公约》的规定把工人工资的涨幅控制在一个比较合理的范围以刺激工人提高劳动生产率；但希腊、葡萄牙、西班牙和意大利等国在通货膨胀的情况下给工人涨薪的水平则完全超出了合理的范围；而德国则是另外一个极端，由于德国工会的权力受到很大限制，自从加入欧元区以来，德国工人的工资基本就没怎么增加。在债务危机爆发之后，如果单纯让深处危机中的国家采取财政紧缩政策，削减工人的工资和福利，往往会使这些国家的经济陷入更严重的衰退。相反，如果实在不能有效削减这些国家工人的工资，而是提升德国工人工资的水平，这也能在一定程度上扩大欧元区的内需。然而，欧盟却无法出台这样的经济协调政策（Patomaki，2013：69）。

此外，欧元区缺乏重新分配资源的机制来平衡欧元区内贸易不平衡的问题。欧元区国家的经济发展水平参差不齐，南欧诸国的经济明显没有北部和西部成员国的经济那么具有竞争力，其失业率更高，然而欧盟缺乏转移支付联盟，也缺乏有效机制可以对经济发展水平较低的南欧国家提供资金以缓解经济周期差异造成的经济分化问题。虽然欧盟设有共同农业基金和发展基金，但是在欧盟东扩之后，南欧诸国就很难从这些共同基金中分得一杯羹了。而且，这些共同基金毕竟存量有限，无法对欧元区的宏观经济发展起到促进作用。为了平衡欧元国家内部贸易不平衡的问题，经济与货币联盟需要重新建立起相应的经济和社会政策，通过固定机制适时为贸易逆差较大的欧元区国家提供资金和技术支持，以缩小成员国之间的差距，这样才更有利于欧元区经济的可持续发展。

1.3 缺乏有效财政监管机制

有些欧元区国家的债务水平超过了欧盟条约的规定，却并没有受到应有的惩罚。1992 年 2 月 7 日，欧共体 12 国外长和财政部部长在荷兰小镇马斯特里赫特正式签署了《马斯特里赫特条约》，欧共体因此被更名为欧盟。该条约的第 121 条规定，欧盟成员国如果要加入经济与货币联盟的话，其政府债务不能超过 GDP 的 60%，政府的预算赤字不能超过 GDP 的 3%，1997 年诞生的《增长与稳定公约》又强调了这两点。但实际上包括德国和法国在内的欧盟成员国要想确保政府债务和预算赤字不超过规定的上限普遍很困难，比如在 2001 年德国政府的预算赤字就超过了 GDP 的 3%，法国的政府预算赤字在 2002 年也超出了上限。自从欧元区成立之后，经常有成员国的政府债务和预算赤字超出《增长与稳定公约》的限制。虽然《增长与稳定公约》曾提到，要对那些政府预算超过 GDP 3% 的成员国处以相当于其 GDP 0.5% 的罚款（Laursen，2013：10），但这样的惩罚措施却很难得到落实，因为欧盟并没有适当工具对违反规定的国家进行惩罚。这就是为什么南欧一些国家政府长期靠举债度日，长期的大额预算赤字使得这些国家政府的债务利率不断攀升，融资成本越来越高，长此以往，所有南欧的债务国融资成本都不断增加。

对于一个正常主权国家来说，当外债高筑时，它可以通过让货币贬值或通货膨胀来减少债务。然而，在主权债务危机发生后，欧元区的国家已经没有这些可用的货币工具，这就使危机在短期内很难得到有效解决。另外，在欧元区，由于金融市场的一体化，一个国家发行的融资债券不仅为本国居民所持有，也被很多国外的政府和投资者所持有，一旦债务国发生债务违约的情况，欧盟的其他成员国也会蒙受损失。而如果一个欧元区的国家政府总是相信一旦出现债务违约的情况，欧元区其他成员国肯定会对本国进行救助，它就会肆无忌惮地继续举债，直到信誉完全破产，无法再在金融市场融资，致使危机全面爆发。

1.4　缺乏危机应对机制

欧盟决策者在设计经济和货币联盟时认为，成为联盟的成员，就意味着这些国家在很多方面逐渐趋同，都会维持低通胀率、低公共财政赤字、低债务水平，各国发行的长期国债都会维持较为一致的利率。然而，欧洲主权债务危机爆发后，人们发现，事实上欧元区成员国之间的经济发展水平、生产率和就业率都存在非常大的差异，因此，承受非对称性冲击的能力也不一样。而且，欧盟的财政预算只占欧盟 GDP 的 1%，因此不可能成为有效的财政稳定工具。有些国家的确能够严格控制财政预算，把国债利率维持在合理的水平，而另外一些不负责任的国家却债台高筑，如果没有外界的经济救助，这些国家必定会面临债务违约。到危机爆发之际，欧元区多个国家的公共财政预算都超出了《稳定与增长公约》规定的上限。

从欧盟对欧债危机的迟钝反应可以看出，欧盟在设计欧元区时对一些成员国经济的脆弱性估计不足。对于一些成员国采取不负责任的财政政策后随意向欧盟申请救助而产生道德风险的可能性，欧盟当初在成立欧元区时就没有建立相关的金融风险应对机制。

比如，欧盟的相关条约没有帮助欧元区建立起财政转移支付机制，因此，在一些国家发生债务危机之后，欧元区的其他成员国政府不能为陷入危机中的国家的债务担保。在没有现成财政转移支付机制的情况下，欧盟如果要对某一成员国进行救助，就必须得到所有成员国的同意，这就使得一些深受危机困扰的国家很难及时得到救助。

欧洲中央银行从诞生之初就特别强调要维持稳定的欧元利率，欧洲中央银行掌握货币政策，却没有可以动用的财政政策。当一个非欧盟成员国深陷债务危机时，其中央银行可以购买政府发行的债券，可以充当"最后贷款人"的角色。然而，欧洲中央银行却不具备这些职能，在欧元区成员国最需要救助时，欧盟还在敦促它们整顿财务。

欧债危机爆发后，虽然欧盟采取了相关措施对一些国家进行了救助，但是因为一些政策和制度本身就存在很大的不合理性，特别是财政紧缩的政策使深处危机中的国家经济很难复苏。到了 2013 年，在欧盟委员会、欧洲中央银行和国际货币基金组织（IMF）"三驾马车"的敦促下，一些陷入危机的国家已经进行了四年的财政紧缩政策，但是它们依然没有摆脱经济衰退。从 2008 年到 2013 年，由于实施财政紧缩政策，希腊、西班牙、葡萄牙和意大利的经济规模分别缩小了 26.3%，8.9%，7.8% 和 7.6%（Matsaganis，2019：85）。

此外，欧洲中央银行实行的货币政策注重控制欧元的利率，却忽略了就业、刺激经济增长和各国的财政收入差异巨大等问题。欧元区的债务危机与一些国家的房地产市场过热，房地产经济泡沫破灭有关，但欧洲央行却没有出台相应的政策和机制稳定金融市场，遏制金融泡沫的发生。在实行财政紧缩政策的同时，要确保欧元区国家的经济不崩溃，只有通过扩大出口，拉动外部需求才行。然而，要帮助这些债务国扩大出口并不是一件容易的事（Baimbridge & Whyman，2015：8）。

可见，正是由于欧元区成立之初，设计者并没有考虑到在欧元区成员国遭遇债务危机之时，欧盟该如何去应对，因此，在危机爆发之后，欧盟迟迟拿不出有效的应对策略，致使危机不断蔓延。

2. 欧盟层面应对债务危机所采取的公共管理改革举措

欧洲主权债务危机爆发后，所有接受国际货币基金组织和欧盟救助的欧盟成员国都被迫实施机构改革、实行财政紧缩的政策、在公共管理领域进行改革以减少政府的公共支出和财政预算赤字。欧盟也很快做出了一些新的决议以确保《稳定与增长公约》得到更好的遵守和贯彻，防止债务危机在欧盟内部进一步蔓延。欧债危机爆发之后，欧盟并没有应对危机的现成机制，所以刚开始反应并不及时。但随着危机愈演愈烈，欧盟不得不开始动用一些原有的调节机制，调动一些可以支配的资金对一些国家实施救助，如一部分欧洲社会基金（European Social Fund）就被调配到一些成员国以缓解这些国家的失业问题。为应对危机，恢复消费者和企业的信心，鼓励投资，帮助失业者重返工作岗位，欧盟在 2008 年 12 月启动了"欧洲经济恢复计划"（European Economic Recovery Plan）。此外，欧盟还采取了一系列改革举措以有效应对危机，防止欧元区将来发生类似的危机。

2.1 欧洲金融稳定机制

2010 年在欧盟、国际货币基金组织与希腊达成救助协议之后，欧盟经济财政特别理事会（Extraordinary ECOFIN Council）召开专门会议讨论希腊问题，会议一致通过进一步采取一揽子措施以维护欧洲的金融稳定，其中最重要的措施就是建立两个额外的金融援助机制以补充欧盟与希腊达成的临时贷款协议。这表明，欧盟要重新建立永久性的基金救助库以帮助遇到财政困难的成员国度过危机。第一个金融援助机制是欧洲金融稳定机制（European Financial Stabilisation Mechanism，简称 EFSM），第二个援助机制是欧洲金融稳定基金（European Financial Stabilisation Facility，简称 EFSF）。前者实际上是一个政府间的协议，该协议允许欧盟成员国在遇到本国政府无法控制的财政困难时可以申请向欧盟和国际货币基金组织申请有条件的贷款，最高额度为 600 亿欧元。欧洲金融稳定基金实际上是一个临时的增强信用的安全协议验证工具，该工具根据自己的投资等级在资本市场融资，然后以较低的利率给需要援助的欧元区成员国提供金融帮助。两个金融稳定机制的储备金共有 5000 亿欧元，金融稳定基金只对欧元区国家提供援助，而欧洲金融稳定机制可以对所有欧盟成员国提供资金支持（Olivares-Caminal，2012：167 – 195）。

　　欧债危机爆发之后，针对以往欧盟对欧元区国家财政监管不力的问题，欧盟领导在 2011 年 12 月专门在布鲁塞尔召开了会议，探讨如何实施更严格的规定以控制成员国的财政赤字问题，各国政府承诺实施更加严格的财政纪律。2012 年 12 月，欧元区的 12 个国家议会批准通过了《经济货币联盟稳定、协调与治理条约》（Treaty on Stability, Coordination and Governance in the Economic and Monetary Union，简称"财政契约"），条约于 2013 年 1 月 1 日生效。根据"财政契约"的规定，欧盟成员国必须保证预算平衡或保持盈余，结构性财政赤字不能超过 GDP 的 0.5%。这一数字是按商业周期来统计的，也就是说在经济不景气时，成员国的财政赤字可以暂时超过这一上限。欧盟委员会还要求欧元区各国政府把预算规定写进各国的宪法，要求各国每年呈交预算报告，有权要求成员国政府修改不合规定的报告（Arestis & Sawyer，2015：113）。此外，"财政契约"还规定，一个欧盟成员国的财政预算赤字一旦被控制在 GDP 的 3% 后，在三年内，这个国家必须每年确保公共债务至少减少 1/20，直到把公共债务控制在 GDP 的 60%（Glencross，2013：11）。"财政契约"生效后，欧盟成员国如果想要通过欧洲金融稳定机制借款，则必须满足"财政契约"的相关要求，因此，欧盟成员国都得把"债务刹车"写进本国的法律。欧盟希望"财政契约"能稳定欧洲金融市场，确保成员国不再继续背负巨额债务，把债务的利率控制在合理范围内。

事实上，为了稳定欧洲金融市场，在欧洲主权债务危机爆发之后不久，欧盟委员会在 2009 年就开始着手对欧盟内部的银行进行"压力测试"，核查这些银行是否有充足的资金处理坏账。为进一步加强对欧洲金融市场的监管，2011 年 1 月，欧盟成立了欧洲银行管理局（European Banking Authority），全面接管了原欧盟银行业监管委员会（Committee of European Banking Supervisors）的所有职能以及权责。该机构的主要目标就是维护欧盟的金融市场稳定，通过对银行进行"压力测试"和监管确保欧盟内部银行业的公平、高效和良性竞争。欧洲银行管理局负责为欧盟境内的银行制定单一管理规定（European Single Rulebook），要求欧盟境内的所有银行都得遵循统一管理规定，并对银行的脆弱性和所面临的风险进行评估。"压力测试"无疑是欧洲银行管理局评估银行脆弱性和风险的重要工具。在与欧洲系统风险委员会（European Systematic Risk Board）、欧洲中央银行和欧盟的合作之下，欧洲银行管理局通过"压力测试"一方面可以评估金融机构在面对不利金融市场时的韧性，另一方面也可以清楚了解欧盟金融体系所面临的系统风险。[1]

2.2 "欧洲学期"（**European Semester**）

《稳定与增长公约》虽然规定了欧元区国家的公共债务和财政预算赤字的上限，但是却没有制定相应的机制确保这些国家遵守规定。欧盟对欧元区国家宏观经济运行的监督基本只局限在控制其财政赤字这一点上，因此，欧元区各国之间的经济政策缺乏协调机制。所谓"欧洲学期"，实际上指的是欧盟在 2010 年推出来的一个旨在帮助成员国协调经济政策的一个新机制，是欧盟在发生主权债务危机后为深化经济一体化，防止类似危机再次发生而推出的重要改革举措。欧盟启动"欧洲学期"的主要目标就是确保成员国政府的公共债务和预算赤字维持在安全范围之内，督促成员国通过结构改革和增加投资来促进经济增长，提高就业率。也就是说，"欧洲学期"关注的重点政策协调领域有三个，即结构改革、财政政策和宏观经济平衡。[2]

---

[1] "EU Wide Stress Testing", https://eba.europa.eu/risk - analysis - and - data/eu - wide - stress - testing. 访问时间：2019 年 10 月 8 日。

[2] "The European Semester, Why and How", https://ec.europa.eu/info/business - economy - euro/ economic - and - fiscal - policy - coordination/eu - economic - governance - monitoring - prevention - correction/european - semester/framework/european - semester - why - and - how_ en. 访问时间：2019 年 10 月 9 日。

　　根据"欧洲学期"的改革要求，欧盟委员会和欧洲理事会在每个政策协调周期内都要对每一个成员国的预算计划、宏观经济和结构改革进行仔细分析，并给每一个国家政府提出明确建议以便让相关国家在接下来的 12 至 18 个月内清楚应该采取何种具体措施来解决问题。成员国执行欧盟政策决议的周期为半年，这就是为什么这项新的机制被称为"欧洲学期"。在"欧洲学期"内，所有成员国都要让自己的财政预算、经济政策和目标达到欧盟的要求，不达标的国家会受到欧盟的经济制裁。欧盟给成员国提出的具体建议涵盖工资、教育、医疗卫生等多个本不纳入欧盟管辖范围的政策领域。因此，跟《里斯本条约》相比，"欧洲学期"具有更强的社会维度，因为它就贫困和社会包容性等问题提出了非常具体的指导原则和目标。它希望通过协调成员国的经济、财政和社会政策，推动欧盟的经济实现可持续增长。

　　"欧洲学期"的实施无疑在很大程度上加强了欧盟成员国，特别是欧元区国家在经济政策领域的协调性，强化了欧盟对成员国经济和财政状况的监管，但是"欧洲学期"也存在一定的局限性。从 2011 年到 2012 年的两个"欧洲学期"的运行情况来看，欧盟委员会并没有给成员国解释清楚为什么"年度增长报告"中的有些政策和目标是需要优先考虑的对象。欧盟给成员国提出的具体建议中，没有区分落实政策的紧迫性，显然有些决议是应该立即执行，有些则需要一定时间周期，缺乏对政策建议紧迫性的区分自然会影响这些政策建议的执行效率。而欧盟成员国很难做到严格执行欧盟的政策建议，在执行财政政策建议方面，各国都做得比较好，因为有《稳定增长公约》的束缚，如果违背了政策建议会受到欧盟的制裁，而在执行一些经济政策建议时，各成员国往往就自行其是。

　　从总体来看，尽管"欧洲学期"在程序和时间设定上显得很周详，但因为欧盟的政策建议并不具有法律效应，成员国之间的经济政策协调只是迫于部长理事会和欧洲理事会的压力，有时国与国之间会相互评估对欧盟政策建议执行的情况，因此，欧盟出具给成员国的具体政策建议往往并不能得到严格的执行。在很大程度上，欧盟依然缺乏一些能确保欧盟成员国严格执行"欧洲学期"的具体政策建议的强有力的政策工具。因此，为强化欧盟对欧元区国家的财政状况和宏观经济运行的监督职能，欧盟又推出了"六部法"（Six Pack）。

2.3　"六部法"

　　如果说《稳定与增长公约》干预了欧盟成员国的财政政策结果的话，

那么"欧洲学期"显然已经开始干预欧盟成员国财政政策出台的过程了。在"欧洲学期内",在欧盟向成员国就国家财政政策给出具体建议之前,实际上成员国的议会还并没有介入这个议题,所以欧盟的这种做法在合法性上多少会受到一些质疑。为了使"欧洲学期"的做法具有更强的合法性,同时也为了对《稳定与增长公约》进行改革,把财政联盟的建设往前推进一步,欧盟开始着手推出"六部法"。所谓"六部法"其实就是欧盟为改革《稳定增长公约》、加强宏观经济和财政监督而制定的六部法律,2010年9月,欧盟理事会特别工作小组和欧洲理事会特别工作小组分别提出了两个版本的"六部法"。经过欧盟经济财政理事会和欧盟理事会讨论、欧洲议会批准之后,"六部法"于2011年12月13日生效。自"六部法"生效之日起,"欧洲学期"改革举措也成为其中的一部分法律条规,"六部法"允许欧洲议会在"欧洲学期"内参加机制化的经济对话,这无疑加强了欧洲议会在欧盟经济治理中的地位和作用。"六部法"为欧盟和欧元区的经济治理带来了很多新的变化,特别是强化了欧盟对成员国财政状况和宏观经济运行的监督职能。

"六部法"生效之后,财政预算赤字过高的欧盟成员国必须根据欧洲理事会给出的具体政策建议进行整改,如果一个成员国对政策建议置之不理,或不能很好地遵循相关规定,欧洲理事会将根据欧盟委员会的建议对该成员国实施经济制裁,只有在特定多数成员国投票反对的情况下,该国才能免于受到制裁。同时,"六部法"还为一些财政状况欠佳的国家在设定中期预算目标时提供指导性意见,为其年度公共开支设定上限,这在很大程度上强化了欧盟的财政纪律。

"六部法"的出台使欧盟在控制成员国的债务方面有了更强的抓手和可操作性,如果成员国无视《稳定与增长公约》对成员国债务上限的规定(不能超过 GDP 的 60%),欧盟在综合考虑各方因素之后将会让该成员国启动削减和控制债务的程序。启动该程序后,成员国有三年整改缓冲期,欧盟会根据各国实际情况给成员国设定整改的最终期限。①

所有欧盟成员国都得遵循"六部法",但有些条款,比如涉及经济制裁的,只适用于欧元区国家。"六部法"的出台使欧盟成员国的财政政策和经

---

① "EU Economic Governance 'Six-Pack' Enters into Force", https://europa.eu/rapid/press-release_MEMO-11-898_en.htm. 访问时间:2019 年 10 月 12 日。

济政策在"欧洲学期"内都受到欧盟的监督，使成员国获得的政策建议具有一致性。新的法规要求成员国在制定年度财政预算时必须根据年度经济增长情况为政府的公共支出设置一个上限。为控制金融风险，欧盟不仅要监督有预算赤字的成员国，对于账户有盈余的国家也要进行监督。同时，新的法规要求欧盟启动一个以预防和矫正成员国宏观经济不平衡的政策工具，即"宏观经济不平衡程序"（Macroeconomic Imbalance Procedure），这使得欧盟委员会和欧洲理事会在一些国家宏观经济不平衡状况恶化之前就能给出具体政策建议加以干预，欧盟会根据一系列经济运行指标来确定哪些成员国的宏观经济不平衡情况需要干预，如果干预没有达到理想的效果，欧盟就会启动相应的经济行为矫正计划。启动经济行为矫正计划之后，成员国必须向欧盟提交矫正计划报告，计划报告不仅要设定清晰的路线图，还要阐明达标的最终期限。而且，相关成员国还得定期向欧盟递交矫正进程报告。如果有成员国没有遵循相关矫正计划，该国得给欧盟交一定数量的有息存款，如果欧盟第二次发现该国还是没有认真遵循矫正计划，那这笔有息存款就被自动转换成罚金而被欧盟没收（这笔罚款可以高达该成员国 GDP 的 0.1%）。[①] 对于那些在"欧洲学期"内严重违反相关政策决议的国家，欧盟可以对其进行经济制裁，最高罚款金额可能达到该国 GDP 的 0.5%。[②]

为了把欧元区国家朝向建立财政联盟的方向再推进一步，欧盟在 2013 年又出台了"两部法"（Two Pack）。"两部法"通过让欧盟成员国在制定政府财政预算时遵循相同时间表和相同的预算规定的做法，进一步强化了欧元区国家之间的预算协调，同时也巩固了"六部法"带来的改革成果。同时，对于那些遇到财政困难需要援助的欧元区国家，欧盟会根据"两部法"的要求强化监督。"两部法"的出台使欧元区国家制定财政预算计划的过程变得更加透明，同时也使经济与货币联盟一体化的进程更加深化。[③]

2.4　建立欧洲银行联盟

为了进一步增强欧洲经济与货币联盟抵御和应对金融风险的能力，在

---

① "EU Economic Governance 'Six-Pack' Enters into Force", https://europa. eu/rapid/press - release_ MEMO - 11 - 898_ en. htm. 访问时间：2019 年 10 月 12 日。

② "Review of the 'Six-Pack' and 'Two-Pack'", https://epthinktank. eu/2014/12/13/review - of - the - six - pack - and - two - pack/. 访问时间：2019 年 10 月 11 日。

③ "'Two-Pack' Enters into Force, Completing Budgetary Surveillance Cycle and Further Improving Economic Governance for the Euro Area", https://europa. eu/rapid/press - release_ MEMO - 13 - 457_ en. htm?locale = en. 访问时间：2019 年 10 月 11 日。

2012 年 12 月，欧洲理事会主席、欧盟委员会主席与欧洲中央银行的领导和欧元区国家的领导一道起草了一份有时限的路线图。该路线图中很重要的一个内容就是要创建一个一体化程度更高的财政框架，即欧洲银行联盟（Banking Union）。2013 年 3 月，欧盟朝建立欧洲银行联盟迈出了重要的一步，欧洲议会和欧洲理事会达成政治协议，同意建立一个"单一监督机制"（Single Supervisory Mechanism，简称 SSM），所有欧元区的银行都被纳入欧洲中央银行监督的范围，非欧元区国家的银行可以自主选择是否要被欧洲中央银行监督。"单一监督机制"于 2014 年 11 月 4 日开始生效，该机制生效后，成员国政府可以继续对本国的银行实行监督，但欧洲中央银行将负起主要监督责任。由欧洲中央银行颁发的"单一监督机制条例"（SSM Regulation）和"单一监督条例框架"（SSM Framework Regulation）明确提出了可以被纳入"单一监督机制"体系的欧洲银行应该满足的条件和标准。欧洲中央银行在把相关银行纳入监管体系之前都得对它们进行"压力测试"，那些资金短缺的银行得向欧洲中央银行提交报告说明自己在什么时间期限内能以何种方式补齐资金缺口。①

2014 年 3 月，欧盟在实现欧洲银行联盟的进程中又迈出了重要一步。欧洲议会与欧洲理事会又达成另外一份重要政治协议，决定建立一个"单一处置机制"（Single Resolution Mechanism，简称 SRM）。建立"单一处置机制"的主要目标就是确保银行倒闭之后能得到及时有效的处理，尽量减少纳税人的损失，减少对市场的冲击。处置倒闭银行的决定将由单一处置委员会（Single Resolution Board）做出，该委员会在 2016 年 1 月开始全面开展各方面的工作。在贯彻处置委员会决议的过程中，该委员会必须与倒闭银行所在国的相关机构展开合作。处置一个倒闭的银行所需要的资金一方面来自该银行的股东和债权人，另一方面来自单一处置基金（Single Resolution Fund），该基金由单一处置委员会管理，如果单一处置基金全部到位的话，会相当于欧元区所有银行存款的 1%，约 550 亿欧元。②

为进一步深化欧洲经济货币联盟，欧盟委员会在 2015 年 11 月提出在欧元区建立一个存款保险机制（European Deposit Insurance Scheme）。该机制

① "Bank Union"，http://www.europarl.europa.eu/factsheets/en/sheet/88/banking - union. 访问时间：2019 年 10 月 8 日。

② "Bank Union"，http://www.europarl.europa.eu/factsheets/en/sheet/88/banking - union. 访问时间：2019 年 10 月 9 日。

的建立表明欧盟在向建立欧洲银行联盟的方向又往前迈进了一大步。该存款保险机制是对 2014 年欧盟要求成员国建立的国家存款保障机制（National Deposit Guarantee Scheme）的补充，国家存款保障机制应该确保存款达到 10 万欧元的储户在银行倒闭之后能全额取回自己的存款。存款保险机制能为欧元区的银行储户提供更强大和更统一的存款保障，一旦被该机制覆盖的银行宣布破产或被单一处置委员会处置时，欧洲存款保险机制和国家存款保障机制都会出面干预。双重存款保障机制的设立无疑在很大程度上增强了欧元区储户对银行的信心。[①]

在应对欧洲主权债务危机的过程中，欧洲中央银行的权限在不断扩大，欧洲议会在不断通过立法扩大欧盟的管理权限，这说明欧盟在应对危机的过程中在不断完善相关法规，危机也给欧盟推进一体化、提高公共管理质量提供了新的机遇。在危机爆发之前，欧洲经济与货币联盟只有统一的货币政策，缺乏统一的财政政策，通过迫使欧盟成员国把"债务刹车"写进本国法律，欧元区朝建立统一财政政策方面迈出了重要的一步。欧洲银行联盟的建立表明欧盟成员国的政治精英积极支持深化欧洲一体化以应对单一货币的脆弱性。

2.5　完善欧洲经济与货币联盟

上述讨论表明，自从希腊发生债务危机之后，欧盟已经从管理层面上设计出了很多新的机制来强化欧盟的治理能力，同时也提高了欧洲经济与货币联盟的韧性。但这些措施显然还不够，为更好地应对危机，欧洲理事会主席、欧盟委员会主席、欧洲银行主席和欧元集团主席在 2012 年 6 月发布了一个题为"建立真正的经济与货币联盟"的报告。报告描绘了未来欧洲经济货币联盟的发展图景，并明确了为完善欧洲经济与货币联盟所需要采取的主要措施。报告提出要建立一个银行联盟以协调政府预算政策，强化欧元区的预算监控能力，发行欧洲债券（Eurobond 或 Eurobills）作为一种普通的债务工具，除了更好协调成员国的财政政策，还要协调成员国的经济政策，通过进一步加强法制建设来强化欧盟的民主责任和民主合法性，从而使欧盟朝

---

① "European Deposit Insurance Scheme—A Proposed Scheme to Protect Retail Deposits in the Banking Union", https：//ec. europa. eu/info/business－economy－euro/banking－and－finance/banking－union/european－deposit－insurance－scheme_ en. 访问时间：2019 年 10 月 9 日。

建立政治联盟的方向往前迈进一步。①

该报告提出分三步走的战略逐步完善欧洲经济与货币联盟。第一步（从 2015 年至 2017 年中期）采取行动深化联盟。在这一阶段，为了深化财政联盟，建立欧洲财政顾问委员会（Advisory European Fiscal Board），主要负责就欧盟委员会在履行对成员国进行财政监督的职能方面提供咨询意见，从欧盟层面就预算制定和执行等问题为欧盟提供独立的评价报告。欧盟委员会和欧洲理事会也将致力使欧盟财政框架（EU Fiscal Framework）变得更加公开透明，具有更强的可操作性和合法性。第二步（2017 年中期以后至 2025 年前）完善欧洲经济与货币联盟。在这一阶段，欧盟将使成员国在财政领域的趋同过程变得更有约束力，为此，欧盟将制定新的法规以确保欧元区国家在劳动力市场、经济竞争力、商业环境以及公共管理和税收等领域制定共同标准。该报告还提出要增强欧元区的财政稳定职能以便使成员国增强对宏观经济冲击的承受能力，同时，欧元区所有国家都应该参加减震机制（Shock Absorption Mechanism）。第三步（2025 年）为最后阶段，在完成前两个阶段的任务之后，欧洲经济与货币联盟将被打造成一个真正的经济联盟、金融联盟、财政联盟和政治联盟。②

为实现上述目标，报告提出要建立一个欧元区竞争力管理系统（A Euro Area System of Competitiveness Authorities）以强化宏观经济不平衡程序的功用，提高就业率和增强社会凝聚力，以及更好地协调欧元区成员国的经济政策。根据建议，欧元区的每一个成员国都应该建立一个竞争力管理机构以跟踪和调查本国的经济政策和经济运行状况，并对经济领域的改革进程进行评估。欧元区的竞争力管理机构将在综合整理各成员国竞争力管理机构的调查结果的基础上向欧盟委员会提交相关报告，欧盟委员会将根据报告在"欧洲学期"内为各国提出具体的政策建议。

虽然在欧债危机爆发后，欧盟采取了一系列措施旨在打造一个银行联盟，但是如果缺乏统一的财政体系，欧元区的成员国也很难执行统一的货币政策。为了完善欧洲经济与货币联盟，必须在欧元区打造一个金融联盟。为

① "What Does the Five Presidents' Report Mean for the Future of the Euro?", https://blogs.lse.ac.uk/europpblog/2015/06/23/what-does-the-five-presidents-report-mean-for-the-future-of-the-euro/.访问时间：2019 年 10 月 15 日。

② http://www.europarl.europa.eu/legislative-train/theme-deeper-and-fairer-economic-and-monetary-union/package-fiscal-union.访问时间：2019 年 10 月 15 日。

建立金融联盟，欧元区就必须建立一个银行联盟、一个共同存款保险制度、一个资本市场联盟、一个过渡筹款机制，通过对金融机构事后征税为单一处置基金建立一个支撑机制，让持有大量主权债务的银行的风险敞口受到限制，为资本市场联盟建立一个宏观而审慎的工具箱，比如设定一个资本市场监督机构等（Tutty & Jenkinson，2012：3）。

为进一步强化欧盟对欧元区国家财政政策进行监管的职能，报告建议建立一个欧洲财政顾问委员会，这个委员会是对根据欧盟预算框架指令建立的成员国的财政委员会（fiscal council）的一个补充。该委员会主要负责评估联盟财政框架（Union Fiscal Framework）的执行情况，从宏观层面评估欧元区的财政状况，从微观层面评估欧元区成员国的财政状况；为联盟财政框架的发展提供建议；根据欧元区的经济形势评估欧元区未来应有的财政立场，根据《稳定与增长公约》的规定来评估成员国应有的财政立场；与成员国的财政委员会开展合作；为欧盟委员会主席提供特别建议。[1] 该委员会将在欧盟财政治理框架下为欧盟委员会提供独立的评价报告，以便让欧盟了解欧元区成员国预算计划的执行情况。欧洲财政顾问委员会的组成人员具有不同的学科背景和专业知识，它将使欧元区的国家更好地遵守共同的财政制度，同时它也能更好地协调欧元区国家的财政政策。

报告还强调，应该把原有的一些应对欧债危机所采用的一些政府间的合作机制，如"欧元区附加协议"（Euro-Plus Pact）和"欧洲稳定机制"整合进欧盟的法律框架，以便提高这些合作机制解决问题的效率。报告还提出应该为欧元集团设立一位全职主席，并强化欧元集团主席的职能。《稳定与增长公约》无疑是维护欧元区财政秩序最重要的工具，在制定税务政策、预算计划等方面欧元区的国家仍然具有很大自主权，但是随着一体化的深入，有越来越多的财政政策需要欧元区国家共同来制定，因此报告提出需要建立一个欧元区财政部（Juncker，Tusk，Dijsselbloem，et al.，2015：17 – 18）。

总之，为了完善欧洲经济与货币联盟，报告提出要把联盟打造成一个经济联盟、金融联盟、财政联盟和政治联盟。报告不仅给出了清晰的目标和路线图，也提出了一些具体可行的步骤、方法和新的机制。因此，只要报告给

---

[1]　"European Fiscal Board（EFB）"，https：//ec. europa. eu/info/business – economy – euro/economic – and – fiscal – policy – coordination/european – fiscal – board – efb_ en. 访问时间：2019 年 10 月 17 日。

出的建议能逐步得到落实，欧洲经济与货币联盟无疑会成为一个真正的联盟，欧洲一体化进程将会被大大朝前推进一步，因此，"完善经济与货币联盟"报告是欧债危机发生之后欧洲一体化进中一个具有里程碑意义的重要报告。

3. 小结

2008 年肇始于美国的次贷危机给欧盟成员国，特别是欧元区一些国家带来巨大冲击，希腊是欧元区倒下的第一张多米诺骨牌。这些国家之所以深陷危机具有复杂的内因和外因。从欧盟层面来看，欧盟在建立欧洲经济与货币联盟之初在制度设计上存在很大瑕疵。虽然《稳定与增长公约》规定了成员国的财政赤字上限和政府债务上限，但是欧元区缺乏统一的财政政策、经济协调政策、财政监管机制和危机应对机制，所以在危机爆发之后，一些国家迟迟得不到有效救助，就算得到有条件救助之后，财政紧缩政策也使这些国家的经济复苏步伐非常缓慢。从成员国的角度来看，一些国家利用欧元区监管的漏洞长期靠举债度日，因为党派斗争、政治腐败、公共管理秩序混乱，给国家造成沉重负担的养老金制度和医疗保险制度迟迟得不到改革，总之，政府的失职和政客责任心的缺乏使得一些成员国对欧盟的一些法规置之不理，最终导致了危机的爆发。

在危机爆发之后，欧盟一方面为部分成员国提供了经济救援，同时也给这些国家提出了附加条件，要求接受援助的国家进行公共管理改革；另一方面，欧盟在超国家层面也对公共管理或治理框架进行了系列改革。欧盟通过启动系列改革举措，如实行"欧洲学期"、采用"六部法"和"两部法"、建立欧洲金融稳定机制、打造欧洲银行联盟等措施不断完善欧洲经济与货币联盟，这一系列改革举措不仅帮助成员国缓解了主权债务危机、稳定了欧盟的金融机制、完善了经济与货币联盟，也使欧洲一体化进程又大大朝前迈进了一步。

参考文献：

ARESTIS P, SAWYER M C, 2015. The Eurozone needs a complete make-over of its fiscal policies ［C］// BITZENIS A, KARAGIANNIS N, MARANGOS J, eds. Europe in crisis：problems, challenges, and alternative perspectives. New York：Palgrave Macmillan.

BAIMBRIDGE M, WHYMAN P B, 2015. Crisis in the Eurozone：causes, dilemmas and solutions [M]. Hampshire: Palgrave Macmillan.

Bank union [EB/OL]. [2019 - 10 - 08]. http://www. europarl. europa. eu/factsheets/en/sheet/88/banking - union.

BITZENIS A, KARAGIANNIS N, MARANGOS J, 2015. Europe in crisis: problems, challenges, and alternative perspectives [M]. New York and London: Macmillan.

EU economic governance "six-pack" enters into force [EB/OL]. [2019 - 10 - 12]. https://europa. eu/rapid/press - release_ MEMO - 11 - 898_ en. htm.

EU wide stress testing [EB/OL]. [2019 - 10 - 08]. https://eba. europa. eu/risk - analysis - and - data/eu - wide - stress - testing.

European deposit insurance scheme: a proposed scheme to protect retail deposits in the banking union [EB/PL]. [2019 - 10 - 09]. https://ec. europa. eu/info/business - economy - euro/banking - and - finance/banking - union/european - deposit - insurance - scheme_ en.

European Fiscal Board (EFB) [EB/OL]. [2019 - 10 - 17]. https://ec. europa. eu/info/business - economy - euro/economic - and - fiscal - policy - coordination/european - fiscal - board - efb_ en.

GLENCROSS A, 2013. The EU response to the Eurozone crisis: democratic contestation and the new fault lines in European integration [EB/OL]. [2019 - 10 - 10]. Europa-Kolleg Hamburg, Institute for European Integration, Discussion Paper, No. 3/13, p. 11. http://www. europa - kolleg - hamburg. de.

JUNCKER J-C, TUSK D, DIJSSELBLOEM J, et al. , 2015. Completing Europe's economic and monetary union [R]. Report of European Commission.

LAURSEN F, 2013. The Eurozone crisis and other policy challenges in the EU [C] // LAUSEN F, ed. The EU and the Eurozone crisis: policy challenges and strategic choices. Surrey: Ashgate Publishing Limited.

Legislative train schedule: fiscal union [EB/OL]. [2019 - 10 - 15]. http://www. europarl. europa. eu/legislative - train/theme - deeper - and - fairer - economic - and - monetary - union/package - fiscal - union.

MATSAGANIS M, 2019. Greece: the crisis, austerity, and the transformation of welfare [C] // OLAFSSON S, DALY M, KANGAS O, PALME J, eds. Welfare and the great recession: a comparative study [C]. Oxford: Oxford University press.

OLIVARES-CAMINAL R, 2012. The EU architecture to avert a sovereign debt crisis [J]. Financial market trends, 2011 (2): 167 - 195.

PATOMAKI H, 2013. The great Eurozone disaster: from crisis to global new deal [M]. New York: Zed Books Ltd.

Review of the "six-pack" and "two-pack" [EB/OL]. [2019 - 10 - 11]. https://epthinktank. eu/2014/12/13/review − of − the − six − pack − and − two − pack/.

"Two-pack" enters into force, completing budgetary surveillance cycle and further improving economic governance for the Euro area [EB/OL]. [2019 - 10 - 11]. https://europa. eu/rapid/press − release_ MEMO − 13 − 457_ en. htm?locale = en.

The European semester, why and how [EB/OL]. [2019 - 10 - 09]. https://ec. europa. eu/info/business − economy − euro/economic − and − fiscal − policy − coordination/eu − economic − governance − monitoring − prevention − correction/european − semester/framework/european − semester − why − and − how_ en.

TUTTY M G, JENKINSON F, 2012. Comments on the five presidents' report, completing Europe's economic and monetary union [Z]. IEA Economic Governance Group.

What does the five presidents' report mean for the future of the Euro? [EB/OL]. https://blogs. lse. ac. uk/europpblog/2015/06/23/what − does − the − five − presidents − report − mean − for − the − future − of − the − euro/.

To Explore the In-depth Causes of European Debt Crisis by Examining the Defects of the Institutional Design of Eurozone and the EU's Response Measures

Yan Tianqin

Abstract: Affected by the subprime mortgage crisis of the U. S. , many EU member states, especially those in the eurozone began to be attacked by serious sovereignty debt crisis. To a certain degree, American subprime mortgage crisis was just a precipitating factor, the structural and administrative problems of these countries were the intrinsic factors that led to the crisis. For countries in the eurozone, the crisis resulted from the defects of the institutional design of the eurozone. For instance, when the eurozone was established, it did not have unified fiscal policy, coordinated economic policy, effective financial supervision mechanism as well as crisis management mechanism. With the deterioration of the crisis, the EU was forced to embark on a series of reforms successively to alleviate the crisis and stabilize the financial system in the eurozone. For instance, the EU initiated European Economic Recovery Plan, the mechanism of "European Semester", new rules to regulate macroeconomy and financial situation of EU member states as well as new financial stabilization mechanisms. What is more, the EU took effective measures to build a bank union and improve European economic and monetary union. All the measures taken by the EU not only made up for the defects of the institutional design of the eurozone, alleviated the sovereignty debt crises of the EU member states, but also greatly contributed to further European integration by improving European economic and monetary union.

Key words: eurozone; institutional design; European Sovereignty Debt Crisis; response reforms

《青鞜》译介与女性解放思想[①]

张 平

（四川大学外国语学院，成都 610207）

摘 要：《青鞜》杂志是日本女性最早创办、编辑和发行出版的月刊，也是日本最早自发组织的女性社团"青鞜社"的机关刊物。自 1911 年 9 月创刊到 1916 年 2 月停刊，虽然仅有四年半时间，其间还被禁刊三次，但它以深沉、严厉、直面现实的女性内省意识，通过女性的自我书写，宣泄了男权社会下女性的苦闷，成为女性觉醒、探索女性价值的精神园地，成为日本最早的女性解放杂志。《青鞜社概则》的第一条中写道：本社成立的目的是寻求女性文学的发展，发挥女性各自天赋，以期日后诞生女性之天才。《青鞜》女性们以杂志为舞台，借助小说、诗歌、戏剧、翻译、评论等文学体裁，以女性书写表达女性觉醒、女性价值以及女性思想，其译介作品成为《青鞜》的一大特色，译介作品除诗歌之外占总刊发作品数量的四分之一，分别译自英文、法文、德文、俄文等多种语言，译作者均为女性，她们选译的作品无不直击女性解放的主题，因而《青鞜》的译介以开放的视野启蒙了当时日本女性的"新女性"思想，奠定了日本近代女性解放运动的基础，成为日本女性觉醒的标志。

关键词：《青鞜》；译介；女性解放

明治维新之后，日本通过制定钦定宪法和开设国会，初步形成了近代国家体制，资本主义得以确立，教育得以进一步完善，女性有机会接受高等教育。但是，家督继承制依旧将女性束缚在"家庭"内部，"贤妻良母主义"以强大的政治威力将女性置于从属地位。在这样的历史背景下，《青鞜》诞生了。1911 年，平塚雷鸟、中野初子、保持研子、物集和子、木内锭子、与谢野晶子、长谷川时雨、田村俊子、野上弥生子、加藤绿等 18 位女性作家共同创办了女性文学团体"青鞜社"，并创刊了文学杂志《青鞜》。"青鞜"英文为"bluestocking"，意为蓝色绒线袜，它是女性自我觉醒的象征，有着"新女性"的意义。平塚雷鸟在《青鞜》发刊词中向女性们激情昭告："现在，《青鞜》问世了，第一次用现代日本女性的智慧和双手创办的《青

① 本文为四川省社会科学规划项目外语专项"《青鞜》女性文学研究"（SC19WY018）阶段性成果。

轄》问世了。从此，我们将在日出东方之国的水晶山上建造绚丽夺目的金
色大圆宫殿。女性啊，请记住金色的穹顶是你塑造形象的选择。"（平塚雷
鸟，1911：37 - 51）《青鞜》创刊伊始就以一种崭新的姿态吸引了世人的目
光，号召女性们以《青鞜》为阵地，拿起笔开始她们"塑造形象"的选择，
采用不同文学体裁进行创作，对性、家族制度、国家制度进行批判，对女性
的贞操、堕胎、教育、恋爱、婚姻等问题进行论争，对妇女职业问题、母性
保护问题、参政权的问题进行探讨，提出在当时具有现实主义意义的女性觉
醒、自我价值、女性解放等思想。

目前国内日本学界对《青鞜》以及相关问题的研究有一定的成果，但
数量有限，或侧重于《青鞜》主要成员，如平塚雷鸟、与谢野晶子、青山
菊荣等个人研究，通过她们的生平、自传、作品，求证其在《青鞜》发展
过程中的个体作用和地位；或专注于《青鞜》所涉及的女性问题研究，剖
析女性地位，家族制度下的女性抗争对当时日本社会的影响；或从女性主义
视角探讨《青鞜》作品对男权社会的分析和批判。然而，对一个时间跨度
四年半，近 100 位女性作家参与，采用多种文学体裁写作，产生了 170 余篇
小说、3 290 首诗歌、22 部戏剧、116 部翻译作品、158 篇评论的日本最早
的女性杂志所构建的文学空间研究，却鲜有涉猎，特别是《青鞜》译介的
研究还相对较少。本文将立足于《青鞜》杂志即将创刊 110 周年的历史节
点，深入探究《青鞜》女性文学空间中译介与女性解放的内在构架及其对
日本女性解放思想的启蒙作用。

1. 译作推开女性思想之窗

《青鞜》的问世正值欧洲近代思潮活跃时期，科学实证主义、尼采
（Nietzsche）的自我哲学、鲁道夫·欧肯（Rudolf Christoph Eucken）的理想
主义哲学、自然主义文学通过翻译被介绍到日本，一时翻译甚为流行，给
《青鞜》女性们提供了了解西方思想，特别是妇女解放思想、女权主义的途
径。《青鞜》的 15 名翻译者也开始着手翻译多国文学作品，包括小说、戏
剧、散文诗以及评论，她们是濑沼夏叶、平塚雷鸟、野上弥生子、伊藤野
枝、小金井喜美子、增田初、神近市子、山田若、浅野友子、铃村不二等。
她们的 116 篇译作先后刊发在 50 期《青鞜》杂志上，让日本读者始终能接
受到外来之风，打开眼界，这也是《青鞜》兴盛一时的重要原因。

翻译作品让日本女性看到了其他国家许多著名现实主义代表作家笔下女

性的命运和生存状态。在契诃夫的《万尼亚舅舅》《樱桃园》《伊凡诺夫》，莫泊桑的《玛尔戈》《妻子》，埃德加·爱伦·坡的《黑猫》，索妮娅·科瓦列夫斯基卡娅的《索妮娅·科瓦列夫斯基卡娅自传》，安德烈耶夫的《沉默》，苏德曼的《故乡》里，读者接触到了英国、法国、德国、俄国、美国、南非、瑞典等国家文学作品中的女性故事和她们生活的社会。

美国作家爱伦·坡的小说《黑猫》以第一人称的口吻叙述了一个行将就木的"我"的忏悔。原本温良的"我"由于爱的缺失被世俗排斥，在困惑和压抑之下，"顿时恶魔附身一样，怒火中烧，忘乎所以，原本善良的灵魂似乎从躯壳逃逸而出"（爱伦·坡，1911：81）。"我"无法控制自己，对妻子施暴，虐待动物，"内心深处那股神秘难测的感觉，散发着惑人的气息，让我烦扰难安，甚至违背本性，为作恶而作恶——我被无形的力量推动着，继续对那只无辜的猫下毒手，最终害它送了命"（爱伦·坡，1911：82）。小说中的"我"骂妻虐妻如同虐待心爱的那只猫一样，最终在"我"将要吊死猫的时候，妻子出手相救，"我"却残忍地砍杀了妻子。小说讲述了在内心压抑、人性扭曲下，妻同猫命、妻猫同命的一个悲惨故事。这样的译作所带来的启示是，尽管国度不同，故事不同，但女性的命运和面对的境遇却是相同的。

翻译作品让日本女性感受到了自身对理想世界的憧憬，与异国女性们的期盼相通。浅野友子翻译了阿托尔·弗朗斯的《未来王国》。小说描绘了女性心中的一个理想世界，那是 2270 年的欧洲共产主义社会制度下的理想生活。"未来王国"的女性拥有自己的工作，恋爱、婚姻自由，留着短发，穿着和男性一样的服装，行动自由。译作《未来王国》所幻想的理想世界，呈现在处于明治时期家父长制下的日本女性眼前，是一次极大的刺激。南非女性思想家施赖纳的《三个梦》，令山田若读后感动不已，这些梦境不正是女性向往的吗？她投入激情翻译，当译作刊发后，再掀波澜。《三个梦》是寓言集《梦》中的一篇，通过梦的形式，将女性的理想愿景写成寓言：一个女人在沙漠中生孩子，却被一根绳索牢牢拴住一动不能动。终于，女人幻化出自身力量割断了绳索，她站立了起来；一个女人在河边行走，却走不到尽头，终于她遇见了一位老者，她告诉老者自己想去理想之国，老者对她说，河对面有一棵树、一座山，那里有日出；一片旷野中，"我"遇见一对恩爱男女携手而行，深情对视。"我"问这是哪里？旁人答，这里就是理想之国。山田若翻译了八则《梦》中的寓言并登载在《青鞜》上，这些承载着美好愿望的梦境在女性中播下理想的种子，等待开花时机，迎接新时代的到来。

翻译作品让日本女性接触到了来自外部世界的有关女性问题的新论点、新思想。伊藤野枝翻译了美国学者爱玛·戈德曼的《女性解放的悲剧》。戈德曼认为，想要获得真正的自由和平等，就必须从过往的女性解放中将自己解放出来，即便是通过女性解放运动获得了选举权，也无法肃清政界对女性的歧视。而且即使进入了喜爱的行业，女性也没法获得与男性同等的报酬，只会身心俱疲。她认为真正的女性解放应该从女性的精神解放开始，因此她主张打破偏见、传说和旧习，解放自己的心灵。

瑞典作家、女性主义理论家爱伦·凯，在20世纪初发表了妇女问题论著《恋爱与结婚》《性道德的发展过程》《恋爱进化论》《恋爱与道德》。爱伦·凯从生命进化的逻辑论述人类两性道德的演进，强调恋爱是两性道德的核心元素，恋爱是结婚的基本前提，提倡"恋爱自由""离婚自由"，呼吁保护妇女的母性权利。

坂本真琴将英国心理学家哈夫洛克·霭里士的《性心理学》中的《女性的性颠倒》翻译为《女性间的同性恋》，第一次将同性恋的概念介绍给日本读者。霭里士的另一部代表作是《男与女，第二性的特征》，概括了男女在身体上的两性差异，小仓清三郎将其译为《性的特征》，为此平塚雷鸟撰写了书评，指出从历史的角度看，女性在原始社会生存得最为舒适，但之后男性试图征服女性和自然，希望将来随着男女共同发展，建立和谐的社会。

美国社会学家莱斯特·沃德的"女性中心说"同样也是经平塚雷鸟和山田若的翻译传达给了日本女性。沃德在他的论著《母爱》《关于女子教育》《女性的直觉——作为改革家的女性》中提出，男女在智力上并无优劣之分，但如果不让女性接受教育提升智力的话，那么女性就难以为文明做贡献，他充分肯定了女性的能力。沃德认为应该将女性视作一种承担重要作用的社会力量，因此必须要创造两性完全平等的社会。

《青鞜》译作介绍给日本读者的还有法国作家阿尔弗雷·缪塞的《近代人的告白》，俄国学者布基西切夫的《东北风》，美国作家埃德加·爱伦·坡的《影——比喻》《沉默》《语言的力量》《梅尔斯特罗姆的漩涡》，英国心理学家霭理士的《惠特曼论》，南非学者奥利弗·施赖纳的《失去的喜悦》《生之神的恩赐》《猎人》《艺术家的秘密》，马科尔的《响之影》等。

2. 译作直击女性解放之问

《青鞜》译介中，戏剧以及戏剧评论翻译也成为女性解放的另一个窗口，并将女性戏剧创作、评论推向了新的思想境界，成为当时持续不断的热点。尤其当易卜生的《玩偶之家》、苏德曼的《故乡》以及萧伯纳的《华伦夫人的职业》演出之后，借助戏剧评论的翻译，《青鞜》女性们直言女性问题以及对女性解放的思考。《玩偶之家》的成功上演引起了轰动，《青鞜》第二卷第一号的附录围绕女主人公娜拉觉醒展开讨论，刊发了《娜拉》剧评特集。在这些剧评中，上野叶的评论追溯了娜拉自我觉醒的原委，期待这是世界上女性的自我觉醒。她认为："娜拉的未来即我们的未来，娜拉的行为就是我们将要采取的行为。《玩偶之家》中的娜拉从姑娘、妻子到母亲，其觉醒已经是迟来的觉醒，但是即使是迟来的醒悟，也要开始新的生活。"（上野叶，1912：89）"本世纪的妇女问题是女性对男性的革命，是脱离专制政治，建立立宪政权，在实力储备、异性研究、新知识的接受上积极努力践行的问题。"（上野叶，1912：114）娜拉的觉醒是女性问题，而并非个人问题。加藤绿则认为，娜拉"顿悟自己是一个人，人就要脱去玩偶的外衣，成为真正的人。妻子也罢，母亲也罢，不是为了满足丈夫而存在"。"我们必须最认真地站在女性的立场上进行思考。"（加藤绿，1912：122－125）保持研子则在评论中赞赏娜拉的勇气和决心，她写道："娜拉是人，她丢掉了玩偶之家。"（保持研子，1912：136）

1912年5月，苏德曼的戏剧《故乡》上演后，再次引发热议。《青鞜》同样开辟戏评专栏。《故乡》是一部散文剧作。女歌剧演员玛格达衣锦还乡，其父得知她有一名私生子，用枪逼迫她与孩子的父亲结婚，以恢复名誉。玛格达拒绝结婚，与父亲发生冲突，导致父亲突然去世。玛格达没有直接动手杀死父亲，但她间接杀死了与自己价值观大相径庭的父亲。这部描写自由思想与传统道德之间的矛盾与冲突的戏剧因结局不符合《教育敕语》的价值观，被内务省禁演，直到改写结局后才得以上演。在《青鞜》第二卷第六号的附录评论中，平塚雷鸟写道："超越罪恶，以自主自由生活为骄傲的人格，没有强大，没有大小，没有高低，不想把玛格达评价为薄情、低俗、见异思迁的荡妇。""读了'玛格达'之后，我不认为它是问题剧。如果将它作为问题剧，那是对真理缺失热情，对自己的思想缺乏信心。"她认为，《故乡》"将新旧思想的冲突视作问题已经过时了"，断言这个问题过于陈旧，难以解决自身的问题。她对玛格达的评价十分犀利，认为玛格达"或许是所谓的新兴女性，但不是真正的新的人，不是新女性"（平塚雷鸟，1912：附录6）。木内锭却认为："今天的日本还没有像玛格达这样的女性。当然像娜拉那样的妻子也还没有出现……父亲是极其传统保守，其性格是日本常见的类型，他们是在他们熟知的氛围中养育玛格达并践行其价值。女儿玛格达逃离现实社会，其父还停留在十八世纪陈腐的观念中，两者不可能调和。""玛格达是真正的新女性。"（木内锭，1912：附录17）尾竹红吉对《故乡》的布景、服装、道具、演技进行了褒扬。她说："值得高兴的是色彩完全变成了自由剧场的色彩。"这寓意"新剧"自由风的确立。她写道："技巧、艺术、生、动，剧目浑然天成值得褒奖，期望戏剧成长壮大。"

萧伯纳的戏剧《华伦夫人的职业》创作于1893年，但因在舞台上讲述女性卖春问题在英国被视为禁忌而遭到禁演，1914年该剧在日本演出后，《青鞜》再次开辟戏评专栏。

《华伦夫人的职业》讲述了华伦夫人出生于贫困家庭，因为"卖春"而得以摆脱贫困，过上了富足的生活。她向女儿薇薇隐瞒自己的职业，送她去接受大学教育。然而女儿薇薇在得知自己优越的生活是建立在母亲羞耻的职业上时，绝望地痛斥母亲，为了追求自立生活，离家出走，而华伦夫人则回到了自己的妓院。《青鞜》成员的一篇篇剧评打破了演出的沉寂。平塚雷鸟领会到了萧伯纳企图打破旧习的意图，认为此剧的价值在于试图揭露社会缺陷和表达因贫穷而产生的必然的"罪恶"。平塚雷鸟批评了萧伯纳对华伦夫人、薇薇的描写以及他对"卖淫"的看法。在平塚雷鸟的"职业女性"观中，认为薇薇选择的生活没有独立的内在支撑，只是拥有一份工作，不能称作真正意义上的女性解放。平塚雷鸟在评论中写道，卖春不是女性个人问题而是社会问题。她还指出虽然女儿为工作追求独立，但是在精神上却是贫困的。与平塚雷鸟观点不同，伊藤野枝则认为卖春是贫困女性最后的谋生手段，认为"和那些从事卑贱职业的女性相比，你们这些对世界一无所知的妻子们简直是五十步笑百步"（伊藤野枝，1914：附录15）。岩野清没有褒贬华伦夫人的职业选择，认为她的选择与薇薇的选择具有同样的价值，原因在于"她向我们展示了一种窒息的生活，使我们无法单纯地以善恶来评价那样的职业"（岩野清，1914：附录28）。她认为薇薇自力更生的生活十分珍贵。生田花世则发表戏评，声援薇薇，肯定她以自强的态度克服生活的困难。

3. 译作焕发女性精神之光

《青鞜》译介作品均出自女性，她们选择的翻译作品无不围绕着女性问题，因此《青鞜》译介给当时日本女性带来的思想冲击，激发了她们对女性自身问题的认识。女性解放的思考从回答"女性是什么"开始逐渐展开。

女人是人。平塚雷鸟的回答堪称当时女性们自我认知的代表。她在《青鞜》创刊号上发表的《元始 女性是太阳》中写道：

> 元始，女性是太阳。是真正的人。
>
> 而今，女性是月亮，是依赖他人生存，靠他人的光芒闪烁，有着病人般苍白脸色的
>
> 月亮。……
>
> 我们的自我被隐藏，我们要取回太阳。
>
> "发现隐藏的太阳，发现隐藏世间的天才！"这声音不断向着我们呼喊，这是我们
>
> 难以拒绝和割舍的期盼，一切的混沌将本能的统一，这便是人类最终的人格本能。
>
> 女性早已不是月亮。
>
> 那一天，女性仍然是元始的太阳。是真正的人。
>
> 尽管我会在中途死去，尽管我作为破船的水手沉入海底，我还是会举起失去知觉的
>
> 双手，屏住最后一口气呐喊道："女性啊，前进！前进！"（平塚雷鸟，1911：41）

福田英子在《妇女问题的解决》中指出：

> 消灭私有财产制，废除金钱婚姻、买卖婚姻，在没有经济和利益的婚姻家庭里，除了真挚的爱情，没有任何其他束缚。
>
> 共产制度实施的同时，所有一切科学知识、机械力都是为了平等而使用的。因而，当今繁重的家庭劳动，能够极其简易且清洁地进行，所以无需家庭女佣，妇女的生活在时间和体力方面就会有更多富裕。至此事实上才有了妇女解放。（福田英子，1913：附录5-6）

平塚雷鸟在《给世界的妇女们》中有如下思考：

> 为何对世上大多数妇女来说，女人就应该结婚，结婚是女人的唯一生存之路，要所有女性都去做贤妻，做良母，这成为女性生活的全部，难道对此不应产生根本的疑问吗？（平塚雷鸟，1913：156）

上田君在《读玩偶之家》中有这样的评述：

> 玩偶之家的悲剧让近代妇女的议论争斗走向极端，然而，近几年对娜拉的众说评论中，妇女问题也得以充分的理会。（上田君，1912：126）

> 自觉悲哀的人，自由愉悦的人。我们常常为脱离烦恼的旧道德、旧习惯而获得的无比自豪和喜悦，在心底里大声呼喊，这是娜拉的胜利。（上田君，1912：131）

伊藤野枝在《新女性之路》中写道：

> 我们无法知道新的道路从何处到何处，在这未知之中危险与恐怖将相伴随行。女性先行者应该用自己的脚步去丈量未知的道路，披荆斩棘。我们劈山而行，或因迷失深山而彷徨，踏足荒野，被毒虫侵犯而蜇伤，忍受饥渴，翻越山峰，攀爬断崖，跨越溪谷，哪怕只有草之根茎，我们也要抓紧前行。就这样，绝望的祈祷所伴随的痛苦与苦涩的泪水任它交织在一起。（伊藤野枝，1913：附录20）

与此同时，对女性解放思考的还有岩野清的《思想独立和经济独立》《个人主义与家庭》《作为人，男性和女性是平等的》《关于安河内警保局长的意见》，生田花世的《新女性的解说》《面对恋爱及生活的困惑》《面对昔日的男人》，平塚雷鸟的《恋爱与结婚》《带锁的窗户》，加藤绿的《关于新女性》，上野叶的《社会进步看男女》等。

译作，是超越语言障碍的精神沟通。当《青鞜》女性的一篇篇译作打开了世界视野，人们才发现世上原本没有孤立的女性问题，共同的境遇、命运与未来让世界女性共生共存，联手发展将成为必然。在《青鞜》女性文学的空间里，译介将世界女性解放思想传递到日本，同时也促使日本女性对女性平等、尊严、自由展开思考，继而阐发出自己的女性解放思想。

译介《青鞜》为女性解放增添了思想的力量。《青鞜》女性文学杂志探寻女性解放，其文学锋芒直指当时的日本现实社会，因而被《青鞜》创始人之一的平塚雷鸟定义为一次运动。她认为："那个运动，一开始是作为抒发自己内心的感受而产生的，是迄今为止一直被窒息被压抑的女性自我的爆发，是凭借《青鞜》这一出口喷涌而出的精神上的妇女运动。在那依旧弥漫封建思想、氛围、传统束缚的时代，女性发出了觉醒的呐喊，运动从这里出发有着十二分的意义。"（芳贺登，1983：70-71）平塚雷鸟在《恋爱和结婚》评论中对女性解放这样写道："我们是新女性，是太阳，是一个人，期盼着属于自己的生活，我们将为此而努力。新女性不仅要摧毁构筑在男性利己主义上的旧道德、旧法律，还要借以日日更新的太阳的英明，在心灵上建立我们的新宗教、新道德、新法律，去创造新世界。"（平塚雷鸟，1913：附录6）

参考文献：

洪漫，2006. 日本的女性主义研究［J］. 中山大学学报论丛（8）.

鞠娟，张艳萍，2011. 平塚雷鸟与日本近代女性解放运动［J］. 西北大学学报（2）.

水田宗子，2000. 女性的自我与表现：近代女性文学的历程［M］. 北京：中国文联出版公司.

肖传国，2005. 近代日本启蒙思想的转向及其动因［J］. 日本问题研究（3）.

肖霞，2007. 论平塚雷鸟的女性解放思想［J］. 山东外语教学（6）.

肖霞，2007. 平塚雷鸟与女性团体"青鞜社"的创立［J］. 山东社会科学（12）.

肖霞，2013. 元始 女性是太阳——"青鞜"及其女性研究［M］. 济南：山东人民出版社.

杨本明，2016. 日本近代女权主义运动流变考［J］. 上海理工大学学报（社会科学版）（1）.

于华，2014.《青鞜》与日本近代女性问题［M］. 北京：中国社会科学出版社.

周萍萍，2012. 承传与摒弃：论日本女性文学中的道德观衍变［J］. 外国语文，2012（2）.

らいてう研究会，2001.『青鞜』人物事典［M］. 東京：大修館書店.

堀場清子，1983. 青鞜の時代——平塚らいてうと新しい女たち［M］. 東京：岩波新書.

米田佐代子，池田惠美子，1999．『青鞜』を学ぶ人のために［M］．京都：世界思想社．

青鞜社，1983．青鞜（复刻版，六卷52册）［M］．東京：不二出版．

青鞜社，2014．青鞜小説集［M］．東京：講談社文庫．

青鞜社同人，2003．青鞜小説集（複刻版）（20卷）［M］．東京：不二出版．

日本文学研究資料刊行会，1983．近代女流作家［M］．東京：有精堂．

小林登美枝，米田佐代子，2002．平塚らいてう評論集［M］．東京：岩波文庫．

岩田ななつ，2004．青鞜文学集［M］．東京：不二出版．

岩田奈奈津，2003．作为文学的《青鞜》［M］．東京：不二出版．

岩淵宏子，長谷川啓，吉川豊子，2011．新編日本女性文学全集（3）［M］．東京：箐柿堂．

Translations in *Seitou*（*Bluestocking*）and Women's Liberation
Zhang Ping

Abstract：As the first monthly magazine created, edited and published by Japanese women, *Seitou*（*Bluestocking*）was the official journal of Japan's earliest women's association—*Seitou-sha*（Japanese Bluestocking Society）．From its inception in September 1911 to February 1916 when the last issue was released, *Seitou* had been operating for four years and a half, during which time it was banned three times. Women's deep, harsh and reality-based introspection and self-writing carried in this magazine vented women's misery under patriarchy, making *Seitou* a spiritual resort for the awakening of women's self-awareness and the exploration of their value. Therefore, *Seitou* became the first magazine in pursuit of women's liberation in Japan. As was written in Article One of "The Guiding Principles of the Bluestocking", the association aimed to develop women's literature and tap their potential in order to give birth to the female genius of tomorrow. *Seitou* offered a platform for women to demonstrate their self-awareness, value, and feminist ideas through women's novels, poems, plays, translations, commentaries, and other genres. Translations in *Seitou* represented one of its outstanding features, accounting for one fourth of its total published works except for translated poems. Produced by female translators and introduced from English, French, German, and Russian languages, these translation works all focused on women's liberation. By broadening women's horizon, translated works in *Seitou* enlightened the "New Women", laid the foundation for contemporary women's liberation movement and became the symbol of women's self-awareness in Japan.

Key words：*Seitou*；translations；women's liberation

日本遣唐使航海与海难漂流问题研究评述^①

张维薇　韦立新

（四川大学外国语学院，成都 610207；广东外语外贸大学东亚文化研究中心，广州 510420）

摘　要：前期研究首先对遣唐使船团的分期、航路及成员类别进行了系统划分。在航海术方面，较为侧重对使船规模、构造的考察，及造船术与季风利用对海难事件的影响。在海难问题的具体层面，除对遭遇海难的日本遣唐使批次、船号等基础信息作初步统计之外，对典型案例的个案分析亦占重要比例。作为东亚区域史、海域交通史领域足具延展性的课题，客观认知日本遣唐使海难问题的历史真相与意义，并以此延伸至 7 到 9 世纪日籍人员在东亚诸地区的行迹与活动，是足具学术潜力与价值意义的研究方向所在。

关键词：日本遣唐使；航海；海难；漂流

1. 引　言

长期以来，日本遣唐使相关研究一直是东亚区域史、中日文化交流史领域的焦点之一。近年，随着日籍在唐人员相关文物的陆续发掘，日本遣唐使在各研究领域与层面亦不断引发热议。然就现状而言，中日学界的相关研究仍以人员往来与唐文化的日本化为主要内涵，在航海史、海域交通史等层面尚存较大延展空间。

在当今全球化、区域化的国际环境与背景下，海洋史及海域交通史相关领域的研究备受学界关注，并与中外关系史、文化交流史等方向构成跨领域的互动模式。在此前提下，梳理东亚区域史重要课题"日本遣唐使"的研究现状，提示现有研究中的空缺与不足，展望未来研究的方向与方法论即显必要。

在日本遣唐使航海问题方面，中日学界相关领域已具备一定的学术积累。现就遣唐使航海问题诸层面的前期研究进行梳理，并对足具研究价值与延伸空间的海难漂流问题略做展望。

---

① 本文系 2017 年度教育部人文社科项目"日本遣唐留学生阿倍仲麻吕的多元角色研究"（17 YJCZH249），及四川大学 2020 年度校级纵向项目"文化交涉视阈下日本遣唐使东亚海域海难及漂流问题研究"（2020kskscuzx－pt218）的阶段成果。

2. 遣唐使分期、航路及成员相关研究

最早对日本遣唐使从宏观层面把握，并对时期、航路及船团成员类型进行划分的，是日本学者森克己。他在《遣唐使》一书中将日本遣唐使划为初（630—671）、中（672—769）、末（770—894）三个时期。在确定各时期船团人数的基础上，初步划分了船团成员的类型，指出遣唐使船团由知乘船事（船长）、造船都匠（造船师）、翻译、主神（祭师）、医师、阴阳师、画师、史生、射手、船师、音乐长、新罗语翻译、奄美语翻译、卜部、杂使、音声生、玉生、锻生、铸生、细工生、船匠、仆人、挟抄、水手长、水手、留学生、留学僧、随从等人员构成，并在此基础上初步判定了遣唐使船团在各个时期的人数与规模（森克己，1965：30 - 35）。此后，东野治之在森克己的基础上，进一步细化了船团成员的类型与分工，并明确了各类成员的性质、职责与工种（东野治之，1999：57 - 58）。

航路方面，森克证实了遣唐使曾利用的北路（新罗道）、南岛路、南路（大洋洲）、海道舟路（北路）、渤海路等主要航路，并大致明确了各条航路的地理位置（森克己，1965：39 - 60）。随后，木宫泰彦在此基础上，进一步明确了各批次使船所经航路及途径海域、岛屿等细节问题（木宫泰彦，1980：79 - 86）。森公章在《遣唐使与古代日本的对外政策》一书中，通过相关文献依据否定了森克己提出的"南岛路"，并以航路为线索依据，将遣唐使的时期重新划分为以利用北路为主的前期，和以利用南路为主的后期两大阶段（森公章，2009：52 - 55）。

值得一提的是，森克己（1965：26 - 27）、东野治之（1999：28 - 29）、木宫泰彦（1980：63 - 72）、上田雄（2006：252 - 253）等学者的研究，均对遣唐使的出发时间、对应批次、航路、船号及随行人员等相关信息进行了归纳整合。析出的相关数据亦涵盖了遣唐使船团海难漂流的若干重要线索与信息。

3. 航海术及航程细节相关问题研究

最初，森克己的研究中对遣唐使的航海术及海途相关细节进行探讨，重点涉及使船的造船术与航海术，分析了使船西渡入唐航程中对东南季风的利用，并对海途食物与药材、船员疫病与对策、航海祭祀与信仰、使船军事装

备等细节问题进行了深入的文献挖掘（森克己，1965：55 - 68）。高木博在《万叶的遣唐使船》一书中，则从使船的规模、构造、造船术等层面进行考察，并通过遣唐使的启航季节考察其利用季风的情况，在此基础上推论了造船术的落后、季风利用的不当及南路的开发和启用等因素对海难频率的影响（高木博，1984：17 - 20）。

江上波夫等学者在《遣唐使时代的日本与中国》一书中，将该时期的贸易使船作为参照，探讨了遣唐使船的规模、构造等细节问题，并探讨了使船结构的不合理因素对海难频发的加剧（江上波夫，1981：222 - 224）。而上田雄的《遣唐使全航海》一书则首次从海域交通史的角度，对遣唐使航海问题进行了全方位、系统的研究。其中，他重点关注了使船的航海术，明确了罔代帆作为使船动力的定位与效用。此外，他还通过承载人数、模型比对推定了使船规模，在推定使船航海速度的基础上，析出了船团的平均跨海时间。与此同时，书中亦对航海术及季风问题进行讨论，推定使船航行过程中对季风、横风的利用与把控（上田雄，2006：258 - 301）。

木宫泰彦在《日中文化交流史》一书中对遣唐使船的海途生活细节及疫病等问题进行了探讨（木宫泰彦，1980：87 - 88）。此外，关剑平以圆仁《入唐求法巡礼行记》为线索，关注了遣唐使团生活细节的各个方面，考察了遣唐使团在海途及陆地行进过程中的膳食问题（关剑平，2016：160 - 173）。

4. 海难漂流问题相关研究

就现状而言，有关日本遣唐使海难漂流问题的研究主要分为两个层面。一是对海难事故相关数据的考察统计，二是对海难漂流事件的个案分析。江上波夫曾指出，在近 20 批次的日本遣唐使中，约三分之一的人员因海难漂流等各类情况罹难（江上波夫，1981：222 - 223）。王勇亦曾指出，严重的海难事件导致遣唐人员的生还率不足六成，遇难人员数量近半（王勇，1998：244 - 245）。上田雄考察了日本正史中的相关记载后指出，遣唐使时期共派遣的三十六只使船中，仅有二十六只平安返还，可推定其海难频率在三分之一左右（上田雄，2006：305）。而据龟井明德的研究，日本遣唐使海难事件确为频发，保守估计至少有达上千人数的遇难者（龟井明德，2005：129 - 153）。此后葛继勇又指出，若考虑不确定的因素以及后期使船数量的增加，可认为渡唐者有5 000人，其中约20%遭难，80%的人员归还本国（葛继勇，2015：269）。由于研究手段、信息渠道及相关文献记载的匮乏，以上学者对遣唐使海难情况的统计结果尚存差异，在今后的研究中尚待进一步精确与细化。

在该时期频繁的海难及漂流事件中，发生于东南亚海域的典型案例受到了中日两国学者的一致关注。最初，杉本直治郎对第十二次遣唐使的归途海难及安南漂流事件的相关文献进行了探讨（杉本直治郎，1940：389 - 413），随后又对阿倍仲麻吕在安南的后续活动及任职等情况做了详考（杉本直治郎，1966：26 - 39）。今枝二郎的研究则对第十次遣唐使归途海难及判官平群广成的有关昆仑国、林邑国漂流的相关文献进行了梳理（今枝二郎，1975：138 - 160），对天宝末年第十二次遣唐使归途海难，及阿倍仲麻吕、藤原清河一行的安南漂流事件进行了探讨（今枝二郎，1975：138 - 160）。随后，木宫泰彦亦对若干典型海难案例的相关文献进行了整理（木宫泰彦，1980：78）。此后，上田雄依据相关史料记载，对第十一次遣唐使林邑国、昆仑国漂流事件和第十七次遣唐使南岛漂流事件进行了考析，此外，还对第十九次遣唐使菅原尾成南海漂流事件的相关文献进行梳理，明确了海难漂流事件的细节（上田雄，2006：232 - 234）。随后，森公章对包括东南亚及东北亚海域在内的遣唐使海难漂流相关文献进行了更为全面系统的整理，进一步夯实了后续研究的文献基础（森公章，2009：118 - 124）。笔者在《在唐日籍客卿朝衡安南任职考述》一文中考察了第十二次遣唐使归途海难漂流与阿倍仲麻吕安南任职之间的内在联系，并就其安南任职的前期条件、赴任细节及治政策略等相关问题进行了考析（张维薇，2018：149 - 156）。

5. 日本遣唐使海难问题的历史定位

在此，笔者注意到遣唐使海难问题的相对普遍性与严峻性，及遣唐使海难问题研究的较强可行性与拓展空间。日本遣唐使在航行过程中大都会经历海难漂流事件，生还率较低。值得注意的是，从初期经由朝鲜半岛的北路改为南路、南岛路等东南亚海域航路之后，海难频率大大增加。因而，海难问题是7至9世纪日本遣唐使面临的现实困境，亦是日本大陆文化输入的历史阶段中所面临的严峻挑战。而对于日本遣唐使、古代东亚区域交流史及海域交通史研究来说，日本遣唐使海难问题既是不容忽视的内容与层面，亦是未来研究的重要方向与潜在领域。

未来研究中，若能通过对中、日及东亚多语种文献的爬梳与考析，对遣唐使相关史实的诸多细节、历史环境等背景因素进行综合把握，对遇难程度及海难事件的细节、原因、特征、规律及其对遣唐使停派的影响等有所深入，并从个案研究逐步延展至群体研究，则不仅能填补遣唐使研究领域的若干空白，在古代东亚区域史、海域交通史研究方面亦可谓有所添益。重现日本遣唐使船团的历史面貌，揭示日本在大陆文化输入时期的投入与牺牲，揭示唐文化日本化丰功伟绩的背后，遣唐人员的个体牺牲及其与家国的分离，不仅有助于客观把握日本 7 至 9 世纪大陆文化移植的历史背景，亦能探索日本在该时期对外政策层面的得与失。

与此同时，遣唐使东亚海域漂流问题不仅是海难事件的历史产物，亦从客观层面上促进了 7 至 9 世纪日籍人员对东亚海域沿线地区的深入接触。海难漂流虽导致了严重的人员物资损失，客观上却促进了日籍人员与东亚各民族之间的对话交流，为其提供了在东亚诸区域行进与活跃的历史契机。

6. 遣唐使于东亚海域沿线的行迹活动——基于漂流问题研究的展望

遣唐人员在东亚海域沿线国家、地区及岛屿的活动，在一定程度上通过海难漂流这一契机得以实现。而在漂流地逗留期间，他们大都遭遇了当地人袭击、非法囚禁、疫病等问题，人员物资损失惨重，生还率低。从遣唐人员在漂流地的经历与遭遇可见同期东亚海域沿线地区自然条件的恶劣、社会环境的封闭以及文明的落后等。从其遇袭、脱险及返唐的历程亦可见日籍人员在漂流地滞留期间与当地官民的对话交涉、抗争诉求乃至博弈。而相关方面的营救措施与对策，亦是东亚各国及地区之间互信互助、配合协调的充分体现。而从遣唐人员在漂流地的后续行迹与活动亦可知在海难漂流事件的契机下，日籍人员对东亚区域文化、政治、军事等领域的特殊贡献。

海难漂流密切了东亚诸地域、民族之间的互动，丰富了东亚区域的人员往来与文化交流的内涵，成就了该时期因海域交通所致的东亚区域跨度大、密切频繁的人员交流与互动。而由海难事件延展至漂流问题，俯瞰日籍人员于东亚区域内的行迹和活动，与异民族、人种间对话交流的细节，以析出海难漂流在 7 至 9 世纪东亚区域史及海域交通史上的意义，既是对遣唐使海难问题研究的补充与延展，也有助于把握其客观存在的积极因素。这在让遣唐使航海问题研究得以进一步推进的同时，亦能填补古代东亚区域史、海域交通史领域的若干空白。

作为古代东亚区域史、海域交通史及遣唐使历史上的重要板块和极具研究价值的课题，漂流问题的相关研究不仅能成为遣唐使研究的必要补充，亦能为研究古代东亚诸民族的交融史提供新的思路与灵感。

7.　余论

在海洋史、海域交通史研究逐渐成为全球史焦点领域的学术背景下，梳理日本遣唐使航海及海难问题研究的相关成果，厘清现状的不足，并对未来研究做出展望，不仅可客观把握其研究现状与未来研究的方向，在一定程度上亦是对传统史观的沉淀与深化。日本遣唐使不仅是中日文化交流、人员往来层面的历史性问题，亦是涉及 7 至 9 世纪东亚区域史的重要课题。遣唐人员的足迹并非仅限于唐朝本土，而是遍及东亚海域沿线的诸多国家、地区及岛屿。海难漂流不仅丰富了日籍人员在东亚海域沿线活动的内涵，促进了他们与东亚各民族、人种之间的对话交流，其在时间与空间上的延展性亦为日籍人员在东亚区域多元领域的活跃与贡献提供了契机。

进一步探讨遣唐使海难漂流相关问题，客观揭示大陆文化移植的历史背景，还原 7 至 9 世纪日籍人员在东亚海域沿线地区的活动及东亚诸民族间对话交涉、斡旋博弈的画面，无疑能加深对古代东亚区域连带效应与一体化的认知，以及对人类命运共同体理论在国别区域研究、全球史场域中的阐释与思辨。

参考文献：

葛继勇，2015. 七至八世纪赴日唐人研究［M］. 北京：商务印书馆.

关剑平，2012. 圆仁巡礼饮食考［M］∥王勇. 东亚坐标中的遣隋唐使研究. 北京：中国书籍出版社.

木宫泰彦，1980. 日中文化交流史（上）［M］. 胡锡年，译. 北京：商务印书馆.

张维薇，2018. 在唐日籍客卿朝衡安南任职考述［J］. 社会科学战线（7）：148－155.

东野治之，1999. 遣唐使船［M］. 東京：朝日新聞社.

高木博，1984. 万葉の遣唐使船［M］. 東京：教育出版センター.

亀井明德，2005. 井真成の墓の位置と構造はどうなっていたか［M］∥専修大学・西北大学共同プロジェクト. 遣唐使の見た中国と日本新発見「井真成墓誌」から何がわかるか. 東京：朝日新聞社.

江上波夫，1981．遣唐使時代の日本と中国［M］．東京：小学館．

今枝二郎，1975．唐代文化の考察［M］．東京：高文堂出版社．

森公章，2009．遣唐使と古代日本の対外政策［M］．東京：吉川弘文館．

森克己，1965．遣唐使［M］．東京：至文堂．

杉本直治郎，1940．阿倍仲麻呂伝研究——朝衡伝考［M］．東京：育芳社．

杉本直治郎，1966．阿部仲麻呂は安南節度使として任地に赴いたか否か［J］．古代学
　（1）：26－39．

上田雄，2006．遣唐使全航海［M］．東京：草思社．

王勇，1998．唐から見た遣唐使［M］．東京：講談社．

A Review on the Research Status of Japanese Kentoushi's Navigation and Shipwreck

Zhang Weiwei, *Wei Lixin*

Abstract：This article systematically distinguishes the sailing stage, sea lane and crew of the Japanese Kentoushi's fleet. It focuses on the investigation of ship size and structure in terms of nautical skills, as well as the impact of shipbuilding and monsoon utilization on shipwrecks. As regards the shipwreck, preliminary statistics are provided on the shipwrecked batch and ship number of Kentoushi, while typical case analysis also occupies specific space in the study. As a valuable topic in East Asian regional history and maritime transportation history, this study is full of potential and importance to objectively reveal the historical truth and significance of the Japanese Kentoushi' shipwreck, and based on which it further extends to discover the activities of Kentoushi in their drifting places.

Key words：Kentoushi；navigation；shipwreck；drifting

空间视阈下的中国西部少数民族题材电影
——以《家在水草丰茂的地方》为例①

邹红燕

（四川大学外国语学院，成都610207）

摘　要：本文以爱德华·索亚的"第三空间"为理论基础，以少数民族题材电影《家在水草丰茂的地方》为例，意图展示中国西部地区的环境、文化与民族生活等现状，并试图打破少数民族题材电影研究中存在的传统与现代、乡土与城市的二元观念。

关键词：《家在水草丰茂的地方》；第三空间；少数民族题材电影；中国西部

1. 引入

《家在水草丰茂的地方》（下文简称《家在》）讲述了两个裕固族男孩，弟弟阿迪克尔（汤龙饰演）和哥哥巴特尔（郭嵩涛饰演），穿越河西走廊的沙漠地带寻找心目中位于水草丰茂之地的家的故事。该片对于裕固族这一甘肃省独有的少数民族的风土人情着墨不多，而是用现实主义的手法对该区域的地貌和生态用大全景和全景反复进行描摹，揭示出了在当今现代化与城市化进程中裕固族生产方式与生活境遇的变化，反映出近年来中国西部地区城市消费性空间的不断扩大，牧区的生产性空间发生变化，生活方式也随之转变，呈现了和汉族一起现代化的裕固族的生活状况。

2. 中国电影史中的少数民族题材电影

本文将少数民族电影发展历程大体分为三个时期，分别是新中国成立后到改革开放前，改革开放初期到20世纪末，以及千禧年之后。由于特殊的历史、政治和经济背景，这三个时期的少数民族电影在主题和风格上呈现出鲜明的差异性，而同期的作品又具有许多共同点。

中华人民共和国成立后（20世纪50年代至60年代），著名的音乐剧如

---

① 本文系2020年中央高校基本科研业务费学院自主立项项目"少数民族题材电影中的文化记忆与跨地性研究"的结题成果。

《五朵金花》（1959）和《刘三姐》（1960）不仅表现了中国文化的多样性，更展现了各民族和谐安定的局面。以解放前的西藏为背景的影片《农奴》（1963），讲述了一位深受阶级压迫的农奴在解放军入驻西藏以后获得新生的故事。这一时期的少数民族电影在意识形态上形成了对汉族主体的认同，同时也起到了维护民族团结和文化多样性的作用。在民族关系方面，该阶段的少数民族电影在主题上表现出一种二元倾向：少数民族主体与汉族主体，少数民族文化与汉族文化。关于"自我"与"他者"的二元问题，著名学者爱德华·索亚（Edward Soja）认为是空间性的，类似的表述意味着"'我们'和'他们'在空间上被一分为二"，他们"被打上强制性的地域特征如种族隔离区、犹太居住区、西班牙语居民区、印第安保留地、侨居地、避难所、大都市区、避难处，并带着其他一些来自中心—边缘关系的标志特征"。（Soja，2005：110）在中国民族关系和谐发展的现状下，"自我"与"他者"则表现在少数民族自治区的划分和对少数民族在宗教信仰和生活习俗各个方面的尊重。

少数民族题材电影在20世纪80年代以鲜明的艺术风格塑造了截然不同的少数民族个体和群像。其中的代表作，比如田壮壮的《猎场札撒》（1985）和《盗马贼》（1986）分别以内蒙古和西藏为故事背景，试图忠实地传达少数民族主体的声音（如影片采用本民族的语言并对蒙、藏文化中神秘的宗教仪式进行了较大篇幅的展现）。然而，这类影片中晦涩难懂的叙事、极简的对白和纪录片风格，使大部分观众迷惑不解，却在中外学术界获得了高度评价。张英进认为这些作品策略性地选取了"边缘"位置，构建了一套"少数话语"体系，拓展了民族题材电影的叙事空间（Zhang，1997：83）。在这些影片中，由于语言、文化以及精神信仰的显著区别，"自我"与"他者"之间界限分明。

进入千禧年之后，少数民族电影更注重呈现少数民族虔诚的精神信仰和对古老传统的坚守。例如，田壮壮2004年的纪录片《德拉姆》，记录了生活在茶马古道沿线的少数民族的日常生活；张扬2015年的剧情片《冈仁波齐》记录了一个藏族大家庭长途跋涉去圣山冈仁波齐朝圣的故事。以上两部电影展示了少数民族群体精神富足的一面，折射出当代都市生活中的焦虑与失落感，为久居城市的都市人提供了一个情绪和精神的出口。这些影片塑造了一个"文化上的他者"。具体而言，"他者"表现在以语言、服饰、生产方式以及生活方式为代表的差异上。这些差异构成了特定的少数民族在这个多民族国家中独特的身份标签。然而，差异性正在迅猛发展的城市化过程中逐渐消失。电影中的边远地区成为一个第三空间，既虚幻又真实，既表现差异又想象性地消除差异，既表现和记录少数民族独特的文化景观，也反观现代化和城市化对各个民族所生活的空间的塑造与改变，并揭示出这些改变背后的经济和社会动因。

3. 研究方法：第三空间与电影

法国著名思想家亨利·列斐伏尔（Henri Lefebvre）认为，人对空间的感知可以分为三个层面：物质性空间、想象性空间和生活空间。美国学者爱德华·索亚在此基础上，发展出了第三空间理论。简单而言，第一空间是物质性的（客观存在的空间），能够被测量、被感知。第二空间是想象性的（主观构建的空间），来源于人的认知和想象。第三空间则包容万物，其中主观与客观、抽象与具体、想象与真实、已知与未知、有意识与无意识、学科与跨学科、日常生活与无穷历史共同存在。而且，任何社会现实都具有空间性（Soja，1996：46-56）。即从人的身体到社会空间（无论是小村庄，还是城镇、大都市、地区乃至国家），人类存在的空间性如同他们的历史性和社会性一样不可或缺。第三空间结合了物理空间和心理空间，并进一步延伸超越它们。因此，第三空间是一个永久性的差异性空间和对"他者"开放的空间，是空间知识的延伸。

电影是情感和思想的载体，能够戏剧性地勾画出在现代和后现代背景下主体与客体、国家与民族、传统与现代、地方化与全球化之间复杂多变的关系。由于其本身具有"超越现实的幻觉"的特性，电影中的空间常常被看作第二空间。电影空间属于"梦幻性的、创造性的艺术"，在这里，"所有事物，包括空间知识，都被压缩为关于真实世界的某些可以交流的再现物和再表现物，以至于再现替代了真实世界本身"。（Soja，2005：80-81）

这种被想象和被再现的电影空间不等同于现实生活中的社会空间。换句话说，电影本身作为电影作者对外部世界的想象性投射，是一个"真实与想象同时存在的世界"（Soja，1996：54）。这个世界既不等同于物质空间，因为无论是自然存在的还是人类构建的空间，都具有客观性，不能以纯主观的角度去看待，也不是全然的想象性空间，因为影片中的"现实"常常和我们经历和感受到的"现实"产生对应关系。这在"现实主义"和"心理现实主义"电影中表现得尤为明显，这类电影常常会使观影者混淆真实与虚幻，甚至会发出比真实更真实的感叹。这种超越了"真实与想象""主观与客观"的空间，即索亚所指的"第三空间"。电影中的空间，无论是农村还是城市，都是作为构建的空间以展示人物与环境、人物与社会以及人物之间的关系。而电影本身也可以作为一个历史、文化和社会性的空间与当代社会生活的各个方面产生对话，反映社会关系中的中心与边缘、多数与少数、主流与非主流、支配与被支配的关系，从而引发观众对现实生活中个人、民族、区域以及国家的思考。

少数民族题材电影本身构建了一个独特的"第三空间"，它反映少数民族自身的境遇，思考在"城市化"浪潮下消费性空间与生产性空间之间的博弈，从而"抵抗""现代化"以及"城市化"带来的精神焦虑。更重要的是，不论少数民族还是汉族，都面临着在都市化进程中渐渐丢失掉一部分传统习俗以及文化身份的情况。因此，在如今的少数民族题材电影研究中，严格的二元对立关系，即界限分明的"自我"和"他者"显然不符合城市化和现代化推动下不断变化的中国现实。本文将电影看作第三空间，旨在分析《家在》中展示的中国西部的空间现实，并且探讨电影中的空间—人物—现代化这三者之间的关系。中国的西部地区长期以来都以边疆和少数民族聚居地的面貌出现。电影作品中的西部反映了该区域在生态、经济、文化上和东部沿海地区之间的差异。对此类电影的研究，是对地区间的文化和地理多样性的补充，同时也是对改革开放以来以先进发达的现代化城市为代表的国家形象的丰富。少数民族电影像一面镜子，能够反映并且折射出在现代化（后现代）和城市化背景下的民族文化，尤其是不同民族的生活方式和生产方式的变化。简单回顾了民族电影的历史以及研究方法之后，本文正式开始对《家在水草丰茂的地方》进行讨论。

4. 《家在水草丰茂的地方》：历史、现在与未来相遇的地方

《家在》开篇采用壁画的形式回顾了生活在河西走廊地带的裕固族的历史与现状。河西走廊曾经是古代丝绸之路上重要的一环，从这里向西可抵达新疆，向东能到达兰州，乃至到达处在腹地的大都会长安。早在汉代以前，这片土地就已经发展成为一个多民族进行文化交流的场所，吸引着匈奴、羌族等游牧民族和汉族进行贸易往来（Juliano & Lerner, 2001：51）。这些壁画生动地记录了历史上该民族和地区经济的繁盛景象以及频繁的宗教文化交流。然而，当电影中的两位小主人公穿越这片历史悠久的土地时，见到的是

沿途被风化了的历史遗迹，被沙漠吞噬的道路，干涸的水井和破败的村落。壁画上的记录和如今干涸的大地和被弃置的房屋形成了鲜明的对比。这段旅程正如索亚所定义的第三空间，在那里"历史、现在和可预见的未来相遇了"（Soja，1996：87）。他们将抵达何处，会是在水草丰茂之地的家园吗？

　　电影中，尽管面临生态环境的变化和生活上的种种困境，祖父（白文心饰演）终其一生都坚持着放牧的生活方式，同时也在电影开篇鼓励孩子们的父亲找寻水草丰茂的家园继续维持游牧生活。为了让孙子巴特尔在镇上读书，他在小镇边上定居下来。他和邻居们不得不把井打得越来越深以获取饮用水。一开始，他们打到四五米就可以汲水，但是这个夏天，即使已经打下去二十米深，还是不见一滴水。随着牧区环境的变迁，一些牧民放弃了传统的游牧生活，迁徙到别处做了矿工，而另外一些人则移居到附近的城市，还有一些人留了下来，但是只能将从前的牧场开垦成农田，并且掘井来灌溉农田。电影中，不断深入地下的汲水点，表明地下水位在不断下降，土地沙漠化问题加剧。然而，现实中，近年来，肃南裕固族自治县的草场和生态环境保护均做得比较好。影片的艺术化处理在很大程度上展示了"现代性的背面"。现代性使人们相信，人可以放弃对土地的依赖，过上由商业和科技驱动的现代都市生活。在传统与现代二元对立的框架下，现代化代表着一种线性的不断进步的逻辑。这驱使着我们希望从贫穷落后的乡村跨向富裕发达的都市（Liu，2009：220）。然而，《家在》中展现的现代性却对游牧文明造成了巨大的破坏。

　　早在20世纪70年代以前，法国著名思想家列斐伏尔就在法国观察到了"在传统农业社会中现代都市空间的井喷"，并且敏锐地意识到这不是一个小范围内的现象，而是与全球性的都市化和工业化密切相关（Soja，1996：49）。如今，同样的情形正在中国发生着。传统的牧业和农业生产在城市化和现代化带来的"社会空间重构"中快速后退（Soja，1996：87）。这种"社会空间重构"不仅仅意味着原来的生活环境和空间被新的社会空间取代，相应地，围绕游牧生活而建立起的社会关系、情感结构以及精神信仰（如阿迪克尔所言，祖父的灵魂只有回到草原上的家才能安息）也在发生改变，甚至慢慢消失。在电影中，这样的空间重构表现为祖父作为最后的牧羊人去世了，父亲则"背叛"了他对祖父的承诺，离游牧生活越来越远，小主人公永远无法抵达水草丰茂的家，还表现在对少数民族独有的服饰、宗教和传统的小篇幅展现等。《家在》中只有两个场面出现了身着少数民族服饰的裕固族人：一个是小镇上的小学放暑假那天，家长们身着盛装等在教室外接孩子们回家；另一个则是在祖父的葬礼上，身着传统礼服的族人和宗教人士为祖父诵经默哀。

剥离传统上表现少数民族主体特点的服饰、舞蹈和独有的风俗，本片导演塑造了一个没有明显少数民族特点的少数民族。其中缘由在于：一方面，裕固族在长期的历史过程中渐渐和汉族融合，生活方式逐渐现代化；另一方面，工业化和城市化深入草原，很大程度上改变了原有的生产方式和生活方式。索亚在总结后现代社会的时候指出："在后现代话语重新定义当代生活的背景下，现代主义话语下的宏大叙事以及与其密切相关的'固定的'社群（不论其划分是以阶级、种族、民族、性别为标准还是仅仅以血缘为标准）都将被打破（如果不是革命的话）和撼动。"（Soja，1996：116）实际上，汉族与裕固族之间的鲜明界限在电影中渐渐模糊，但同时，裕固族中的一些人将会继续保留他们的文化与传统，追寻"家在水草丰茂的地方"。影片抹去了少数民族和汉族之间在文化、社会生活甚至经济条件上界限分明的不同，也正表明了在这个持续变化的时代，各个群体所生活和使用的物理空间以及他们的心理空间也正在发生着变化。

5. 空间与身体

《家在》中环境的变迁和疾病缠身的家庭成员形成了对应关系。面对拮据的家庭经济状况，祖父对家人隐瞒了病情，却反复叮嘱父亲带孩子们的母亲去医治，直到父亲去为祖父和母亲买药，小诊所的医生提醒父亲，务必带祖父去大城市的医院做检查。而父亲的沉默传达出他面对家中两位成年人都重病缠身时的无奈和无助，最终家人之间默契地保守着这个秘密。疾病和祖父最终的去世暗示着这个民族正在面对的艰难转型和这片土地不再丰饶。

身体的疾病和环境的恶化之间的相互指涉，同样出现在以内蒙古草原为背景的《图雅的婚事》（王全安导演，2006 年上映）中。图雅的丈夫在打井中受伤致瘫，图雅的嫂子更加不幸，失去了自己的丈夫，因此她们被迫承担起超负荷的体力劳动。不论是在家庭中还是在社会中，图雅和嫂子都不得不既要承担男性所扮演的各种角色，如父亲、丈夫、家庭经济支柱，又必须承担女性在家庭和社会中扮演的角色。这种角色的变化是面临牧区生态环境的变迁被迫做出的选择。与此类似，《家在》选取了两个孩子的视角，展现了他们在面对困境和家庭变故时被迫过早承担起家庭负担的成长过程。在两部电影中，父亲和母亲角色或者受伤，或者疾病缠身，或者缺席，或者去世。家庭面临的困境反映出人与土地、与环境之间相互依存的关系被打破。性别角色的转变和儿童被迫的成长从侧面反映了都市化进程中普通人可能的遭遇和困境。

在《图雅的婚事》和《家在》中，绵延的荒漠威胁着个人生存。当地政府为了防止环境恶化，保护生态环境，实行限制放牧的政策，这意味着游牧民族需要寻找新的谋生手段和相应的生存空间。

水、羊群、草地和疾病在两部电影中反复出现。从第五代导演的经典作品《黄土地》开始，水井、打水、储水就成为中国西部影像中反复出现的主题之一。在《黄土地》中，常年的干旱使村民建立起了一套复杂的祈雨仪式；在《老井》中，因缺水，年轻的生命被消耗在日复一日的挖井过程中。以上影片反映出制约乡村发展甚至威胁生命的缺水问题，缺水成为中国乡村在现代化道路上的阻碍。中国需要水和能源实现现代化复兴和繁荣（Mi，2009：17–38）。从 20 世纪 80 年代的《黄土地》到 21 世纪第二个十年的《家在》，影像中的西北地区一以贯之地展现着该地区的环境以及常年存在的缺水问题。然而，《黄土地》和《老井》中所表现的贫瘠是"原始中国"形象，意在进行文化反思以及探索中国进行现代化的必要性（Chow，1995）。与此相反，《图雅的婚事》和《家在》开始反思大规模的城市化和现代化。这两个时间段的电影作品呈现了中国电影人对现代化的态度的变迁。《黄土地》反映了对改革开放政策的态度，以及对改革开放初期中国在国际上的地位和身份的不确定性。然而，如今改革开放走过了四十年，在 20 世纪 80 年代的电影作品中反映的政治动态、意识形态、文化反思以及"矛盾性"已经由全球化和城市化带来的经济和生态问题所取代。电影作品如《家在》对逝去的平淡日常，宜人的生活环境以及宗教信仰无不透出怀念之情。《图雅的婚事》一再重申女性的忠贞、勤勉、任劳任怨等美德，同时也强调传统文化和道德伦理，并展示了当下社会的区域经济差距和社会分层。《家在》以一段长途沙漠跋涉突出现代化以及城市化对家园以及传统生活方式带来的改变。

6. 空间对时间的胜利

影片中的两位小主人公的回家之路如同一次时空旅行。时间的痕迹镌刻在沿途的历史文化遗迹上，例如明代长城的残垣、石窟壁画、被遗弃的小镇以及干涸的水井。中国著名电影学者戴锦华在评论第五代导演作品时提出：

> 第五代以近乎突兀裸露的电影语言，创作了一个独特的中国历史的形象和表述：这便是空间对时间的胜利。以空前的造型张力呈现并令其充满银幕的是黄土地、红土地、大西北的荒漠、戈壁，天井或牢狱般的四合院，经灾历劫却毫不动容的小巷子口，在影片中被呈现为中国的自然空间，同时也是中国的历史空间。在这巨大的，千载依然的空间中，人的生命，历史的变迁，故事线索中的悲欢离合显得是如此的微末，它全然无法触动或改变这空间的存在，甚至无法在这空间上留下自己的印痕（戴锦华，2016：204）。

这些永恒的空间反复地出现在关于西北地区的影像中，标注着该地区最具特色的地貌和自然风光，也显示出该区域厚重的历史文化空间和万难改变的传统空间。《家在》频繁地用大远景将这种野性而原始的地理特征呈现在观众眼前，比如沙漠、干枯的河床以及见证人类生存痕迹的洞窟和搁浅的船，为中国的影视地图增添了又一个历史空间。

导演有节制地展示了当地别具风情的民族服饰和食物，将更多的镜头和叙述转向了环境的变化，以及由此引发的一系列生产方式和生活方式的改变，西部的现实状况跃然银幕。电影中，主人公被放置在广袤无际的沙漠之中，小小的身影如同逗点游走在巨大的幕布上，他们似乎无法走出这沙漠，这似乎暗示着他们无法改变自身的处境（刘丽菲，2017：110）。旅途中，阿迪克尔时不时地提起他和父亲欧多吉在春天穿越沙漠的情景。这次他们走的路线一样，然而途中的情形却惨淡了许多。"这个井我们春天经过的时候就已经干涸了"；"春天的时候，还有几家人住在这里"。然而，夏天他们经过同一个村庄时，却发现这里已经人去楼空。村子的围墙已经倒塌，房屋破败，一片死寂。阿迪克尔甚至在一间废弃的屋子里发现了同班同学的全家福照片。快速恶化的环境迫使父母离开家园，寻找新的工作和住所，孩子们也被迫转学。

在长途跋涉中，巴特尔意外发现了一处石窟，石壁上的壁画依稀可见，上面画着汉武帝时期（公元前141—前87年）张骞出使西域以及开辟丝绸之路的故事。除此之外，洞窟中还贴着20世纪五六十年代出版的报纸，上面是关于人民公社的报道。这些壁画与报纸和电影开篇部分的壁画段落形成呼应，提示着这个民族和地区的历史和发展。巴特尔此次意外的闯入为他提供了一次身份认同之旅，由壁画引出了他对自己生活的土地以及本民族历史的想象。虽然影片没有追溯壁画的具体年代，但是壁画记录了当地历史和文化传统，成为历史的有力见证。空间超越了时间，成为帮助后代人在全球化背景下学习本民族历史，实现身份认同的存在。

电影的结尾处，主人公并未找寻到那个位于"水草丰茂的地方"的家。山的这边，淘金成为这片区域新的职业。在电影开篇，祖父叮嘱父亲找寻水草丰茂的草场坚持放牧，而如今父亲却成为众多淘金人中的一员。山的那边矗立着一片工业园区和三根醒目的大烟囱。寻家之旅结束了，然而，家并未以任何具体的形式出现在电影结尾。祖父生前的愿望"找到一处像父亲一样宽广的草原，像母亲一样的河流"被悬置。按照游牧民族的传说，祖父的灵魂也许要飘荡到更远的地方才能找到家园，获得安息。电影的片尾暗示着现代化和城市化具有争议性的另一面：经济发展是否能够以家园的丧失，传统文化的消失，精神根基的动摇和环境的恶化为代价。《家在》将真实的生活场景和小主人公的魔幻想象相结合，将急剧的城市化发展和难以为继的游牧生活并置，为当代中国打开了一个观察和思考个人以及社会整体所要面对的困难和挣扎的空间。

7. 结论

《家在》聚焦消失的家园，以及随之消失的生产方式和生活方式。电影将裕固族这一个仅生活在甘肃地区的少数民族作为主角，展示了现代化对他们的影响，以及他们在城市化浪潮下主动或被动做出的改变。而电影本身作为真实和虚幻的"第三空间"记录和保存了这些变化，创造了一个抵抗性空间来追忆历史和反思当下。在电影空间之外，面对工业化和城市化带来的生态环境问题，该民族区域在改善和治理生态环境方面积极地采取了相关措施，例如电影中提到的当地政府为了保护草场而实施的限制放牧的政策，这些措施在防止沙漠化蔓延方面取得了很大成绩。在不断迁徙和适应社会现实的过程中，个人以及他所代表的整个民族目睹城市与牧区正在突破彼此的界限。相对应的，城市与乡土所代表的开放与封闭、新与旧在社会的流动性的作用下松动，由此旧的身份标签逐渐剥离，新的身份标签得以建立。

参考文献：

戴锦华，2016．雾中风景：中国电影文化 1978—1998 ［M］．北京：北京大学出版社．

刘丽菲，2017．诗意性的乡土叙事——解读李睿珺的电影三部曲［J］．文化艺术研究，10（2）：108－112．

SOJA E W，2005．第三空间：去往洛杉矶和其他真实和想象地方的旅程［M］．陆扬，等译．上海：上海教育出版社．

CHOW R，1995．Primitive passions：visuality，sexuality，ethnography，and contemporary Chinese cinema［M］．New York：Columbia University Press．

JULIANO A L，LERNER J A，2001．Monks and merchants：silk road treasures from northwest China，Gansu and Ningxia provinces，fourth-seventh century［M］．New York：Harry N．Abrams．

LIU X，2009．In the face of developmental ruins：place attachment and its ethical claims［C］// Lu S H，MI J，ed．Chinese eco-cinema：in the age of environmental challenge．Hong Kong：Hong Kong University Press：217－234．

MI J，2009．Framing ambient unheimlich：ecoggedon，ecological unconscious，and water pathology in new Chinese cinema［C］// Lu S H，MI J，ed．Chinese ecocinema：in the age of environmental challenge．Hong Kong：Hong Kong University Press：17－38．

SILBERGELD J，1999．China into film：frames of reference in contemporary Chinese cinema［M］．London：Reaktion Books．

SOJA E W，1996．Thirdspace：journeys to Los Angeles and other real-and-imagined places［M］．Cambridge，Mass：Blackwell．

ZHANG Y，1997．From"minority film"to"minority discourse"：questions of nationhood and ethnicity in Chinese cinema［J］．Cinema journal，36（3）：73－90．

Chinese Minority Film from a Spatial Perspective:
a Case Study of *River Road*

Zou Hongyan

Abstract: This article examines two minority films set in the vast desert area of north-western China: *River Road* (*Jia zai shuicao fengmao de difang*, dir. Li Ruijun, 2014), and *Tuya's Marriage* (*Tuya de hunshi*, dir. Wang Quan'an, 2006). Drawing on Edward Soja's Thirdspace theory, this article explores how these films illustrate the dynamic relationship between tradition and modernity, the minority (they) and majority (we), and the marginalised and centred. Three lines of enquiry frame this article: first, how the ethnic minority's situation has been spatially represented in each film; second, how minority films configure a space of resistance to the imposition of a coercive industrialised urbanisation on minority groups living in the outer regions of China; third, how the marginalised spaces represented in the films show operations of power under a discourse of industrialisation and modernisation. The findings of these enquiries suggest that the two films project the *Yugur* and Mongolian minorities as beset by social and cultural issues resulting from the increased assimilation of China's rural minority groups into industrialised spaces under the massive industrialisation and modernisation campaign.

Key words: *River Road*; Thirdspace; minority film; North-western China

语言与语言教学

老年群体口语产生中的老化现象及认知干预训练[①]

左红珊　周晓媛

（四川大学外国语学院，成都610207；四川大学华西公共卫生学院，成都610041）

摘　要：语言能力是人类认知能力的直接体现，随着个体生理结构及其机能的老化，语言能力也表现出老化趋势。本文基于国内外有关健康老年人语言老化的研究，从发音、词汇提取、句法加工、语篇构建等层面系统地讨论了老年群体口语产出中的老化现象。在此基础上，本文提出一系列有助于改善老年人的认知功能，从而有利于延缓语言老化的认知干预训练措施。

关键词：老年群体；口语产出；老化；认知干预

语言能力是人类认知能力的直接体现，也是人类传递信息、表达感情的重要途径。然而，随着个体生理结构及其机能的老化，语言能力也表现出老化、衰退趋势，出现词汇提取困难、谈话缺乏重点或较易偏题等状况（James & MacKay，2007；Wright，2016；杨群、张清芳，2015）。语言能力衰退是老年人在正常老化过程中的显性表现，也是反映特殊老年人（如罹患阿尔茨海默病、帕金森症等的老年人）疾病发展的重要指标。研究老年群体语言衰退的特点和规律，并进行有针对性的认知干预训练，对阿尔茨海默病的早期诊断和防治具有重要的临床价值。

随着老龄化社会的到来，老年群体的语言老化现象受到越来越多研究者的关注（Kemper et al.，2001；Wright，2016；何文广，2017）。研究表明，较之于年轻人，老年人的语言理解能力保持较好甚至有所提高，而语言产生的能力却呈现出下降的趋势，即存在着语言产出的老化（Mortensen et al.，2006；Shafto et al.，2014；Marini & Andreetta，2016）。口语交际在日常生活中发挥着举足轻重的作用，语言产出能力的衰退会严重影响老年人社会交往参与程度，降低其生活质量。本文将对国内外有关语言产出老化的研究进行综述，并提出一系列认知干预训练措施，以期延缓语言的老化。

---

① 本研究为四川大学中央高校基本科研项目"老年群体口语产生中的老化现象及认知干预训练"的阶段性成果。

1．老年群体口语产生中的老化现象

口语的产生是一个非常复杂的认知行为，主要包括三个过程：一是概念化过程，确立说话的意图和想表达的概念，产生前语言信息；二是言语组织、构成过程，把前语言信息转换为语言形式，并产生内部语音计划；三是发声过程，产生外显的、可以听到的语言（Levelt et al.，1999）。由于这三个过程是在瞬间完成的，且不断地交互循环，因而需要消耗大量的认知资源，所以容易受到认知老化的影响。近年来，研究者从发音、词汇提取、句法加工、语篇构建等层面对老年群体的口语特征进行了深入的探讨，取得了丰富的研究成果。

1.1　发音

研究发现，进入老年期以后的生理衰老对发音有较为明显的影响（Hazan，2017）。研究显示（Xue & Hao，2003），老年人的口腔长度和容积与年轻人相比显著增加，虽然老年人的总声道长度与年轻人相比无显著差异，但是总声道体积有显著增加。此外，老年人的喉部也发生了一些生理变化，如声带变薄、喉软骨变硬（Hazan，2017）。这些因素会导致音调特征的变化，女性声音的基频会降低，而男性声音的基频则会增加或保持稳定。与年轻人相比，老年人的运动控制能力也有所下降，在发音动作和位置上表现出更多的不稳定性，于是声源的频率和振幅的稳定性都有所下降，会出现音颤现象（Baken，2005）。

此外，年龄的增长对语速也有影响。亚采维奇等（Jacewicz et al.，2010）以不同年龄组的美国人为研究对象，考察了他们在相同的口语任务中的语速。结果发现，四十岁左右的人语速最快，而老年人与年轻人相比，在朗读和会话任务中的语速明显降低。萨达哥潘和史密斯（Sadagopan & Smith，2013）发现，老年人和年轻人在产出连续话语时没有显著差异，但是在产出复杂的新词时，老年人所花的时间比年轻人更长，发音的准确性更低。

1.2　词汇提取

研究表明，虽然老年人与年轻人相比在词汇容量上没有衰退，甚至有所增长，但是他们在词汇提取过程中会有更多困难（Wright，2016）。这方面的研究通常采用图画命名任务和定义命名任务，探索词汇提取中的老化现象及其认知机制。基于图片命名任务的研究发现，较之于年轻人，老年人图片命名所用的时间更长；70 岁以上的老人图片命名的正确率会显著降低，而且命名过程中经常嵌入一些填塞性语言成分（如"嗯""这个/那个"）（Barresi et al.，2000）。在一项长达二十年的研究中，康纳等（Connor et al.，2004）使用图片命名任务对老年人词汇产生能力进行了追踪研究，结果发现该能力以每十年 2% 的速度衰退。

在词汇提取的认知老化研究中，一个备受关注的现象是"舌尖效应"（tip of the tongue effect，简称 TOT），即说话者明明感觉自己知道某个词的发音和意义，却一时无法说出该词。来自自然语境和实验室的研究均表明，舌尖效应出现的频率随着年龄的增长不断增加（Valente & Laganaro，2015）。此外，易发生舌尖效应的词语多为专有名词，而且低频词语比高频词语更容易发生舌尖现象（姜帆，2016：85）。关于舌尖效应产生的认知机制，一些研究者认为，产生这一现象的主要原因，是生理老化导致语义层面的激活不能有效传递到语音层面，致使语义和语音之间的映射暂时出现中断，从而导致语音提取困难（何文广，2017）。

由于老年人在词汇提取方面的困难，话语不流利现象在老年群体中更为常见。例如，在勒多尔兹和贝达德（Le Dorze & Be'dard，1998）的图片描述任务中，老年人（65~85 岁）产出的信息与年轻人（25~44 岁）和中年人（45~64 岁）产出的信息数量相当，但是他们却需要更多的时间来提取信息。施密特－埃奇库姆等人（Schmitter-Edgecombe et al.，2000）通过图片描述任务，深入研究了年龄对话语不流利现象的影响。他们研究了多种流利现象，包括单词替换、句型重构、重复、词汇填充（例如，"好的""你知道"）、非词汇填充（如"嗯""啊"）、停顿等。他们发现，在老年组受试中，年纪更长的老年人（75~93 岁）比年纪稍轻的老年人（58~74 岁）所使用的句型重构和单词替换更少，但是词汇填充的数量却增加了。施密特－埃奇库姆等人（Schmitter-Edgecombe et al.，2000）认为，词汇填充使用的增加与单词查找困难有关。通过使用更多的填充词，年纪更长的老年人获得了更多时间来提取词汇，以避免更严重的不流畅现象（例如替换想不起来的词或者对句型进行重构等）。

中国学者刘楚群（2015）聚焦填塞语"这个/那个"，考察了不同年龄组的人在口语产出中的非流利现象。其研究发现，从青年组（20~25 岁）

到中年组（30~40岁）再到老年组（65~89岁），随着年龄的增加，填塞语"这个/那个"的使用比例越来越高，老年人的口语表达流利度整体上低于年轻人。此外，在老年组中，70~74岁的老年人与年轻人相比，填塞语"这个/那个"的使用比例显著增高。他认为，70~74岁这个年龄段是语言流利度下降的一个重要转折点。发展心理学方面的一些研究成果为这一结论提供了支撑。基于反应时的研究发现，反应时从婴儿期到30岁之前越来越快，到五六十岁时开始逐渐减慢，但减慢的程度不明显，70岁以后，反应时迅速减慢（肖健、沈德灿，2009）。反应时是衡量认知加工速度的重要指标，反应时的减慢意味着加工速度降低，在口语产出上就会出现找词困难、流利度下降等情况。

1.3 句法加工

来自句子产生的研究显示，句法加工能力同样受到年龄的影响。较之于年轻人，老年人在口语交流中句式不仅较为简单，而且犯的错误更多。肯珀等人（Kemper et al.，2003）比较了老年人（70~80岁）和年轻人（18~28岁）在口语产出中的句法复杂性。研究者给受试提供2个、3个或4个单词，让他们说出包含这些单词的句子，然后根据句子的流利度、语法正确性，以及是否包含目标词语来给受试产出的句子打分。结果发现，年长的受试在听到2个或3个单词时的表现与年轻的受试一样准确，但在听到4个单词时就不那么准确了。此外，与年轻受试相比，年长受试虽然能产出正确的句子，但他们的句子更短，语法更简单，信息量更少。此外，肯珀等人（Kemper et al.，2003）还发现，在产出只含有一个动词的简单句时，年长的受试与年轻的受试表现得一样准确。但当年长的受试使用结构更为复杂的表达（例如"动词＋宾语从句"结构）时，准确性就会降低，同时句子变短、语法复杂性也有所下降。肯珀等人认为，这两个因素（句子中所使用的单词数量和动词的复杂性）增加了句子产出过程中的工作记忆负荷。当工作记忆负荷相对较高时，年龄差异就会出现。

阿尔特曼和肯珀（Altmann & Kemper，2006）的研究也表明，动词的复杂性会影响老年人的句子生成。该研究以年轻人（平均年龄20岁）和老年人（平均年龄76岁）为受试，要求他们使用预先指定的单词（一个动词和两个名词，如eaten、cake、princess）来生成简单句。结果发现，在使用不规则动词过去分词进行表达时，受试需要产出一个完成时的句子（the princess had eaten the cake）或一个被动语态的句子（the cake was eaten by the princess），老年人产出的句子没有年轻人准确。但是，在使用主动语态时，无论动词的论元结构多复杂，老年人和年轻人的句子一样准确。在反应时间上，研究者则没有发现年龄差异。阿尔特曼和肯珀认为，使用不规则动词过去分词时，说话者需要意识到简单的主动句型与这种动词类型是不匹配的。由于这一额外的元语言加工，不规则动词过去分词比其他动词类型给说话者造成的工作记忆负荷更为沉重，这种记忆负荷的增加会对老年人句子的产出造成困难。

此外，对于使用英语、意大利语等句法形态较为丰富的语言群体而言，句法加工老化效应在主谓一致性方面也有表现。在桑顿等人（Thornton et al.，2006）的实验中，受试要求用给定的代词、动词、名词和一些助词在一定的时间内说出句法、语义较为合理的句子。结果显示，老年受试在主谓一致性方面的错误比年轻人更多。

1.4 语篇构建

在口语产生过程中，语篇产出是最为复杂的语言认知行为，既涉及微观语言信息的加工，如词汇通达、形音映射、论元建构等，又涉及宏观语言信息的处理，如文本意图的构建、信息一致性的维持、话语环境的评估等（何文广，2017）。语篇产出的顺利完成需要说话人付出大量的认知资源，这对工作记忆、执行控制功能日趋老化的老年人是很大的挑战。研究表明，虽然老年人仍然拥有相对完好的话语交流能力，但较之于年轻人，老年人所产出的话语中主体信息的连贯性、聚焦性和完整性更弱，出现更多偏离主题、引入无关概念等情况。

博特费尔德等人（Bortfeld et al.，2001）用图片描述任务，对年轻人（平均年龄 28 岁）、中年人（平均年龄 47 岁）和老年人（平均年龄 67 岁）产出的话语进行了对比研究。他们统计了每位受试在实验中产出的总字数，发现相同的任务中，老年人比年轻人产出的词语更多，话语中的不连贯也比年轻人和中年人更多。他们还发现，受试对图片内容的熟悉度对此有影响：当图片内容是不熟悉的主题时（例如七巧板），单词的数量和不流利的比率都随着年龄的增长而显著增加，但当图片内容是熟悉的主题时（例如儿童），单词的数量和不流利率随着年龄的增长只有轻微的增加。

阿巴克尔等人（Arbuckle et al.，2000）在 63～95 岁的人群中发现，在个人经历访谈中，老年人提供无关的个人信息更多，也就是说老年人偏离主题的情况更明显，但在有关七巧板的描述任务中则没有。在个人经历访谈中，最年轻年龄组（63~69岁）语言冗赘的人数占该组的5%，而最年长年龄组（85~95岁）中语言冗赘的人数则占46%。但是在描述任务中，所有年龄组偏离主题的情况都不多。阿巴克尔等人认为，与年龄相关的啰唆语言的增加反映了抑制无关信息的缺陷。同时，他们认为，话语任务中偏离主题的言语数量取决于该任务对言语的限制程度。与图片描述任务相比，个人经历访谈比描述任务对语言生成的限制更少，因此在前者中不相关的信息比后者更容易侵入。

为了揭示年龄对口语产出的影响，玛连尼等人（Marini et al., 2005）使用看图说话任务考察了20~84岁之间五个年龄段受试的话语产出能力。结果发现，在语义逻辑性、句法复杂性、文本信息一致性等方面存在年龄差异，但这种差异主要体现在20~39岁年龄段和75~84岁年龄段的受试之间，其余年龄段之间不存在显著性差异。玛连尼等人据此得出结论，语言能力的老化趋势并非断裂式的，而是渐进式的，语言的老化现象在中年期就已开始。

金茨等人（Kintz et al., 2016）指出，认知老化对语言中不同成分的影响不尽相同。总体而言，老化效应在语言的局部一致性上（即句子层面的词汇、意义的一致性）体现得不明显，而在整体一致性上（即文本层面的信息一致性）则较为明显。金茨等人认为，导致这种现象的主要原因在于两种信息一致性的加工有不同的认知机制。基于句子层面的信息一致性的加工更多地依赖于语言本体的知识，属于陈述性知识范畴，其活动更多依赖于知识经验，因而老化效应不明显。基于文本层面的信息一致性加工，则更多依赖于语言知识之外的认知系统，如记忆、注意、执行控制等，其内容多属于程序性知识，所以老化效应明显。

需要指出的是，上述语言老化特点是目前相关研究发现的一般规律，但是事实上，认知老化对个体的影响不尽相同，呈现出较大的个体差异（Marini & Andreetta, 2016）。此外，研究还发现，教育水平、职业特点、是否懂外语等因素也会对语言的认知老化有不同的影响。

2. 口语产生老化的认知干预训练

研究者指出，老年人出现语言衰老现象的根本原因是老年人大脑组织结构性退化，表现在加工速度、记忆力、抑制能力等认知能力的衰退上。但是，人类大脑具有一定的灵活性和可塑性，随着年龄的增长，受老化影响大脑不只是被动地衰退，还有可能通过功能性补偿活动来适应老化（Shafto & Tyler，2014；尹述飞等，2019）。如果采取适当的干预训练，则可以在一定程度上改善老年人的认知功能，延缓其语言能力的老化。

目前，针对老年群体的认知功能训练并无统一的标准化内容。早期的研究主要关注记忆能力的训练（李旭等，2014）。记忆功能下降是老年人认知功能下降最明显的表现，直接影响其语言加工能力。一些研究通过学习使用记忆策略的方法来改善记忆能力，取得了较好的效果。比较常见的记忆策略训练包括词语回忆训练、纸笔记忆游戏、记忆视觉路线、复述顺序回忆等。

近年来，越来越多的研究开始转向对核心能力（core ability）的训练，如工作记忆、执行功能、加工速度（Chiu et al.，2017）。赵等学者（Chiu et al.，2017）对 31 项研究进行了 Meta 分析，发现这样的认知训练能够改善健康老年人的整体认知功能，提高其执行能力，在记忆力、注意力和视觉空间能力上也有一定的效果。核心认知能力的训练方法有很多，这里以加工速度训练为例。加工速度可以采取数字比较、图形匹配等方法进行训练。数字比较训练法的具体操作如下：每张卡片上写两串数字，要求老年人在保证正确的情况下尽快比较这两串数字是否相同。每串数字个数在 3～9 位之间，每次同时呈现两串长度相同的数字。每次训练的时候记录老年人的反应时和正确率，以跟踪其进步情况。图形匹配训练法的过程为：每张卡片上呈现一组图形，上面一个，下面五个。要求老年人在保证正确的情况下尽可能快地从下面五个备选图形中找出和上面一样的图形。同样，训练时记录反应时和正确率，以跟踪老年人的进步情况。研究表明，这样的训练对于提高老年人的加工速度是卓有成效的。王大华等人（2012）用图形匹配训练对一些老年受试进行了为期 5 次、每次 50 分钟的加工速度干预训练，发现老年人图形匹配测验成绩不仅显著提高，而且对词汇流畅测验成绩有迁移作用。

目前，针对健康老年人的语言认知训练的研究尚不多见。根据上文所讨论的老年人语言老化的特点，老龄语言认知训练可以从以下几方面进行。首先，朗读训练。选择语言、内容俱佳的诗歌、文章让老年人进行朗读训练，诵读时注意发音的准确性以及气流的控制。这样的训练不但有助于锻炼老年人发音系统的机能，增强语音能力，同时也能陶冶身心，让老年人获得美好的体验。其次，每天坚持阅读，并在阅读中对一些难、长句进行分析，增强语言加工处理能力。也可以鼓励老年朋友勤做笔记，在阅读的时候记录优美的词句，并在实际交际中有意识地学以致用。研究显示，老年人面临交际障碍的一个重要原因，是对现代的新事物、新名词了解不足，在和年轻人交流时总觉得插不上话（李宇峰等，2016）。因此，需要鼓励老年朋友"活到老，学到老"，多学习新鲜事物、与时俱进，这样，他们在与年轻人对话时就不会感到明显的代沟。

另外，一个很重要的措施是帮助老年人保持积极的交流意愿，鼓励他们积极主动地参与日常生活中的语言交际。研究发现（李宇峰等，2016），进入老年期后，很多老年人自我封闭性增强，主动与他人交际的意愿下降，与他人日均沟通时间减少，与其他群体间的交互性降低。如果老年人长期处在一个较封闭的社会言语交际环境之中，容易引发阿尔茨海默病等疾病，危害老年人的身心健康。因此，社会应该多鼓励老年群体参加社会活动，丰富老年人的语言资源。

值得一提的是，近年来随着科学技术的进步与发展，计算机辅助技术也被应用到认知功能训练之中（Anguera et al.，2013）。老年人可使用事先设定的程序进行训练，其介质可以是台式电脑、平板电脑等。与传统的认知功能训练相比，计算机化认知训练不但效果同样好，而且更具趣味性，更加个性化。

无论采取何种认知干预措施，最重要的是保证训练次数和训练时长。研究发现，短期的干预训练在干预刚结束时效果很显著，但是如果不坚持下去，效果也不能长期保持（王大华等，2012）。因此，有的研究者建议，认知功能训练应做到每周 3 次、至少持续 8 周，开展 24 次训练课程（Chiu et al.，2017）。持之以恒地进行认知功能训练，对于延缓老年人的语言认知老化必然是大有裨益的。

3. 结语

目前，老龄化问题已成为全球性课题。国家统计局 2020 年 1 月发布的数据显示，截至 2019 年底，我国 60 周岁及以上人口有 2.5 亿人，占总人口的 18.1%，其中 65 周岁及以上人口有 1.7 亿人，占总人口的 12.6%。预计到 2025 年，我国 60 岁以上人口将达到 3 亿，中国将成为超老年型国家。随着老龄化的发展，世界范围内阿尔茨海默病的患病率不断攀升，成为继心脏病、癌症、中风后成人死因第四位疾病（张耀东，2011）。党的十九大报告明确提出，要实施"健康中国"战略，积极应对人口老龄化，加快老龄事业和产业发展。了解老龄语言衰退的规律，并进行认知干预训练，对于保护老年群体的身心健康、预防阿尔茨海默病等疾病具有积极的意义。

参考文献：

何文广，2017. 语言认知老化机制及其神经基础［J］. 心理科学进展，25（9）：1479 - 1491.

姜帆，2016. 国外老年人语言与认知研究及其启示［J］. 吉林师范大学学报（人文社会科学版），44（5）：84 - 88.

李旭，杜新，陈天勇，2014. 促进老年人认知健康的主要途径（综述）［J］. 中国心理卫生杂志，28（2）：125 - 131.

李宇峰，吕明臣，2016. 老年人言语交际障碍调查分析［J］. 人口学刊，38（2）：87 - 90.

刘楚群，2015. 老年人口语填塞性"这个/那个"调查研究［J］. 南开语言学刊（2）：104 - 111.

王大华，黄一帆，彭华茂，陈晓敏，2012. 老年人加工速度的干预研究［J］. 心理学报，44（4）：469 - 477.

肖健，沈德灿，2009. 老年心理学［M］. 北京：中国社会出版社.

杨群，张清芳，2015. 口语产生中的认知年老化及其神经机制［J］. 心理科学进展，23（12）：2072 - 2084.

尹述飞，陈祥展，刘启珍，丁舟舟，李添，杨伟平，朱心怡，2019. 老年人认知训练的神经机制研究［J］. 生物化学与生物物理进展，46（2）：152 - 161.

尹述飞，彭华茂，2013. 偏题言语及其老化机制［J］. 心理科学进展，21（3）：487 - 494.

张耀东，2011. 老年轻度认知障碍的现状调查、危险因素及早期干预研究［D］. 苏州：苏州大学.

周丽，李春玉，金锦珍，2020. 老年人成功老龄化真实体验质性研究的 Meta 整合［J］. 护理学杂志，35（1）：70 - 74.

ALTMANN L J P, KEMPER S, 2006. Effects of age, animacy and activation order on sentence production［J］. Language and cognitive processes, 21（1 - 3）: 322 - 354.

ANGUERA J A, BOCCANFUSO J, RINTOUL J L, et al., 2013. Video game training enhances cognitive control in older adults［J］. Nature, 501（7465）: 97 - 101.

ARBUCKLE T Y, NOHARA-LECLAIR M, PUSHKAR D, 2000. Effect of off-target verbosity on communication efficiency in a referential communication task［J］. Psychology and aging, 15（1）: 65 - 77.

BAKEN R J, 2005. The aged voice: a new hypothesis [J]. Journal of voice, 19: 317 – 325.

BARRESI B A, NICHOLAS M, TABOR CONNOR L, OBLER L K, ALBERT M L, 2000. Semantic degradation and lexical access in age-related naming failures [J]. Aging, neuropsychology, and cognition, 7 (3): 169 – 178.

BORTFELD H, LEON S D, BLOOM J E, SCHOBER M F, BRENNAN S E, 2001. Disfluency rates in conversation: effects of age, relationship, topic, role, and gender [J]. Language and speech, 44 (2): 123 – 147.

CHIU H L, CHU H, TSAI J C, et al. , 2017. The effect of cognitive-based training for the healthy older people: a meta-analysis of randomized controlled trials [J]. PLoS One, 12 (5).

CONNOR L T, SPIRO III A, OBLER L K, ALBERT M L, 2004. Change in object naming ability during adulthood [J]. Journal of gerontology: psychological sciences, 59: 203 – 209.

HAZAN V, 2017. Speech communication across the lifespan [J]. Acoustics today, 31 (1): 36 – 43.

JACEWICS E, FOX R A, WEI L, 2010. Between-speaker and within-speaker variation in speech tempo of American English [J]. The journal of the acoustic society of America, 128: 839 – 850.

JAMES L E, MACKAY D G, 2007. New age-linked asymmetries: aging and the processing of familiar versus novel language on the input versus output side [J]. Psychology and aging, 22: 94 – 103.

KEMPER S, HERMA R, LIAN C, 2003. Age differences in sentence production [J]. Journal of gerontology: psychological sciences, 58B (5): 260 – 268.

KEMPER S, THOMPSON M, MARQUIS J, 2001. Longitudinal change in language production: effects of aging and dementia on grammatical complexity and propositional content [J]. Psychology and aging, 16: 600 – 614.

KINTZ S, FERGADIOTIS G, WRIGHT H H, 2016. Aging effects on discourse production [M] // WRIGHT H H, ed. Cognition, language, and aging. Amsterdam: John Benjamins Publishing Company: 81 – 106.

LEVELT W J M, ROELOFS A, MEYER A S, 1999. A theory of lexical access in speech production [J]. Behavioral and brain sciences, 22: 1 – 75.

MARINI A, ANDREATTA S, 2016. Age-related effects on language production: a combined psycholinguistic and neurolinguistic perspective [M] // WRIGHT H H, ed. Cognition, language, and aging. Amsterdam: John Benjamins Publishing Company: 55 – 79.

MARINI A, BOEWE A, CALTAGIRONE C, CARLOMAGNO S, 2005. Age-related differences in the production of textual descriptions [J]. Journal of psycholinguistic research, 34: 439 – 463.

MORTENSEN L, MEYER A S, HUMPHREYS G W, 2006. Age-related effects on speech production: a review [J]. Language & cognitive processes, 21: 238 – 290.

SADAGOPAN N, SMITH A, 2013. Novel nonword learning in older speakers [J]. Journal of speech, language, and hearing research, 56: 1552 – 1566.

SHAFTO M A, TYLER L K, 2014. Language in the aging brain: the network dynamics of cognitive decline and preservation [J]. Science, 346 (6209): 583 – 587.

THORNTON R., LIGHT L L, 2006. Language comprehension and production in normal aging [M] // BIRREN J E, LIGHT L L. Handbook of the psychology of aging. 6th ed. San Diego, CA: Academic Press: 261 – 287.

VALENTE A, LAGANARO M, 2015. Aging effects on word production processes: an ERP topographic analysis [J]. Language, cognition and neruoscience, 30: 1259 – 1272.

WRIGHT H H, 2016. Cognition, language and aging [M]. Amsterdam: John Benjamins Publishing Company.

XUE S A, HAO G J, 2003. Changes in the human vocal tract due to aging and the acoustic correlates of speech production: a pilot study [J]. Journal of speech, language, and hearing research, 46: 689 – 701.

Aging in Spoken Language Production of the Elderly and Preventative Cognitive Training Measures

Zuo Hongshan   Zhou Xiaoyuan

Abstract: The ability to use language is the direct embodiment of human cognitive ability. With the aging of individual's physiological structure and function, language ability also begins to decline. Based on domestic and foreign studies on language aging of healthy elderly, this paper discusses the characteristics of aging in spoken language production of the elderly systematically, from the perspectives of pronunciation, lexical retrieval, syntactic processing and discourse construction. In light of these characteristics, this paper proposes a series of cognitive training measures that can help improve the cognitive function of the elderly and thus help to delay language aging.

Key words: the elderly; spoken language production; aging; cognitive training

认知功能主义视域下
汉语"行为－情感隐喻"研究

李红波

（四川大学外国语学院，成都 610207）

摘　要：认知功能主义认为语言既反映意识，也具有语用和交际功能。从认知功能主义角度观察，有些行为表达实质上是对情感的隐喻表达。"行为－情感隐喻"正是认知功能主义关于语言认知功能和交际功能的交互性的极好佐证：情感认知是主观的，人们需要表达情感，而对情感的表达则可以借用能够体验到的、可被观察的现象——人们的基本行为。从认知功能主义分析"行为－情感隐喻"要求考虑行为、情感主体对行为、情感客体的主观体验，这种体验的普遍性与特殊性，行为、情感客体本身的可被观察性，以及交际主体之间的共识、正常信仰和周围的社会环境。本文研究认知功能主义视域下的汉语"行为－情感隐喻"，重点从社会认知的角度考察行为与情感的互动。

关键词：认知功能主义；行为－情感隐喻；主体间性；社会认知

认知功能主义认为语言既反映人们的意识，也具有语用、交际功能，认知和交际功能对理解语言和科学研究语言同样重要（Mischler，2013）。隐喻遍布于我们的日常生活之中，是认知功能主义者热衷讨论的话题之一。单从认知的角度出发，隐喻的认知机制在不同文化中几乎都是一致的，具有普遍性，比如概念隐喻理论。但从认知功能主义的角度出发，隐喻的认知机制必然要与其实际的交际功能相联系，因此不同文化中的隐喻既有相似性，也有差异性，对这些特定隐喻的理解也会产生差异。

"行为－情感隐喻"是用客观可观察到的行为描述去隐喻表达主观的情感，这本身似乎是不可完成的任务，但其在语言中的真实的、大量的存在强有力地佐证了主体间性是如何把行为和情感这两个不同的范畴的东西连接了起来。从认知功能主义角度观察，有些行为表达实质上隐喻地表达了情感，是因为我们需要表达我们的主观情感，而我们也经常借用我们的主观体验来表达这些情感，这些体验本身是可以通过生理反应被我们所感知、感觉的，也因而可以被我们以第三者的身份所观察、体会，具有主体间性。正是这种主体间性让我们可以更充分地说明"行为－情感隐喻"的社会认知机制，即行为、情感、行为和情感的主体、周围的社会环境尤其是语言环境之间的交互作用。

针对"行为－情感隐喻"，兹拉特夫（Jordan Zlatev）等人围绕语言和意识的交互性提出两个主要问题：一是主观的体验在"行为－情感隐喻"中担当了怎样的角色，二是语言的特定性或者文化特定性在"行为－情感隐喻"中又担当了什么角色。

就第一个问题，兹拉特夫等人认为，最具代表性的是莱考夫（Lakoff）与约翰逊（Johnson）在 1980 年出版的《我们赖以生存的隐喻》（*Metaphor We Live By*）一书中提出的概念隐喻理论。概念隐喻理论认为，所有语言表达在现实生活中都有对应的主观体验，因此所有的"行为－情感隐喻"也和普通隐喻一样有高度概念化的隐喻表达（Zlatev，2012）。比如"我的心一沉"这一隐喻就应该能够找到高度概念化的本源："心是一个容器"，因为容器在水里会沉下去。那么"我很开心"和"心花怒放"呢？似乎我们又得再找出相应的本源来对它们进行概念化。如果我们能够找到共同的概念隐喻模式去解释所有语言里的"行为－情感隐喻"，那么这对概念隐喻理论就是一个很好的证明。但是对一些文化独特性很强的隐喻，甚至是非常规约化的习惯表达，我们很难找到一个共同的概念隐喻去阐释其普遍性。比如英语里的谚语"kick the bucket""I was thrown off my feet"在汉语里就找不到对应的表达；而汉语里的"他让我下不了台""他冒火了"等也在英语里找不到对应的表达。

就第二个问题，兹拉特夫等人又提到了早期的结构主义，指出这一时期的结构主义认为情感的表达是不考虑主体的体验的，其意义是从其在语言的概念图式中的作用中衍生出来的；又提到了一种对篇章隐喻的阐释，即所有隐喻表达都是"form-specific"（例如：固定的词项始终映射到固定的比喻用法）（Zinken，2007），按照这个说法，所有的情感表达都不可能在不同文化、不同语言之间得到理解（Zlatev，2012）。但是，汉语里的"我坠入了爱河"和英语里的"We fall in love"在结构上以及所表达的情感上都如此相似，这又如何解释呢？由此，兹拉特夫提出"意识－语言互动论"（Zlatev，2008）来阐述这个问题。

笔者发现，兹拉特夫的"意识－语言互动论"与认知功能主义在以下观点上不谋而合：主张把语言和意识的关系放在语言的认知功能和交际功能这两者相结合的背景下去讨论，认为情感要顺利表达出来的通常途径是借用另一种表达，这个另一种表达是人们通过主体间性体验到的。所以我们不能单纯地用主观或客观来形容情感表达，而是要承认情感的主观性与可体验性、可观察性是并存的。

　　本文认为，在兹拉特夫等人所提的两个问题的基础上，应进一步考虑第三个问题：从物理行为到主观情感的转换的这一心理过程是如何得以顺利进行的？这个问题涉及隐喻认知动力学范式中的动力问题，包括内外源机制的交互作用、颅内认知和跨颅认知的交互作用、社会认知和个体认知的交互作用。本文重点考察社会认知和个体认知的互动，即研究"行为－情感隐喻"是如何在个人、他人、社会和主体行为的交互中实现行为和情感的互动的。对"行为－情感隐喻"的定义、分类以及对汉语这一特定语言环境中的"行为－情感隐喻"的具体分析（行为施动者、行为受动者、情感内容、行为与行为表达所指情感的关联等）充分说明了从认知功能主义角度出发研究隐喻的社会认知机制的可行性。以下的定义、分类均从英语里的"行为－情感隐喻"的研究出发，同时进行对比分析。

1. 对"行为－情感隐喻"的界定

1.1 对"行为－情感隐喻"里"行为"（motion）的定义和分类

　　综合牛津、朗文、剑桥、韦伯斯特等几大权威英语字典对"motion"一词的基本解释，兹拉特夫等人更倾向于从一个动态的、全方位的、第三者的角度来解释这个词，那就是一种持续的变化。这种变化是某个物体或某个人的相对位置的变化，包括相对于完全静止的变化，以及相对于非持续变化的持续变化。比如，一盏灯在此处熄灭，又在另一处打开，这就是非持续的变化，这就没有任何"行为"可言（Zlatev, 2012）。再进一步界定，我们要讨论的"行为"在这里指必须要有因运动而导致的相对位置的变化。这种运动包括外力作用和自身作用下的运动，这种相对位置的变化是指有参照物（根据 Framework of Reference）的空间变化，包括横向和纵向的，有位移和无位移的运动变化，包括方向和路径。基于此，兹拉特夫等人把行为分为三类：位移和非位移行为（translocative/non-translocative）、跨界和非跨界（bounded/unbounded）行为、自发和他发行为（self-caused/caused）

（Zlatev，2010）。

1.1.1　位移和非位移行为

根据空间参照物（special framework of reference）发生了相对于平均位置的持续变化的行为，即位移（translocative）行为；而没有这种变化的行为则属于非位移行为（non-translocative）。根据不同的参照点，我们又有三种不同的位移行为：以基本地理位置为参照点（Geocentric，主要指垂直或水平方向），以观察者为参照点（Viewpoint-centered，说话者或听话者），以移动的物体或背景为参照点（Object-centered，图形或背景）。比如：

①He turns left.（以观察者为参照点，说话者）

②Please go away.（以观察者为参照点，听话者）

③He walked upward.（以地理位置为参照点，垂直方向）

④He walked west.（以地理位置为参照点，水平方向）

⑤I pushed the car into the garage.（以移动的物体或背景为参照点，图形）

⑥I pushed the car forward.（以移动的物体或背景为参照点，背景）

这种分类对中文里的动词也基本适用：

⑦他向左转了。（以地理位置为参照点，说话者）

⑧请向左转。（以地理位置为参照点，听话者）

⑨他站了起来。（以地理位置为参照点，垂直方向）

⑩汽车一直往西开。（以地理位置为参照点，水平方向）

⑪我把车推进了车库。（以移动的物体或背景为参照点，图形）

⑫大家一起把车向前推。（以移动的物体或背景为参照点，背景）

而属于未发生位移的行为的动词（non-translocative）则不具备这种变化，比如 break，tear，wave，swing，敲，飘，撕，摇。

1.1.2　跨界和非跨界行为

所谓跨界即指行为本身必定导致状态变化（inevitable state-transition），比如有路径的变化，有行动的出发点（Source，以下简称 S）、中间站（Mid-point，以下简称 M）和终点（Goal，以下简称 G）。

⑬He left the company at 5 o'clock p. m.　　　　　　　　　　　　　（S）

⑭They moved to California.　　　　　　　　　　　　　　　　　（G）

⑮The train will pass that small town.　　　　　　　　　　　　　（M）

⑯The train has left from Copenhagen to Frankerfort.　　　　　　（S＋G）

⑰Go across this river to the church!　　　　　　　　　　　　　（M＋G）

⑱They left from school across a church to the railway station.

（S＋M＋G）

⑲The tree was split into two halves by the thunder.　　　　（state change）

　　⑬和⑭都是非常容易理解的，然而有人可能会对⑲持异议，因为
"split"这个动词既没有发生位移也没有具体的路径，但是它导致树发生了
状态的变化（into halves），所以⑲也属于一种对行为的描述。这类行为在中
文里也能找到对应的描述：

㉑孩子们从教室里跑了出来。　　　　　　　　　　　　　　　（S）

㉑孩子们跑到了操场上。　　　　　　　　　　　　　　　　　（G）

㉒他一下子跳过了那条沟。　　　　　　　　　　　　　　　　（M）

㉓孩子们从教室里跑到了操场上。　　　　　　　　　　　　（S＋G）

㉔他穿过那片小树林来到了小山下。　　　　　　　　　　　（M＋G）

㉕他从屋子里跑出来穿过那片小树林来到了小山下。　（S＋M＋G）

㉖他把柴一下就劈成了两半。　　　　　　　　　　　（state change）

　　但是仔细比较还是会发现有细微不同。比如例⑱和例㉕，它们同属
（S＋M＋G），但是⑱只有一个动词"left"，表示方式，而路径的变化则由
后面的介词"from, across, to"构成的三个介宾短语表达；而㉕却有"跑
出来、穿过、来到"三组连动词，其中动词"跑、穿"表示方式，动词
"出、过、到"表示路径，动词"来"表示方向。这一差异可能跟"卫星框
语言"（satellite-framed languages）和"动词框架语言"（verb-framed
languages）的区别有关。英语是"卫星框语言"，这一类动词本身表示方
式，而路径变化则由后面的介词、副词或介词、副词短语表示；而汉语则被

认为兼有二者的特点，所以有等距框架语言（equipollently-framed languages）（Slobin，2006）的说法，我们可以把汉语归入这一类当中，所以就出现了例⑱和例㉕明显的不同。虽然表达不一致，但是功能都一样，都是表达了一种跨界行为，而我们能够在承认二者差异的基础上视二者为一类动作。

1.1.3　自发和他发行为

这一类动词很好理解，就是指我们所能感受到的受到外来力量或自身力量影响的动作，其中后者还包括大自然自身的力量，比如因重力作用的下降：drop，fall，掉，落。具体例子如下：

　　㉗He **pushed** the car forward.　　　　　　　　　　（他发）

　　㉘我们冒雨一起**推**车。　　　　　　　　　　　　　　（他发）

　　㉙The cup **dropped**.　　　　　　　　　　　　　　　（自发）

　　㉚大家纷纷从车上**跳**下来。　　　　　　　　　　　　（自发）

1.2　对"行为-情感隐喻"里"情感"（emotion）的定义和基本情感分类

从古至今，人们对情感的研究涉及其定义、分类、发展、相关理论等，情感也是心理学和哲学的主要研究对象之一（Slobin，2006）。在此，我们主要讨论其定义和基本情感。

单词"情感"（emotion）的历史可以追溯到 1579 年，来自法语单词"émouvoir"，指"挑起"。首先，我们必须把"行为""感觉""情绪""情感"（motion，feeling，mood，affection）这几个词区分开来（http://en. wikipedia. org/wiki/Emotion）；其次，我们谈到"情感"时必然涉及五个基本方面，即大家的情感必然会有一系列的认知评价、身体症状、行为倾向、表情和感受的变化，这样我们才能体会到一个动态的、交互的过程。总的来说，人们对基本情感的分类可以从以下例子中略见一斑：比如汉语的"喜怒哀乐"四大基本情感；又比如保罗·埃克曼经过 40 年的研究认为情绪是不连续的、可测量的、生理上明显的，从而得到了六大基本情感：愤怒、厌恶、恐惧、快乐、悲伤和惊奇；再比如罗伯特·普拉奇克在此基础上提出了"轮情绪"（wheel of emotions），并给出了四对，即八个主要的情绪：快乐与悲伤、愤怒与恐惧、信任与不信任、惊喜与期待（http://en. wikipedia. org/wiki/Emotion）。

　　这些基本情感也有静态和动态之分，比如"爱"就是一个相对静态的情感，它在多数情况下是一种状态，一种结果，没有发生位移、跨界；然而"爱上了"就相对动态了，因为"爱"后面的"上"使"爱"这个行为有了方向感。

　　综上，为了与前面所讨论的"行为"相对应，我们这里给"情感"的定义是"情感意识的变化"（changes in affective consciousness），一定要强调变化，而不是一种静止的情绪状态。

1.3　对"行为－情感隐喻"的界定

　　我们所讨论的"行为－情感隐喻"不是简单的"行为隐喻"和"情感隐喻"的叠加，而是指通过对行为的描述来表达情感，关键是要体现出变化。我们在中文、英文、瑞典语、保加利亚语、西班牙语、法语、波兰语、德语、泰语里都能找到很多类似的隐喻表达，但不是所有这些隐喻表达都是"行为－情感隐喻"，尤其需要注意的是，并不是有动词就有"行为"，也并不是表达了情感就有情感变化。比如汉语里的"上当、立功、捧场、心软、垂头丧气"等词语中表达情感的只有"心软、垂头丧气"，但它们中没有一个是我们这里要讨论的"行为－情感隐喻"。

　　这里的"行为－情感隐喻"的本体（target）是情感，喻体（source）是行为表达。界定"行为－情感隐喻"有以下五大标准：

　　第一，表达的行为（行为）绝不是我们在"物理世界"（physical world）中能感受到的真正发生的行为，而是我们在"情感世界"（emotion world）中所体会到的。

　　第二，如果可以用物理对象来代替"第一"里的行为的主体，则它又必须是一种真实的行为描述。

　　根据上述两条标准，"我的心一沉"里的"沉"是实实在在的一个行为，然而我们并没有看到心真的沉下去了，这是一种隐喻的表达；如果把人比喻成一个大的容器，那么心脏是可以在这个"容器"里"沉"下去的。例：

㉛我的 心 突然 一 **沉**

wode xin turan yi chen

my heart suddenly one **sink**

≈ I became unhappy/worried/nervous suddenly.

又比如"垂头丧气"虽然隐喻了一种沮丧、失望的情感，但是我们现实生活中的确会有"头垂下"的行为，所以"垂头丧气"只能算是"情感metaphor"而不是我们要讨论的"行为－情感隐喻"。

第三，"行为"是通过关键动词来表述的，可以包括动词词组的介词、副词成分，或连动成分，但是绝不只是通过这些附加成分来体现"行为"的。比如"落进苦海"这个表达是隐喻绝望的情感变化，但它绝不是通过"进"来表达的，而是通过"落进"这个连动词一起来表达的。例：

㉜**落 进** 苦 海

luo jin ku hai

fall into bitterness sea

≈ to suffer bitterness

第四，"行为"表述的行为与其所隐喻的"情感"是必须同时发生的。比如"心软"的"软"是一个渐变的行为，就不属于我们要研究的对象。

第五，行为主体只包含"自身"（self）或"自身的一部分"（part of self）。以汉语为例。所有的人称代词，身体的器官（比如心、肺、手、眼、脸），火，气，都是我们认可的行为主体。其中"火、气"又必须是指人的身体内部所能发出的火和气，而绝非自然界的火和气，所以我们对这两个字的翻译全部采用大写（HUO，QI）以示区别。例：

㉝我 **冒 火** 了

wo **mao huo** le

I **send out HUO** PFV

≈ I became angry.

㉞别 拿 我 **撒 气**

bie na wo **sa qi**

Don't　take　me　**let out**　QI

≈ Don't vent your anger on me.

　　而"他的行为令我大跌眼镜"这个表达虽然隐喻了"非常吃惊"的情感变化，但是它的行为主体是"眼镜"，不属于"自身"或"自身的一部分"，不是我们研究的范畴，我们可以把这类表达归到转喻一类。

　　综上，和行为的分类一样，"行为－情感隐喻"也可以分为 8 类：自发位移跨界、自发位移不跨界、自发非位移跨界、自发非位移不跨界、他发位移跨界、他发位移不跨界、他发非位移跨界、他发非位移不跨界（caused translocative bounded，caused translocative unbounded，caused non-translocative bounded，caused non-translocative unbounded，self-caused translocative bounded，self-caused translocative unbounded，self-caused non-translocative bounded，self-caused non-translocative unbounded）。

2. 汉语"行为－情感隐喻"的类型归纳及分析

　　我们从现代汉语平衡语料库（http://www. sinica. edu. tw/Sinica Corpus）中的动词语料库里找到可能会出现动词隐喻的10 418个句子，然后又缩小范围找出有动作行为的隐喻（不一定都是本文要讨论的行为隐喻），再在这个范围内找出表达情感变化的句子，最后按照我们之前给出的"行为－情感隐喻"的五项标准剔除不符合的表达。我们结合实际生活中的积累，尽量避免固定成语和一字多例或一词多例，在固定表达中我们会明示行为的主体或客体。同时，尽量选取以自身作为图形（self is figure）的例子，因为这样能使研究的关系更单纯。最后总结出了 56 个类型。为了便于将来和其他语言进行比较，每个类型我们都在后面给出了最为忠实于这个字或词的最基本的含义的注释，归纳如表 1 所示：

表 1　汉语"行为－情感隐喻"的类型

	自发行为（Self-caused）	他发行为（Caused）
+ translocative/ + bound	（1）F 掉进 LM（F falls into LM） （2）F 落进 LM（F falls into LM） （3）F 陷入 LM（F sinks into LM） （4）F 坠入 LM（F falls into LM） （5）F 出 LM（风头）（F goes out of LM） （6）F 下 LM（台）（F steps down LM） （7）F 过 LM（坎）（F crosses LM） （8）FP（心）回（FP returns） （9）FP（心）落 LM（地）（FP falls to LM） （10）FP（心意）到（FP arrives）	（23）A 吹 F 上 LM（A blows F up to LM） （24）A 捧 F 到 LM（A carries F to LM） （25）A 放 F 在 LM（心上）（A puts F at/in LM） （26）A 冒 FP（火）（A sends out FP） （27）A 撒 FP（气）（A lets out FP） （28）A 泄 FP（气）（A lets out FP） （29）A 给 FP to LM（A gives FP to LM） （30）A 交 FP（心）（A gives FP）
+ translocative/ − bound	（11）FP（心）沉（FP sinks） （12）FP 倒（FP falls） （13）FP（气）来（FP comes） （14）FP（心）落（FP falls） （15）FP 涨（FP rises） （16）FP（心）飞走（FP flies away）	（31）A 吹捧 F（A blow carry with both hands F） （32）A 牵挂 F（A pulls hangs F） （33）A 牵动 F（A pulls moves F） （34）A 吸引 F（A attracts F） （35）A 吊 FP（胃口）（A lifts up FP） （36）A 拉下 FP（脸）（A pulls down FP） （37）FP（心）提（FP lifts up）

续表1

	自发行为（Self-caused）	他发行为（Caused）
－ translocative/ ＋ bound	（17）F 崩溃（F cracks breaks down） （18）F 爆发（F explodes） （19）FP（心）碎（FP breaks to pieces） （20）FP（肺）炸（FP explodes）	（38）A 放松 F（A lets F go and loose） （39）A 安 FP（心）（A stabilizes FP） （40）A 刺伤 FP（心）（A stabs wounds FP） （41）A 分 FP（心）（A divides FP） （42）A 放 FP（心）.（A puts aside FP） （43）A 关 FP（心）（A closes FP） （44）A 静 FP（心）（A stabilizes FP） （45）A 开 FP（心）（A opens FP） （46）A 偏 FP（心）（A tilts FP） （47）A 撕 FP（心）（A tears FP） （48）A 释 FP（手）（A lets FP go） （49）A 翻 FP（脸）（A turns over FP） （50）A 断 FP（念头）（A cuts off FP） （51）A 扫 FP（兴）（A clears away FP） （52）A 解 FP（气）（A removes FP）
－ translocative/ － bound	（21）FP（心）飘（FP floats） （22）FP（心）荡（FP swings）	（53）A 打动 F（A beats stirs F） （54）F 动摇（F stirs shakes） （55）A 担 FP（心）（A shoulders FP） （56）A 动 FP（心）（A stirs FP）

注：F＝自身是图形（Self is Figure），FP＝自身的一部分是图形（Part of self is Figure），LM＝背景（Landmark），A＝行为主体（Agent）

在这 56 个汉语的"行为－情感隐喻"类型中，从行为是否是自发的角度看，有 22 个属于"自发行为"（self-caused），约占 39%，34 个是"他发行为"（caused），约占 61%；从行为的主体是自己还是自己身体的一部分这个角度看，有 19 个是属于"自身是图形"（self is figure）的行为，约占 34%，另外 37 个是属于"自身的一部分属于图形"（part of self is figure），比率高达 66%。

考虑到汉语情感表达中喜悦多与"心"相关，比如"心花怒放"，我们专门从这个角度去分析了一下数据。在这 37 个"自身的一部分属于图形"的表达中就有 22 个直接和"心"有关，超过一半，约占 59%；而算上上述表格中的（29）的话（因为可以说"我给了他我的心"，或者"我给了他我全部的爱"），就是 23 个，比例则变成 62%。在这 22 个与"心"直接有关的表达中又有 14 个是出现在词语中的（约占 64%），其中只有 2 个——（8）"回心转意"和（22）"心荡神移"是成语。我们尽量避免成语，因为成语的文化独特性太强，对本文的论证力度不大。虽然这 14 个词语中有些也可以出现在成语中，但只要可以避免，我们就选取不是以成语的形态出现的例句，比如（46）也可以是"撕心裂肺"。考虑到以上原因，我们最终选择的例子是"心被撕裂了"。"自身的一部分属于图形"的类型中有 15 例跟"心"没有关系，但是跟人的器官和人的内在的东西有关，比如"气"和"火"，这两个词根本无法翻译成有实体指称对象的英语，因为它们其实是人体内在的东西。其中有 5 个的"FP"是"气"（33%）；有 1 个是"火"，其实也是"气"之意；有 2 个是"脸"；2 个是"胃口"；1 个是"肺"；1 个是"兴"；1 个是"热情"；1 个是"爱"；1 个是"念头"。

上述文字说明，汉语表达更倾向于含蓄的以"FP"作主语的表达，而在这些"FP"作主语的表达中又有半数以上都是和"心"有关，这和泰语极其相似，泰语里也有很多与心有关的表达（Moore，1998）。汉语和泰语属于同一语系，这种跨语言的相似度也是对语言意识的交互性极好的印证：语言相似度越大，"行为－情感隐喻"表达的相似度也越大；反之也成立，我们将另文探讨。

3. 汉语"行为－情感隐喻"中的行为与情感的互动分析

我们对"行为－情感隐喻"的定义本身就遵循了"情感－行为－情感"这一互动的过程，可被观察的行为和可被体会的情感是我们阐释行为与情感的互动的关键。可以从以下三个方面来层层推进：

第一，"行为－情感隐喻"涉及的行为是我们日常生活中的普遍的、共识的体验，具有文化独特性。

第二，"行为－情感隐喻"中涉及的情感是人们的基本情感，而且作为社会交际的主体，人们有表达这些基本情感的需求，这也具有文化甚至是主体的独特性。

这样看来，第一条和第二条根本无法放在一起，那么行为和情感是如何实现互动的呢？

第三，人们在表达自己的情感时通常会考虑发生这些情感变化时常常出现的生理变化，而这些生理变化却是能够被认知主体直接观察到、体验到的，很多都是人们共同的基本的体验。比如人生气时会有血液循环加快、呼吸急促、瞪眼、面色变红、全身肌肉紧缩、握拳等行为，这些行为可以被第三者注意到，并且因为有共同的体验，这些行为可以被观察者所理解。这就是我们说的主体间性。

正是因为第三条中所说的主体间性，我们可以借用第一条所述的人们的基本的行为体验来表达情感的变化，并从这些基本的行为表达中体会到与之有关联的人类的基本情感变化的隐喻。这样一来，行为主体、他人（观察者）、社会以及主体的行为就在"行为－情感隐喻"中有了交互，实现了从行为域到情感域的映射。

在表 1 中我们就所能找到的汉语里的"行为－情感隐喻"进行了一个基本类型上的归纳分析，现在我们从具体化的行为表达来进一步讨论其互动的轨迹。

首先，所有的行为表达中的行为都不是施事主体实际发生了的行为。例如：

㉟我的　　心　　要　　　**碎**　　　　　　　了
　wode　　xin　　yao　　**sui**　　　　　　　le
　my　　heart　　will　　**break to pieces**　　PFV
　≈I feel very sad.

㊱**坠　入**　爱　河
　zhui ru　ai　he
　drop into love river
　≈to fall into love

㊲别　　**翻**　　　**脸**　　不　　认　　人
　bie　　**fan**　　**lian**　　bu　　ren　　ren
　Don't　**turn over face**　　not　　know　　people
　≈Please don't turn hostile.

例㉟中的"心碎"中的"心"实际上并没有"碎"；例㊱中的"坠入爱河"中的"爱河"在现实生活中也是不存在的；㊲中的"翻脸"也不是真的会把脸翻过来，这些都是比喻的说法。

其次，撇开施事主体，所有的行为表达中的行为本身都是人们在日常生活中所体验过的。比如，“心碎”中的“碎”这一行为，在现实生活中是真真切切地存在的，玻璃杯可以被打碎，石头也可以被粉碎；同样，现实生活中我们也有过坠入河流、翻开一页书的体验。也就是说，这些行为本身都在现实生活中被人们直接或间接地体验过，不管在表达中是什么人或事实施或承受这些行为。

再者，这里所有的行为表达都与情感有关，行为、情感都是主观的，但是人们对这些行为本身可以有所感受，也就是主体间性的存在是关键。所以我们一提起这些行为，人们就会明白这些行为是如何发生、结束，又会有什么结果。比如，某样东西“碎”了，就是改变了最初的完整的状态，这很容易使我们产生七零八落的感觉，但不管是什么样的感觉，多数都不会是好的感觉。再比如，“落、沉、崩溃、炸、爆”这些行为都与“低落、伤心、失望、绝望”等消极的情感关联，而“开、放、释”这些行为则与“轻松、放心”这类情感关联。又比如，“上、涨、提”这些给人积极向上的行为自然与“兴奋、高兴”这类强烈的情感关联。例如：

㊳我的 心 终于 **落** 地 了
wode xin zhongyu **luo** di le
my heart finally **fall** ground PFV
≈I was relieved finally.

㊴我 对 书 爱 不 **释** 手
wo dui shu ai bu **shi** shou
I for book love no **let go** hand
≈I love books very much.

㊵我的 心 **提** 起 来 了
wode xin **ti** qi lai le
my heart **lift** stand up come PFV
≈I became extremely nervous.

最后，在所列举的“行为－情感隐喻”表达里，我们只看到源域即“行为”表达，而目标域即“情感”是不会出现在表达中的。比如，我们说“心碎”，其实是在表达“伤心、绝望”，现实生活中“心”并未“碎”，如果心真的碎了，那就不是隐喻表达悲伤的问题了，而是性命攸关的问题了。所以，一般情况下，当我们听到一个人说"我的心都要碎了"，这就肯定不是在说他要死了，结合对"碎"这个行为的感受，我们就会明白对方实际要表达的是情感，这个情感与我们对表达中的行为的感受是一致的，是对应的。表1中所列举的汉语的"行为－情感隐喻"类型所对应的情感当然在不同的语境中可能会有所变化，但是情感的变化轨迹应该是一致的。比如，"落进苦海"和"陷入情网"在字面意义上大相径庭，但是情感变化的轨迹都是一样的，指完全投入某种感情中。

4．结论与展望

"行为－情感隐喻"是借助行为表达来表现情感变化的隐喻表达，是利用主观行为的可观测性来表达可被客观体验的主观情感，无论是从成因还是从理解来看，都体现了语言和意识的交互性。这从本文对汉语的"行为－情感隐喻"的分析中得到充分印证。从认知功能主义角度出发对汉语"行为－情感隐喻"中行为和情感的互动进行社会认知研究，无论是对特定语言研究还是对跨语言研究来说，无疑都是在继承传统的认知语言学研究范式基础上的一种尝试和创新。而语言和意识的交互性更进一步地体现在不同语言的"行为－情感隐喻"的对比分析中，这是我们下一步要探讨的话题。另外，汉语里的很多词语一般是不会拆开来理解的，比如"担心、放心、崩溃、冒火、牵挂"。但是如果不拆开来理解，就很难找到其他语言里的"行为－情感隐喻"相对应的实例，这种比较也就没有可行性。汉语里的固定词语是否应拆开进入我们研究的范围，是一个值得探讨的问题。

参考文献：

鞠玉梅，2011．社会认知修辞学：理论与实践［M］．北京：外语教学与研究出版社．

林崇德，张文新，1996．认知发展与社会认知发展［J］．心理发展与教育（1）：50－55．

刘晓力，2005．交互隐喻与涉身哲学——认知科学新进路的哲学基础［J］．哲学研究（10）：73－80．

尉万传，2010．汉语称谓语的社会认知探析［J］．广西社会科学（6）．

徐盛桓，2008．隐喻为什么可能［J］．外语教学（3）：1－7．

徐盛桓，2011．语言研究的心智哲学视角——"心智哲学与语言研究"之五［J］．河南大学学报（4）：1－12.

于小涵，李恒威，2011. 认知和心智的边界——当代认知系统研究概观［J］. 自然辩证法通讯（1）：21－28.

ANDERSON M L, 2003. Embodied cognition: a field guide［J］. Artificial intelligence, 149 (1): 91－103.

BROTHERS L, 1990. The social brain: a project for integrating primate behavior and neurophysiology in a new domain［J］. Concepts neuroscience (1): 27－51.

CROFT W, CRUSE D A, 2004. Cognitive linguistics［M］. Cambridge: Cambridge University Press.

LAKOFF G, JOHNSON M, 1980. Metaphors we live by［M］. Chicago: The University of Chicago Press.

MISCHLER Ⅲ J J, 2013. Metaphors across time and conceptual space: the interplay of embodiment and cultural models［M］. Amsterdam: John Benjamins Publishing Company: 1－2.

MOORE C, 1998. Heart talk: say what you feel in Thai［M］. Bangkok: Heaven Lake Press.

PORT R F, VAN GELDER T, 1995. Mind as motion: explorations in the dynamics of cognition［M］. Cambridge, Mass: The MIT Press: 2－4.

SLOBIN D I, 2006. What makes manner of motion salient? Explorations in linguistic typology, discourse, and cognition［M］// HICKMANN M, ROBERT S, ed. Space in languages: linguistic systems and cognitive categories. Amsterdam: John Benjamins Publishing Company: 64－65.

TALMY L, 2000. Toward a cognitive semantics: Vol 1 and Vol 2［M］. Cambridge, Mass: MIT Press: 222.

TOMASELLO M, 2003. Constructing a language: a usage-based theory of language acquisition ［M］. Boston: Harvard University Press.

ZINKEN J, 2007. Discourse metaphors: the link between figurative and habitual analogies ［J］. Cognitive linguistics, 18 (3): 445－465.

ZLATEV J, 2008. The dependence of language on consciousness［J］. Journal of consciousness studies, 15 (6): 36－62.

ZLATEV J, 2012. Metaphor and subjective experience: a study of motion-emotion metaphors in English, Swedish, Bulgarian, and Thai［M］// FOOLEN A, ed. Moving ourselves, moving others: motion and emotion in intersubjectivity, consciousness and language. Amsterdam/Philadelphia: John Benjamins Publishing House: 424, 425, 434.

http://en. wikipedia. org/wiki/Emotion.

http://www. merriam - webster. com/dictionary/motion.

http://www. oxforddictionaries. com/definition/english/motion?q = motion.

http://www. sinica. edu. tw/SinicaCorpus/.

Research on Chinese Motion-emotion Metaphors from the Perspective of Cognitive Functionalism

Li Hongbo

Abstract: Cognitive functionalism argues that language reflects people's consciousness, and this cognitive aspect of language interacts with the communicative function of language very well. Motion-emotion metaphors, by which some emotions can be metaphorically referred to, can testify such interaction in view of cognitive functionalism. The analysis of motion-emotion metaphors, from the perspective of cognitive functionalism, takes the following aspects into consideration: the subjects' experiences of physical motions and their effects on objects; the universality and the specificity of such experience; the traits of being observed of emotions and their related motions; the common knowledge and normal beliefs among the subjects and surrounding contexts. This paper specializes on Chinese motion-emotion metaphors from a perspective of cognitive functionalism, focusing on the interaction between motions and emotions in a viewpoint of social cognition.

Key words: cognitive functionalism; motion-emotion metaphor; intersubjectivity; social cognition

隐语研究的心智哲学新进路

黄 星

（四川大学外国语学院，成都610207）

摘 要：隐语是特殊环境下的特殊语言现象，也是一种很有特色的心智活动。很少有学者从认知语用学角度对隐语进行研究，对隐语的心智哲学研究更少。本文在总结隐语研究现状和分析心智哲学发展状况的基础上，提出运用心智哲学来深入分析隐语运用中的心智活动。这是既有必要又切实可行的一个隐语研究新进路，也是语言学发展到当代的一个必然结果。最后，本文结合心智哲学的相关理论和观点，提出研究隐语的几个具体思路。

关键词：隐语；心智哲学；进路

1. 引言

隐语又称密语、黑话、切语、切口、暗语、行话、市语、春典（点）、徽语、背语等，是一种比较特殊的语言现象，指的是"游离分子或帮派集团使用的特殊词语，以秘密性为其特点。使用隐语的目的在于使圈子之外的人听不懂，以便于保护自己或作为考察对方是否圈子中人的手段"（戚雨村等，1993：566）。郝志伦对隐语的定义是："隐语是人类社会全民语言或地域方言在社会层次上的变体，是附着在全民语言或地域方言系统上的一个子系统，是语言的一种特殊变异现象。隐语指人们为隐蔽自己（保守群体秘密，维护集团利益等），为避讳禁忌而创造使用的一切秘密语"（郝志伦，2001：8）。曲彦斌认为，"所谓民间秘密语（或称民间隐语行话），是某些社会集团或群体出于维护内部利益、协调内部人际关系的需要，而创制、使用的一种用于内部言语交际的，以遁辞隐义、谲譬指事为特征的封闭性或半封闭性符号体系；一种特定的民俗语言现象"（曲彦斌，1997：41）。因此，隐语是帮会组织等特定人群内部制定和使用的自成体系的，对内交流、对外隐晦的一套特殊和秘密的用语。隐语以口语交际为主体形式，以保密和认同为主要功能，主要用来拜山交结和查问、考查、联络、识别组织成员。

隐语是出于隐秘目的而在内部形成的一个完整的交流体系，显性表达的原有字面意义被真正的交际意图所压制，出现了与原有字面语义相距甚远的

215

深意，通常不为特定群体之外的人所理解。本文首先总结隐语的研究现状，再结合心智哲学的发展状况，提出要深入研究隐语这种自成体系的特殊用语的生成与理解，不仅可以从认知语用学的角度，还可以运用心智哲学的理论来深入分析隐语运用中的意识运作。这是既有必要又切实可行的隐语研究的一个新进路，也是语言学发展到当代的一个必然结果。最后，本文再结合心智哲学的相关理论和观点，具体探讨这一隐语研究新进路的几个思路。

2. 用心智哲学研究隐语的必要性与可行性

隐语是一种特殊的语言现象，是透视社会、历史、文化现象的一个窗口。隐语的运用复杂而有趣，值得研究。隐语的研究有着悠久的历史，前人已经在不同学科领域，从不同角度，对隐语进行了大量的研究，取得了丰富的研究成果。过去对隐语所做的研究主要集中在民俗学、社会学、犯罪学、历史学、民族学、文学、语言学等领域。过去对隐语文献的收集、考证做了大量工作，从语言学角度对隐语展开的研究比较偏重方言学和词汇学的研究，对隐语的语音、词源、分类、社会意义、语用功能等方面的考察较多。总的来看，涉及隐语词汇的外在结构的一般性分析和研究比较多，而对隐语词语的内部构成方式等方面的规律与特征等问题的研究比较少，也很少有学者对隐语运用的内部机理进行追问。

目前隐语的研究状况与当代语言学的解释性取向不太协调。语言学的研究类型是随着语言学研究的历史不断发展、变化的，现在语言学的研究已经发展到以解释取向为主的研究。20 世纪六七十年代，语用学发展迅速，语言学转向是语用学的转向。在这种思潮影响下，语言学研究不是只为考察语言而考察语言，而且还要通过研究语言表达如何可能考察人的自身以及人与外部世界的关系；语言学研究的主要目的从描写性目的转变成了解释性目的。到 20 世纪末，语言学和认知科学研究的发展共同促成了认知语言学的发展，而认知语言学也是以解释为取向的。认知语言学研究的两个主要方面是概念结构和认知能力，"认知语言学大量的工作是投放到揭示概念结构和认知能力是如何应用于语言的"（Croft & Cruse，2004：3）。认知语言学的任务是不但要描写人类运用语言和理解语言的心智内部的语言知识，而且还要从人类基本的认知能力和并非只属于语言的知识结构来说明这些语言知识（Taylor，2002；徐盛桓，2005：4）。

到了 21 世纪，在认知科学的研究不断深化的背景下，发展出来心智哲学（philosophy of mind）的理论。塞尔（John R. Seale）说："50 年前，语言哲学被认为是第一哲学，而现在这一位置已为心智哲学所取代。"（Searle，1999：2075；于爽，2009：126）"我认为我们已经从以语言哲学为研究中心转移到以心智哲学为研究中心……语言的最重要的性质是基于心智的，因此，意义和意向性是先于语言的心智能力，在我们能够阐明语言的性质之前，我们必须将先于语言的心智能力搞清楚。语言依赖于心智，甚于心智依赖于语言。"（蔡曙山，2007：11）心智哲学从哲学层面对认知进行深入研究。在过去的几十年里，心智哲学的研究取得了很多成果。心智哲学要解决意识活动、心身（mind and body）问题、意向性问题、心理因果性问题、自由意志问题、无意识行为问题、感知问题等。心智哲学认为，哲学分析是与语言密切相关的，语言活动也是心智活动。心智哲学不仅注重句法分析和语义分析，而且更加注重语言分析中人的因素和身心关系的分析，即语用学的分析（蔡曙山，2008：49）。心智哲学要通过研究语用问题，探究在与语用相关的心智活动中，心理表征、意识运作和信息加工等各种因素的问题。心智哲学研究认知主体的语言能力和心智能力所涉及的哲学问题，使哲学完成了从"语言"到"认知"的转向。

现有的一些研究已经将心智哲学的理论资源用于语言分析的各个层面，今后的研究将逐步形成心智哲学视角下的语言研究理论体系，并采用多元化研究方法，加大研究对象的广度和深度（夏秸，2017：50-57）。心智哲学是一个开放的、发展着的研究领域，国内外还有许多新议题、新理论尚未纳入心智哲学与语言研究的研究视野（邱晋、廖巧云，2019：24）。从目前语言学总的发展趋势看，对隐语的研究也必然走向对其内在机理的解释性研究，而心智哲学也为隐语研究提供了新的研究视角和研究方法。

隐语是特定群体的特殊语言表达，属于全民语在帮会组织等小团体范围内的社会变体，是一种比较特殊的语言现象，但是仍然与日常生活用语有着广泛而深刻的联系。隐语的运用涉及隐喻和转喻两种认知机制，是一种复杂的思维和认知活动。隐语的运用是对世界的感知的一种反映和表征，在这样的心智活动中，意识和概念起着重要作用。由于隐语的运用是认知活动和心智活动的反映，因此可以结合语用学、认知科学和心智哲学的理论和观点来对隐语运用的内在思维过程和机理做进一步的研究，将隐语的语用研究推进到更深的层次。这样的研究能深入探索隐语显性形式与隐晦的所指意义之间的理据性联系，丰富和拓宽隐语的研究面向，可以进一步深化隐语的研究，加大对隐语的研究力度，是一个具有一定理论意义和学术参考价值的研究新思路。将隐语这一特殊的语言现象作为心智哲学研究的切入口，可以更清晰地看到意识运作的脉络。这样，就不仅将隐语研究扩展到对其深层认知语用机制的研究，探究隐语运用过程中显性表述成分和隐性含意成分的复杂转换关系，而且对其他的发生变异的特殊语言现象的研究也有一定的启发意义和参考价值。运用心智哲学的理论对隐语的认知语用机制进行研究，可以揭示语言运用的心理模型、思维逻辑和认知逻辑，从而更加深刻地了解概念之间和概念特性之间的意义关系，以及事物之间的深层关系。通过比较隐语与日常用语的异同，阐释语言事实背后的认知机制和规律，深入研究认知主体使用语言的深层规律，了解认知主体的范畴化过程，分析语言知识与语境知识的互动过程，探究认知主体使用语言的灵活性、主观性与系统性，了解人类在语言交际过程中体现出来的认知策略与认知特征等，也有利于揭示语言的本质。

　　隐语是一种特殊的语言现象，也是一种很有特色的心智活动。将心智哲学和认知语言学的理论结合起来研究隐语现象，深挖隐语的语用机制与认知思维特征，探讨隐语的显性表述代替隐藏的真正意图的内在思维过程和机理，不仅是必要的，同时也是可行的。这样的研究体现了语言学解释性发展趋势的延续，将隐语的研究推进到更深的层次，同时也为心智哲学的意识研究提供新的思路与窗口，有助于了解语言运用的普遍认知基础、特点与规律等。

3. 用心智哲学研究隐语的具体思路

　　隐语的运用是认知活动与心智活动的反映。在充分掌握隐语语料的基础上，突破传统研究方法，借鉴心智哲学的相关理论和观点，结合认知语用学和认知科学的理论，完全可以构建出一个具有操作性的基本研究框架，将演绎、归纳与溯因推理等研究方法结合起来，对隐语运用的认知与心智因素进行全面、深入的分析和阐释，探讨隐语运用的内在思维过程和机理。这样的研究以隐语为分析的出发点，但分析的目标却不限于隐语，而是要通过研究隐语现象的心智过程，探讨意识的运作、知识的形成以及认识的特征与策略。

　　隐语的生成与理解反映了大脑对外部世界的感知，离不开心理前提和意识的运作。隐语的显性语言表述体现了语言的心理属性，有其内在的心理基础与前提。对隐语的认知分析要进行溯因推理，找出一个隐语现象的各种原因中最可能的一个，探究其内在的认知取向，分析隐语运用过程中意识的运作所涉及的心智因素。意识运作是心智哲学的一个重要研究课题。分析隐语的机理其实就是分析认知主体的感知特征和意识运作的规律。在归纳语言规律的基础上，进一步探究语言运用内部的意识结构。基于这一思路，用心智哲学的理论来研究隐语，主要包括隐语运用的意识运作和心理基础等，具体来说，可以分析以下几个方面的内容：

3.1　感受质

人们的感受具有个人主观差异性，同时也具有普遍性。感受的普遍性又是语言交流的基础。心智哲学的研究发现，感受性是一个智能体拥有意识的核心条件（李恒威等，2008：26－33）。感受质是具有意识的感知主体在外部世界各种事物的激发下，产生出的各种情感、认识等主观感觉体验（徐盛桓，2010：30－35）。

隐语的运用涉及一系列不同阶段的心智活动。不论是隐语的产生还是理解，都是隐语使用者（包括隐语的创制者、表述者、理解者）的旧感受的拓展和新感受的建立，都要基于与外部世界互动得到的感知、经验和概念。在隐语的运用中，意识运作的几个阶段都要以认知主体的感受质为意识和心理的基础。隐语中隐性的意向内容是自主成分，显性的隐语表达是依存成分。认知主体在对相邻相似关系感知的基础上，建立起隐语的自主－依存关系。感知基础对隐语表达的建构和理解都有着微妙的制约作用。隐语运用的心理路径都是以感受质为基础的，作为意识和心理基础的感受质起到定距的作用，非常灵活地设定隐语显性表述与日常用语之间的距离，使晦涩的隐语表达在某种程度上仍然能够得到接受和理解。对隐语的心智哲学视角的研究可以阐明，在隐语的运用中，认知主体表现出意识的自主性、感受的普遍性和思维的灵活性，并通过隐语的语言表征体现出对感知表征的扩展。

3.2　意向性

隐语的生成和理解都是复杂的心智活动，意向性的因素在其中起着重要作用。认知科学认为，意向性归根到底是心理表征，指的是指向（directed upon an object）或关涉（about something）的性质；认知计算状态和日常意向性态度中的意向性是大脑所固有的状态（Wilson & Keil, 1999：414）。

在隐语的运用中，意向性与语境发生密切互动，帮助确定意识运作的起始大方向。在隐语生成的过程中，认知主体在语言表达的广阔可能性空间中，以隐秘交际为方向，将隐晦的意向内容一步步转变成显性的词汇表达。在创制隐语的过程中，首先要确定意向性，以意向性为指引，使语言表达成为既具有交流性又具有隐晦性的语言表征。个人形成隐语的语言表达之后，这一个体表达的思维成果经过集体意向性的确认，实现向集体思维的转变，在集体中成为带有一定强制性的语言交流规范。

隐语的理解是隐语运用中的另一个方面。隐语的理解是从较不完备的显性表达到较完备的意向内容的回溯性语用推理。对隐语的运用者而言，要达成理解隐语的目的，同样离不开意向性的引导。认知主体从显性词汇表达出发，借助意向性确定字面表达背后的交际意义方向，经过意识运作，从隐晦不明的显性表达反溯解读出比较明确的隐语含意，从而达成对隐语的理解。

为完成隐语表达的创制或阐释，认知主体确定意向性中的意向态度和意向内容之后，在意向性的引导下，在各个层次的语境当中，经历一系列的认知过程。隐语的生成和理解过程都是在意向性的导向和制约下发生的。

3.3 概念域

隐语的使用是语言使用者认知能力的外显化表现，是认知主体对外部世界规律中涉身的概念域所进行的特异序列化。在隐语的生成中，隐语的创制者要将心理模型中的目标概念和各个可能的隐语表达候选项的概念进行比对。为了表达一个意义，创制者可以考虑用不同的显性隐语表述，这些显性表述成为候选项。隐语创制者再将这些候选项与各层语境结合起来进行检验，从中选定一个最恰当、最有效的隐语表达，实现对真实交际意图的代替，同时也在心理模型中形成新的概念域和范畴组合。

在隐语的理解中，理解者将需要解读的隐语表达的概念放入原有的概念组合系统中进行比对。对帮会组织以外的人而言，隐语背后的概念组合与原有概念系统相比有比较大的不同，发生了比较大的变异，超出他们能够激活相应心理感知的范围，导致他们不能识别和理解这些隐语表达。对帮会组织内部的人来说，虽然心理感知不能即刻得到全部激活，隐语也在一定程度上偏离它们原来已有的概念域，但是隐语表达仍然在一定程度上提供了概念联结线索，所以使用者仍然能够从最后的表述出发，部分或者全部激活相应的感知范围，完成个人意识与集体意识的融合，确定正确理解隐语表达的概念域，实现对隐语表达的理解。实际上，对组织内部的人来说，能否有常规联系并不重要，真正重要的是最终的联结能否带来激活，尽管激活的有可能是不同寻常的概念域。

　　不论是隐语的显性表述还是隐语的隐性意义，都是概念的重组、扩充等变化的结果。隐语的运用以隐语创制者和理解者的心理表征为基础，涉及大脑中各种类别、各个层次的概念域的重新整合。

4. 结语

　　总而言之，隐语是一种特殊的语言现象，也是一种很有特色的心智活动。对隐语的研究借鉴和吸收了很多西方语言学的理论。为了继续推进隐语的研究，我们还需要结合语言学研究现有的发展趋势，将隐语的运用看成心智活动的反映，借用心智哲学的研究成果，运用相关理论与观点，结合认知语言学、语用学、方言学的理论，对隐语运用过程中认知主体的心智活动展开研究，充分深入地探讨其中的内在机理和意识运作。这是既有必要性又具可行性的隐语研究新进路，可以丰富和推进隐语的研究，也是语言学发展的一个必然结果。

参考文献：

蔡曙山，2007. 关于哲学、心理学和认知科学的 12 个问题——与约翰·塞尔教授的对话
　　[J]. 学术界（3）：7 - 17.

蔡曙山，2008. 20 世纪语言哲学和心智哲学的发展走向——以塞尔为例 [J]. 河北学刊
　　（1）：43 - 52.

郝志伦，2001. 汉语隐语论纲 [M]. 成都：巴蜀书社.

李恒威，王小潞，唐孝威，2008. 表征、感受性和言语思维 [J]. 浙江大学学报（人文
　　社会科学版）（5）：26 - 33.

戚雨村，等，1993. 语言学百科词典 [Z]. 上海：上海辞书出版社.

邱晋，廖巧云，2019. 为什么心智哲学的学术资源可以用于语言研究？[J]. 西安外国
　　语大学学报（2）：21 - 25.

曲彦斌，1997. 中国民间秘密语（隐语行话）研究概说 [J]. 社会科学辑刊（1）：
　　41 - 47.

夏秸，2017. 国内心智哲学视角下的语言研究（2010—2016）[J]. 浙江外国语学院学
　　报（2）：50 - 57.

徐盛桓，2005. 句法研究的认知语言学视野 [J]. 外语与外语教学（4）：1 - 7.

徐盛桓，2010. 心智哲学与语言研究 [J]. 外国语文（5）：30 - 35.

于爽，2009. 当前国内分析哲学研究中的几个主要问题——第五届全国分析哲学研讨会

侧记 ［J］. 哲学研究 （6）：125 – 126.

CROFT W, CRUSE A D, 2004. Cognitive linguistics ［M］. Cambridge：Cambridge University Press.

SEARLE J R, 1999. The future of philosophy ［J］. Philosophical transactions：biological sciences, 354 （1392）：2069 – 2080.

TAYLOR J R, 2002. Cognitive grammar ［M］. Oxford：Oxford University Press.

WILSON R A, KEIL F C, 1999. The MIT encyclopedia of the cognitive sciences ［M］. Cambridge, Mass：The MIT Press.

A New Approach to Cant from the Perspective of the Philosophy of Mind

Huang Xing

Abstract：Cant is a special linguistic phenomenon under special circumstances. It is also a distinctive activity of mind. Few previous studies of cant have been done from the perspective of cognitive pragmatics and even fewer have been done from the perspective of the philosophy of mind. Based on the summary of the previous studies on cant and the analysis of the development of the philosophy of mind, it is proposed that the philosophy of mind can be employed to deeply analyze the mind operations in the use of cant. This new approach to cant is both necessary and feasible and it is a natural result of the development of modern linguistics. Finally, using the relevant theories and ideas of the philosophy of mind, several specific aspects of research can be done on cant.

Key words：cant；the philosophy of mind；approach

想说就说 说得响亮 说得漂亮
——大学英语口语教学方法创新研究

冯 娅

（四川大学外国语学院，成都610207）

摘 要：大学英语口语教学方法创新研究以学习者为中心，以情景式教学为突破口，以新颖别致的学习方法去创新实践、接轨国际，通过实践，学习者将熟悉国际国内口语考试，同时培养口语实际运用能力。情景致胜法适用于各种语言口语水平的提升和口语能力的提高。丰富多彩的口语练习模式，注重练习的实效性、实用性，让不同层次的学习者都有表现自己、表达思想的机会，随时随地都能"秀"一把，人人都能"秀"个够，秀出自我，秀出风采，最终荣登口语圣殿，想说就说，说得响亮，说得漂亮。

关键词：情景致胜；创新实践；培养口语实际运用能力；秀出自我

还在为哑口无言发愁吗？还在为欲言又止犯难吗？借力独特新颖的情景致胜英语口语学习，助力畅所欲言、直抒己见。教育部新颁发的《大学英语课程教学要求》明确指出，大学英语的教学目标是培养学生的英语综合应用能力，特别是听说能力，使他们在今后学习，工作和社会交往中能用英语有效地进行交际，同时增强其自主学习能力，提高综合文化素养，以适应我国社会发展和国际交流的需要。为积极响应要求，中外教师展开了联合行动，携手打造以新颖的教育教学理念为基础的口语学习，聚焦情景致胜，培养英语学习者综合运用能力，体现练习内容的知识性、文化性、趣味性、实效性、可行性和可学性，调动学习者的积极性、重视科学教学的实效性，增强学习者英语口语的学习兴趣、学习动力、学习自主性，促进其口语实际运用能力的发展与提高。

1. 关心关注

国际化、全球化的发展趋势，改革开放的不断深化，以及对外交流的不断扩大使提高语言实际应用能力、提升口语交际能力成为大家共同关心关注的主题。时代和社会的发展需要全面提高语言水平，加强口语交际能力的培养，运用行之有效的学习方法和练习策略显得尤为必要。针对英语训练模式相对单一，造成学习者英语综合应用能力不强的情况，中外教师致力构建全新的锻炼模式和训练模式，倾力打造开放式的语言环境，力求将学习者放在主体中心地位，努力使他们成为练习活动、开放环境中的自由表达者。要提升英语口语实际应用能力必须开展以学习者为中心的各种活动，以唤醒他们的主体意识，激励他们主动参与、主动探索与主动思考（杜景芬等，2015：95）。情景致胜法充分考虑到学习者的个性特征和实际需求，尽力为学习者营造宽松和谐的学习氛围，最大限度地调动他们的积极性和主动性，使他们快乐地、自愿地参与练习活动，使训练活动和语言交流最大化，从而使学习者获得学习自信心，使英语交流能力得到有效的培养和提高。

2．创新实践

如今的英语教学模式必须采用创新的、多样的教学模式，打破传统的以教师为中心的教学方式，使学生成为教学的主体，教师则成为引导者，引导学生自主地参与到教学活动中（娄良珍，2017：65）。面对多数学习者渴望讲一口流利英语却无从动口的现状，我们精心收集最适用的口语资料和信息，结合丰富的教学经验，打造出一套创新性、多样性口语教学模式，努力创设情景，竭力营造一个融视、听、说为一体的语言环境，让学习者有身临其境的感觉，激发他们在特定的语境中想说的欲望，最终实现畅所欲言。考虑到可行性和可学性，情景致胜法的学习内容将知识性、文化性、趣味性、实用性融为一体，充分调动学习者的积极性，注重教学方法的新颖和教学模式的创新，既涵盖国际国内口语考试的特点，也重视口语实际运用能力的培养，助力学习者在未来的学习、生活、工作面试、工作实践、国际交流中得心应手。设计大学英语课程时应充分考虑对学生文化素质的培养和国际文化知识的传授，其设置要充分体现个性化，确保不同层次的学生在英语应用能力方面得到充分训练和提高。遵循英语教学的实用性、知识性和趣味性相结合的原则，使英语教学朝着个性化学习、自主式学习方向发展（陈美华等，2013）。情景致胜法的另一创新之处在于，关注口语相对弱势的学习者教育公平性的具体落实，由浅入深，从基础入手，分层、分步、分类全面实施针对每个学习者的个性化学习、自主式学习教育，让大家学有所乐、学有所获、学有所动、学有所用。情景致胜法风格独特，具有实效性。在教学过程中，在老师指导下，以学生为中心，以探究为主要学习方式，利用情境、协作、会话等学习环境要素，充分发挥学生的主动性、积极性和首创精神，能使学生有效地实现当前所学知识的意义构建（陈美华等，2013）。情景致胜法理念突出，构思新颖：将口语操练与阅读、听力、写作、表演等内容相互交融，让学习者置身于各类情境之中，全方位提高英语口语交际能力；素材丰富，语言鲜活：所选材料既有当代热点话题，又不乏经典美文，主题多彩、体裁广泛、语言地道，在鲜活的文化氛围中训练语言能力；设计灵活，注重实效：灵活多样的设计注重实效，充满趣味，通过各类表演"秀"，使学习者乐在其中，学有所获；难易结合，循序渐进：由易到难，由浅入深。正是遵循以学习者为中心充分运用情景式教学的教学模式，针对不同层次、不同兴趣的学习者设置不同的情境，引导他们积极参与互动，满足他们的不同需求，让他们在充满趣味性和实用性的操练活动中获得知识，增强自信，培养自主学习的能力，提高综合运用能力。

3. 别致新颖

　　情景致胜法由 19 个口语"秀"组成：模仿秀、朗读秀、图片秀、会话秀、复述秀、故事秀、哑剧秀、角色秀、发言秀、讨论秀、配音秀、漫画秀、辩论秀、演讲秀、唱歌秀、表演秀、联想秀、脱口秀和即兴秀。

　　模仿秀（IMITATING SHOW）：模仿是学习英语的必经之路。针对学习者语音语调不准的难题，选取标准的美音或英音句子、段落进行快速口语模仿。依照循序渐进的思路，通过由易到难、从句子到段落的模仿，帮助学习者练就地道英文发音。模仿需要坚持，要经过一个艰苦的过程，对段落的模仿更是要求惟妙惟肖。

　　诵读秀（RECITING SHOW）：模仿操练结束后，检验效果的时刻到来了。此时需要朗读者用地道的语音语调和清晰的声音大声朗读各种英语段落。

　　图片秀（PICTURE SHOW）：通过对图片的描述，使学习者养成英语思维的习惯，同时提高英语口头描述的能力和英语快速反应的能力。

　　会话秀（CONVERSATION SHOW）：会话的话题涉及日常生活和学习的方方面面，刻意营造贴近现实生活的会话情境，让学习者有身临其境的感受，并在会话的过程中体会英美人士的思维模式，活学活用，提升自身表达能力。

　　复述秀（RETELLING SHOW）：学习者在听或读有关校园生活、学术、文学、文献、科普等话题的对话或文章时，要确切理解其主题，并快速记下要点，总结归纳，然后对听或读的内容进行复述。

故事秀（STORY-MAKING SHOW）：学习者可将常用短语和习语编排在一起，随意抽取，然后将抽到的短语和习语编织成幽默风趣的小故事。

哑剧秀（PANTOMIMING SHOW）：哑剧是不用台词而凭借形体动作和表情表达剧情的无声表演。学习者根据抽取到的不同主题以哑剧的形式进行表演，表演不仅要具有准确性和节奏性，还应具有较强的表现力。在一组表演的同时，另一组将哑剧的动作和内容用英语描述出来。也可将视频上的剧目静音，进行动作和内容的描述。

角色秀（ROLE-PLAYING SHOW）：在角色扮演活动中，鼓励学习者争做"明星"，将角色演得活灵活现，把普通的课堂和场景变成让人难忘的戏剧舞台。

发言秀（PRESENTING SHOW）：学习者以社会热门话题为主线，选定话题后，在一两分钟内写下发言提纲，作两到三分钟的自由发言。

讨论秀（DISCUSSING SHOW）：以提高学习者英语交际能力为目标，将学习者分组，两人一组或多人一组对某一话题进行讨论。主持者可就讨论问题即兴提问，以活跃学习者思想，加深对问题的讨论。

配音秀（DUBBING SHOW）：能起到与模仿秀异曲同工的效果，有效解决开口难的问题，让学习者高效提高口语和发音水平。在为不同国度、不同性别、不同年龄的角色配音的过程中，练习"口技"，在视频的陪伴中，快乐学英语。

漫画秀（ARTOON SHOW）：漫画用简单而夸张的手法来描绘生活或时事，深受大家的喜爱。人们把漫画称为没有国界的世界语。学习者首先将画面上所有信息描述清楚；然后分析漫画的含义，或对某一主题、某种现象说明自己的理解并进行讨论；最后对反映不良现象的漫画发表评论，提出建议、措施，对于某一主题则要重申自己的立场、态度以及具体的对待方式。漫画秀在用词、句式方面更加灵活。

辩论秀（DEBATING SHOW）：将任务带入学习。首先学习英语辩论的基础知识和技巧，然后观看英语辩论赛的视频，学习者从中细细品味他人辩论中的精彩之处，最后进入实战。辩论秀可拓宽学习者的知识面，提高其逻辑思维能力和团队合作能力。

演讲秀（MAKING SPEECH SHOW）：概略了解演讲的步骤、技巧和方法，佐以英语演讲的视频。演讲题目由学习者自定，但演讲的内容须具有趣味性和知识性。演讲帮助学习者强化内心，学会优雅沉稳地表达自己。切记："会演讲的人，成功机会多两倍。"

唱歌秀（SINGING SHOW）：学唱歌曲的过程中，学唱者必须去适应连读、弱读、省音等现象。伴随着音乐的流淌，歌词自然出现，轻松实现单词和美句的记忆。通过播放与欣赏、练习与突破，逐渐跟唱，最后轻松自如地当众放歌。在独唱或合唱的表演比赛中，让掌声响起来。

表演秀（PERFORMING SHOW）：正如莎士比亚所说，"世界是一个大舞台"。世界大舞台上演出的所有戏剧，主角始终都是学习者自己。学习者们手拉手，肩并肩，在这个舞台上，共同创造英语口语更加美好的明天！

联想秀（ASSOCIATING SHOW）："人生需要激情，成功需要激情，自信来自激情，激情造就天才。""激情联想"是英语学习中制胜的法宝，是"英语教学和英语学习上同时掀起的一场全新革命"。激情联想立足于从本质上寻找学习者学英语的症结所在，挖掘学习者内在的巨大潜能。激情联想是英语学习世界的一朵奇葩，是广大渴望提高英语口语学习者的灯塔。激情联想尤其能帮助学习者快速突破英语口语。在倾听不同内容的音频或观看不同内容的视频时，在这审美欣赏的过程中，任意想象，借题发挥。

脱口秀（TALK SHOW）："脱口秀"要求参与者的口才很好，说出的话非常有吸引力，而且谈吐不俗，博得众人的喝彩。可安排每天5分钟的想象与自我暗示，5分钟的镜前形态训练；随时记录报纸、杂志、书籍、电视、交流和观察所得，拓展话题源泉；口才训练：朗读美文，自言自语，3分钟演讲，3分钟默讲，10分钟绕口令，交谈训练，幽默训练（背熟笑话，反复操练）。有了丰富的话题源泉、严格的口才训练以及前面各种秀的积累，相信学习者定能练就魅力口才，出口成章，实现华丽蜕变。

即兴秀（IMPROVISING SHOW）：即兴秀指事前没有任何准备，"临场因时而发、因事而发、因景而发、因情而发"的一种言语表达方式。它是无须演练就向观众演出的一种表演，是集中学习者各种能力的自然展示，是实效性口语训练的"大阅兵"。生活中的言语表达以即兴为多。俗话说："养兵千日用兵一时。"此时，学习者面对更具挑战性的即兴表演——根据主持者随意提供的题目进行表演——展现"十八般武艺"，用自己的聪明才智向观众展示才华。

4. 别出心裁

情景致胜法充分体现学习者个性化学习、自主式学习的特征。

（1）口语材料内容丰富，俯拾即是，训练内容循序渐进，涉及内容广泛，构思新颖，将知识性、趣味性和实效性有机结合，使学生学而不厌，学有所乐，学有所获，学有所用，学有所动，获得说英语的勇气、信心和实力。

（2）口语训练突出实效性，结合学习者的实际情况，让不同层次、不同兴趣的学习者在各种"秀"的尽情享受中积极参与，乐于互动，密切配合，进而全面系统地培养其英语口语交际能力。

（3）口语训练有别于传统的方法，口语操练与阅读、听力、写作、视频等内容相互交融，对学习者进行全方位的"锤炼"，有助于学习者产生用英语进行口头交际的强烈愿望，彻底掌握口语学习方法。

（4）通过自主性、互动性、开放性的口语练习，学习者由基础知识的积累，逐步过渡到自由灵活的口语表达。从开始的一字一句模仿的语料输入走向畅所欲言的语料输出。

（5）口语训练中融入了丰富多彩的异国文化元素。学习者能够在不同的英语交际活动中，了解英语国家的日常生活、风俗习惯、文化背景，为日后与来自不同国度的英语使用者的国际交流和友好交往奠定基础。

（6）考虑到学习者英语口语水平参差不齐的实际情况，练习设计可从易到难，循序渐进。

语言能力的提高是一项艰苦的劳动，是一个循序渐进的过程，学习者只有在反复的实践中，不断总结自身在学习过程中遇到的问题，结合创设的情景，采用多种策略，才能磨砺出超强的语言运用能力。以上方法可运用于各种语言学习操练中，培养和提高学习者的语言实际运用能力。如果学习者想免去找寻各种"秀"资料的烦恼，可参考由外语教学与研究出版社发行的《情景致胜：大学英语口语教程》（上、下册）。该教程主要是为英语口语学习者编写，同时也适用于要参加各类国际国内英语口试、面试、国际学术交流的学生和想要提高英语口语的广大英语爱好者。编写旨在通过大量真实有效的英语口语材料和多种形式的口语操练使学习者在实践中获取多种口语技能，提高使用各种口语技能的能力，使表达连贯流畅、准确地道，以备将来生活、学习、工作、国际交流之需。教程每章节口语练习设计多彩多姿，突出了练习的实效性，让不同层次的学生尽情表达，个个都能秀一秀；通过章章秀、节节秀，人人都能秀个够，秀出自我，秀出风采，最终荣登口语殿堂，想说就说，说得响亮，说得漂亮。

参考文献：

蔡基刚，2010. 关于我国大学英语教学重新定位的思考［J］. 外语教学与研究
　　（4）：306.

陈美华，等，2013. 大学英语"研究型"课程理论与实践：大学英语教学模式与课程建
　　设研究［M］. 南京：东南大学出版社，2013.

大学英语教学大纲（修订本）［M］. 上海：上海教育出版社，2007.

杜景芬，等，2015. 建构主义理论与大学英语口语教学［J］. 中国校外教育（7）：95.

弗里莱，1996. 辩论与论辩［M］. 李建强，等译. 保定：河北大学出版社.

黄银蒲，2011. 环球天下英语　脱口而出（中级）［M］. 广州：中山大学出版社.

江博，2006. 激情联想英语学习法［M］. 北京：世界图书出版公司北京公司.

娄良珍，2017. 英语教学模式和课程体系建设的理论基础及具体实践——评《大学英语
　　教学模式与课程建设研究》［J］. 教育理论与实践（5）：65.

罗杰斯，2007. 会演讲的人成功机会多两倍［M］. 刘祥亚，译. 海口：南海出版公司.

施玲，2008. 影视配音艺术［M］. 杭州：浙江大学出版社.

武琳，2016. 大学英语教学模式与课程建设研究［M］. 长春：吉林大学出版社.

谢伦浩，1999. 即兴说话技巧——教你口若悬河［M］. 北京：中国社会出版社.

王红欣，华翔，2010. 情景美国口语［Z］. 济南：齐鲁电子音像出版社.

Speak to Speak and Speak Better Best

Feng Ya

Abstract：To make full use of situational teaching and learning, learners focusing on the creative methods to prepare and to present will not only succeed in the international and domestic oral tests but acquire strong oral practical ability. Such methods also can be applied to different languages' speaking improvement. The designs of oral practice are plentiful and colorful which highlight the effectiveness and usefulness of the performance so that learners at different levels have the opportunity to express and to present themselves. In the varieties of English "shows", all can show and show well enough, ultimately becoming the ones to speak to speak and speak better best.

Key words：situational teaching and learning; creative methods; achieve strong oral practical ability; speak better best

学术英语写作与发表的观念突破与方法创新
——《新手作者与学术发表》介评①

郭 霞

（四川大学外国语学院，成都610207）

摘 要：坚持文化自信，传播中国语境下的创新性的学术理念和学术成果是国内学者的重要使命。英语是国际性学术发表和交流的重要媒介。对于中国学者而言，用高质量的学术英语传播和交流学术成果并非易事，尤其是科研处于起步阶段的研究生和科研工作者。2019年，帕尔格雷夫－麦克米伦出版社出版了由皮·哈比必和肯·海兰合编的著作《新手作者与学术发表》，这本书汇集了不同国家的学者对学术英语写作和国际发表这一话题的最新研究，其研究成果对中国学者具有很大的参考借鉴意义。

关键词：学术英语写作；学术发表；理论突破；方法创新

1. 引言

习近平总书记指出，"要坚持古为今用、洋为中用，融通各种资源，不断推进知识创新、理论创新、方法创新"（习近平，2017：339）。对于高校英语教学工作而言，鼓励学生和研究者用英语进行一流学术论文的写作与发表，用"别人听得懂的语言传播中国的学术理念、创新成果和智慧方案"（文秋芳，2018：29）就成为国内英语教学界的重要使命。但对于国内研究者来说，用英语发表高级别的学术论文绝非易事。具体来说有两个难点：第一，把自己的研究成果用规范的英语格式表达出来；第二，迈出英语学术发表的第一步。

2019年，国际知名出版社帕尔格雷夫－麦克米伦出版社正式出版了由皮·哈比必（Pejman Habibie）和肯·海兰（Ken Hyland）合编的著作《新手作者与学术发表》（*Novice Writers and Scholarly Publication：Authors,*

---

① 本研究受到国家社会科学基金西部项目"认知社会语言学视域下的语言社会性研究"（18XYY001）、四川大学高水平研究生教材建设项目"学术英语写作"（2018KCJS007）、四川大学研究生教育人才培养质量和研究教学改革项目"英语专业研究生《认知语言学》课程的跨学科合作探索"（GSSCU2018007）的资助。

Mentors，*Gatekeepers*）。这本书汇集了 17 位中外学者的最新研究成果，除引言外共分为 15 章，从学术发表、作者、导师、编审四个不同视角为我们展现出英语学术论文写作与发表这一复杂过程的方方面面。全书叙事风格多样，其中的观点颇有创新性，对学术英语的教学与实践具备相当的启发价值，值得向国内英语学界推介。

2. 内容简介

在皮·哈比必和肯·海兰合著的引言部分，作者以"学术发表的风险与回报"为题，指出英语学术论文写作与发表能够带给研究者很大的满足感和成就感，也有助于提升所在学校或机构的学术声誉甚至国际排名，但极高的拒稿率也必定会让投稿者产生巨大的学术挫败感，甚至影响其未来的学术生涯。所以，在深度研究的基础上给予研究者在学术英语写作与发表上更多的指导和帮助，是这本书的初衷与价值。为此，全书的内容聚焦三个问题：第一，非英语本族语的学者在英语学术发表方面是否真正具有劣势；第二，以发表研究成果为目的的学术英语写作过程中的困难到底是什么；第三，如何制定学术英语的教学策略与提升发表成功率的途径。

第一部分是从学术发表的视角展开的，共收录了 3 篇文章。肯·海兰在《参与发表："劣势"造成的士气削减》一文中，一开篇就指出在英语学术论文写作发表中英语母语研究者拥有天然语言优势的观点并不成立，他以全球学术发表前五位国家的统计分布（美国 23%、中国 17%、英国 7%、德国 5%、日本 6%）为例，指出在六个学科顶级学术期刊上非英语为母语的学者发表的文章是英语学者的三倍，决定学术发表真正的关键在于是否具备规范的学术话语体系。皮·哈比必在《母语或非母语：这不是问题》一文中指出，学术发表是一个复杂的实践过程，语言能力仅仅是其中的一部分，学术语境下的交流和思辨能力更关键。克里斯托弗·崔伯（Christopher Tribble）则以《支持学术写作的范式选择》为题，从应用语言学、生物学、商业研究、电子工程四个学科的高影响因子期刊中选取文章建成共计 400 余万字的语料库，分析了文献的篇章内容、词汇语法、学科特点，指出即便是在顶级学术期刊上，句法层面的不规范用法仍在一定程度上被接受，但文章须符合科学性规范，语言不会给读者造成额外的理解负担，作者基于实证研究认为语言本身并不构成制约文章发表的关键性因素，以"英语作为学术用途的通用语"（English as a Lingua Franca for Academic Purposes，ELFA）

为导向的写作支持范式并无实质意义。

第二部分是从学术写作的作者视角展开的，共收录了 4 篇文章。伊斯梅尼·法策尔（Ismaeil Fazel）在《英语本族语者的写作发表》一文中，对两位以英语为母语的研究者的学术论文写作与发表过程进行了为时 16 个月的跟踪与访谈，运用迭代主题分析法（iterative thematic analysis），结合定量分析软件工具 NVivo11，详细讨论了研究者在内容写作、语言润色、期刊选择与修改等方面所遭遇的困难，以及相应的解决方法。皮勒·麦都纳斯（Pilar Mur-Duenas）在题为《非英语母语者学术英语写作与发表》的文章中，采用自省式方法记录了自己作为一名西班牙学者使用英语进行研究和写作发表遇到的挑战及对策，认为影响英语学术发表的关键因素是学科知识与专业能力、学术圈层级，以及学科的国际化程度。来自中国的学者徐昉（Fang Xu）在《学术论文写作与发表：语言学方法和文体方法的联结》一文中，深入探讨了"语言学方法"和"文体方法"的优劣，指出前者着重语言层面，后者则重在学术发表的社会属性和交流属性，认为两者可以互补融合，从而帮助研究者习得学术文章的文体图式和语块图式，有助于解决学术发表中的"最后一英里"问题。克里斯蒂娜·佩尔森·卡沙内（Christine Pearson Casanave）在《学术发表变得更容易了吗》一文中指出，成功的学术发表不取决于作者的语言水平，而是涉及思维能力、学术素养以及研究毅力等诸多因素。身为具有丰富发表经验的英语本族语学者，作者认为学术发表能力的提升主要表现为研究领域的认知度、术语的熟悉度、目标期刊的选择和了解、时间分配能力、自我心理调整与好的文笔这五个方面。

第三部分是从指导写作的导师视角展开的，共收录了 5 篇文章。埃莱娜·西维德科（Elena Shvidko）和德怀特·阿特金森（Dwight Atkinson）在《从学生到学者：实现学术发表的跳跃》中，通过对三位英语本族语和三位非英语本族语学生的深度访谈，了解她们从学生到学者转变过程中的学术发表进展，揭示出调查对象在学术写作和发表中的主要困难不是由语言造成的，主要困难在于如何处理评审者的反馈意见，时间和经验的累积足可弥补非英语母语者在学术发表中的先天不足。罗恩·达尔文（Ron Darvin）与邦尼·诺顿（Bonny Norton）合著的《团队写作、学术社会化与身份协同》研究了"学术社会化"这一概念，强调以一种适合展现个人学术能力的方式融入学术领域的社会交往与实践之中，通过意识形态、身份认同建构起以合作为导向的师生伙伴关系。玛格丽特·卡吉尔（Margaret Cargill）在《学术发表工作坊的价值》一文中，阐释了工作坊以合作式、跨学科为特征的工作机理，认为根据学习者的个体需求量身定制的培训学习制度有助于提升学术写作能力、增强论文发表信心。达那·费里斯（Dana R. Ferris）在题为《指导年轻学者进阶和学术发表》一文中，提出了颇具创新性的"四步学习法"：第一步是通过课程论文阅评或学术探讨，师生关系发展为正式的导师关系；第二步是建立合作署名的学徒制；第三步是以最高标准要求进行指导，突出写作反馈和其他互动性指导的作用；第四步是促成学习者发表研究成果。李咏燕（Yongyan Li）在《指导年轻学者的科研发表》一文中，基于定性分析的个案研究，阐明了学习者学术发表中的四个关键因素：年轻学者的研究论文文稿、高水平作者对年轻学者论文的修改、年轻学者对修改的接受度以及导师指导，最后强调了人种志研究方法对理解和感知导师指导和实践过程的重要作用。

第四部分从英语写作的评估者视角展开，共收录了 2 篇文章。苏·斯达菲尔德（Sue Starfield）和布赖恩·帕尔特里奇（Brian Paltridge）撰写了《期刊编辑：守门员还是监护人》一文。两位资深编辑将自身定位成作者和评审的协调者，并且从编审的角度给出了投稿者在写作时需要注意的三大事项：熟悉目标期刊的差异化要求，培养与国际一流水平同步的学术素养，及时跟踪所在专业领域的新概念与新理论。克里斯蒂娜·塔迪（Christine Tardy）在《我们是幕后英雄：解密同行评审》一文中，详细描述了评审和期刊编辑的审稿取向，并就如何理解评审的意见、如何对待评审严苛的意见，以及如何根据评审意见进行修改给出了建议。

3. 该书的学术价值和不足

毋庸置疑，在中国学术智慧进入世界舞台的大背景下，进行英语学术发表已经成为各地高校教师和科研工作者事业发展的重要途径。一定程度上，该书汇集与学术英语发表相关的各方主体，从学术写作、作者体会、导师与合作、编辑与评审四个视角对学术英语写作与发表的过程进行了细致的研究和阐述，既有很强的针对性和实用性，又能激起科研工作者的强烈共鸣，更能为致力于学术发表的实践者提供一种新的思考框架，是一部非常及时和重要的学术著作。总体来看，其学术价值至少体现在以下三个方面。

（1）该书坚持以问题为导向，聚焦于"以研究发表为目的的学术英语写作"，以英语母语学者和非英语母语学者在学术英语写作发表过程中的系统性差异比较为主线，统合了来自国际知名高校机构的学者在各自领域卓有建树的研究成果，从认识论上真正廓清了学术英语中的一个重要分支——以科研发表为目的的学术英语，颠覆了将学术英语划分为非英语为母语和英语为母语的传统二分立场，毕竟"学术语境下的英语不是任何一个语族的母语"（Hyland & Shaw，2016：5），而且"即便对于英语本族语学生来说，不同学术文体和不同学科的学术英语写作，同样是陌生或不熟悉的"（Soomin，2019：109－118）。该书集中体现出来的这种观念有助于世界各地学者将学术英语研究的中心放到学术研究与写作的自然进程，避免停滞于语言的"泥潭"而抹杀了科研创新的内在动力和可能空间。

（2）该书从多个维度全方位审视了学术英语发表的系统性特征。该书的另一个特色就在于多维度反映出不同身份学术发表实践者的不同声音，从不同侧面对学术发表参与者的认知体验进行了深入的刻画，帮助读者构建起对学术英语发表的全新的认知格局。首先是对"学术发表"的格局认识；其次是跟随学术发表"作者"的视角了解不同语言的学者的发表经历，有助于提高读者"对学术话语语用身份的认知"（钟家宝，2018；陈新仁，2014），从而更好地构建起自身学术发表的可行性方略；第三，从具有丰富学术积淀和发表经验的"导师"视角来优化学术发表的各个实践环节；最后是投稿之后所要面对的"编审"者帮助勾画出完整的学术发表的最后的关键步骤。全书的内容组织和布局突破了一般学术英语著作单一视角的写作局限，呈现出学术发表的具有可行性的行动蓝图，为即将步入学术领域的研究者提供了值得借鉴的学术写作与发表的行动指南。

（3）该书的学术价值还表现在方法论的创新上。一是特色化的个案研究为未来的大规模样本的研究以及长期的个案跟踪研究创造了可能。对每一位研究者而言，建构和传播创新性学术思想都是终身的追求，因此历时性的动态化研究方法的采用也在一定程度上丰富了学术英语研究的理论体系。二是方法的跨学科性和综合性。例如该书多次采用的自传式民族志方法，旨在系统描写和分析不同语言文化形态下的学者在学术英语写作和发表过程中的体验和知识的获取，探寻和解释促进和制约学术发表的因素。研究者采用这种建构主义的方法，成为参与其中的"局内人"（insider），因为"只有通过相似的寻求意义的途径，才能真正接近事物真相"（Crotty，1998：9）。除此之外，社会学中常用到的开放性的半结构化的访谈法、统计学方法也大量用于该书的个案研究中。

当然，该书还存在一定的不足。尽管它汇集了来自不同国家地区和专业领域的学者，个案囊括了欧美部分大学与研究机构，也放进了亚洲地区的个案，但案例的样本容量偏小，也可从更长的时间范围来对样本进行调查。此外，该书编纂中所设定的四个维度，虽然层次清楚，但缺乏具有说服力的分类理论依据。尽管有着这样或那样的不足之处，但作为一部兼具理论和实践的学术英语发表话题的成果集萃，该书具有很强的指导意义和很大的参考价值。

4. 结 语

总体而言，该书聚焦以研究发表为目的的学术英语，正视英语学术发表过程中的困难与挑战，从理论探讨和实践探索两个方面入手，深入剖析了学术发表这一复杂过程的不同特征与趋势，对于国内研究者更好地开展学术英语发表具有重要的指导意义和参考价值。本书还有一个重要的特点，就是对博士生的学术发表实践给予了特别关注，其中的研究方案和成果为帮助博士生实现高质量英语学术的写作与发表提供了值得借鉴的路径规划，这或许能在一定程度上破解国内高校博士研究生在英法学习方面的困惑与困境，也能在一定程度上提升博士生科研发表的质量，满足国家战略发展和社会经济发展的需要（胡壮麟，2019；蔡基刚，2019；王守仁，2016）。

长期以来，"语言不自信"一直是国内众多研究成果难以走向世界的障碍之一。而《新手作者与学术发表》一书则旗帜鲜明地指出，研究话题的国际化程度和创新性是影响高水平学术发表的关键因素。非英语为母语的学者无须太多顾虑语言上的所谓劣势。从学术英语教学的角度来看，该书也通过多维度、跨语言的实证研究为我们建构了一个认识学术英语发表内在规律的总体框架；学术英语的教学实践更应该聚焦于学术研究的本体，而非东施效颦般复制或者模仿特定的表达格式。学术英语教学过程中应该加强与跨学科教师和研究者的深度合作，以实现学术英语合作式教学与团队化研究，真正迈出英语学术发表的第一步，实现越来越多的更高质量国际化学术发表。

参考文献：

蔡基刚，2019. 新时代背景下《大学英语教学指南》的修订及理论依据［J］. 北京第二外国语学院学报，41（3）：3 - 16.

陈新仁，2014. 语用学视角下的身份研究——关键问题与主要路径［J］. 现代外语，37（5）：702 - 710.

胡壮麟，2019. 外语教育要为国家战略服务［J］. 语言战略研究，4（4）：卷首语.

王守仁，2016. 谈中国英语教育的转型［J］. 外国语，39（3）：2 - 4.

文秋芳，2018. 学术英语化与中文地位的提升：问题与建议［J］. 新疆师范大学学报（汉文哲学社会科学版），39（6）：26 - 32.

习近平，2017. 习近平谈治国理政：第二卷［M］. 北京：外文出版社.

钟家宝，2018. 新时代研究生学术英语语用身份建构研究［J］. 中国外语，15（5）：62 - 66.

CROTTY M，1998. The Foundations of social research：meaning and perspective in the research process［M］. London：Sage Publications Inc.

HABIBIE P，HYLAND K，2019. Novice writers and scholarly publication：authors，mentors，gatekeepers［C］. Switzerland：Palgrave Macmillan.

HYLAND K，SHAW P，2016. The Routledge handbook of English for academic purposes［C］. London and New York：Routledge.

MARY D，2019. Publishing research as an EAP practitioner：opportunities and threats［J］. Journal of English for academic purposes（39）：72 - 86.

SOOMIN J，2019. Transfer of knowledge as a mediating tool for learning：benefits and challenges for ESL writing instruction［J］. Journal of English for academic purposes（39）：109 - 118.

Updating the Knowledge of Academic English Writing for Publication：Review of *Novice Writers and Scholarly Publication：Authors，Mentors，Gatekeepers*

Guo Xia

Abstract：Communicating the innovative research with the international academic community could be the duty of our Chinese scholars. However，publishing the top articles in English is a challenging task for scholars in China，particularly for graduates or Ph. D candidates in humanity and social disciplines. In 2019，Palgrave Macmillan published *Novice Writers and Scholarly Publication：Authors，Mentors，Gatekeepers*，a collection of

17 latest research by famous scholars of academic English writing abroad and at home. The book could be valuable for the research and practice of academic English teaching in Chinese context.

Key words：academic English writing; academic writing for publication; update on concepts; methodological innovation

1940—1945 年四川中等学校英语教员状况

胡昊苏

（四川大学外国语学院，成都610207）

摘　要：抗战后期的 1940 年至 1945 年，四川地区的中等学校英语师资匮乏。为了缓解师资不足、教学质量不高的状况，在成都、重庆两大城市均开办有英语讲习班和教学促进会。教员薪俸普遍偏低，尽管许多英语教员在课外兼职教学，仍难维持基本的生活。抗战末期，物价飞速增长，广大教员的生活日益艰难窘迫。虽然政府和各中学均采取了一系列措施以改善这种局面，但是面临日益严重的通货膨胀，收效甚微。广大英语教员就在这样艰苦的环境下，坚持教学，为四川的中等英语教育尽着自己的微薄之力。

关键词：师资；讲习班；通货膨胀

1. 师资情况

　　抗战时期四川的中等学校教员相关资料严重缺乏且时间分布不均。虽有少量普通中学或教会中学资料，但也十分零散。1937—1939 年的史料匮乏，其余大多都集中在 1940 年或之后。迫于资料限制，本节只能以 1940 年为开端来做陈述。首先介绍四川省会成都的 3 所中学在 1940 年和 1945 年的师资情况（见表 1）。

表 1　1940 年和 1945 年成都市 3 所中学师资学历情况统计表

（成都市地方志编撰委员会，2009：609）

学校	时间	教师数			学历								年龄			
					留学生	大学毕业			专科毕业			中专及以下	前清功名	其他	30岁以下	31至41岁	41至45岁	50岁以上
		总数	男	女		小计	师范	一般	小计	师范	其他							
石室中学	民国29年（1940年）	40	40		2	33	22	11	4		4	1			10	21	7	2

续表1

学校	时间	教师数			学历								年龄			
		总数	男	女	留学生	大学毕业			专科毕业			中专及以下	前清功名	30岁以下	31至41岁	41至45岁	50岁以上
						小计	师范	一般	小计	师范	其他			其他			
成都县中	民国34年（1945年）	37	37		1	32	9	23	4		4						
协进中学	民国29年（1940年）	29	28	1	2	19	4	15	8	1	7				4	18	4	3

以上为1940年石室中学、协进中学和1945年成都县中的师资情况。毋容置疑，这些教员里肯定也包括英语教员。根据表内信息，那个时期中学师资的基本特征为：各个中学的教员人数从29至40人不等，其中男性占大多数，高学历（大学和专科）的教员也占了一半以上。教员年龄大多集中在30至40岁之间。下面，将以丰都县立初级中学校为例，介绍英语教员的一些情况。表2为该校1941年下年度拟聘英语教员一览表（四川省档案馆，1941—1945）：

表2 丰都县立初级中学校1941年下年度拟聘英语教员一览表

姓名	戴灵君
年龄	32
性别	男
籍贯	四川鄞都
学历	成都华西协和大学外国文学系毕业
经历	历任华西高中及乐山鄞都中学教职员
检定证件号数或资历证件名称件数	华西大学毕业证件第一二五三号
拟任职务或科目时数	每周任英语二十二小时
专任或兼任	专任

续表2

拟支月薪	
初续聘及期限	续聘一年
介绍人	姓名　何梓光　现职　德阳县政府秘书　住址　德阳县政府

尽管该校仅存有一名英语教员的履历表，但以小见大，重庆地区丰都县初级中学校的拟聘英语教员无论在学历（成都华西协和大学毕业）还是个人经历（著名中学教员）方面都显示出此人层次颇高。此外，从上述信息还可以看出，虽然 1939 年初中英语被改为了选修，课时量也有所减少，但是英语教员的课时仍然达到了 22 小时/周之多，这可能是英语师资缺乏所致。除了普通中学，教会中学之一的重庆市私立精益中学女生部在 1943 年春的教员分布情况如下：该校共有 32 名专职教员，其中国文教员最多，有 4 名，英文教员有 3 名，其他的是别科教员。3 名英语教员的基本情况见表 3（重庆市档案馆，1943）：

表 3　重庆市私立精益中学女生部 1943 年春教员分布情况

姓名	胡放之	张腾辉	刘文范
性别	男	男	男
年龄	52	34	26
籍贯	中江	容县	巴县
学历	华西协和大学文学士	华西协和大学修业	国立西北联合大学外国文学士
经历	曾任江北县立中学训育主任，治平中学、宏育中学、省立二女师等校教员，重庆艺专教授，成成商业学校校长	曾任容县小学校长，重庆市私立文德女中教员	曾任重庆市私立东方中学教员
担任职务	级任		
担任课程	英文	英文	英文
专任或兼任	专	专	专
到校年月	31 年 8 月	28 年 8 月	32 年 2 月

表 3 显示，该校的 3 名英语教员均为男性，除级任胡放之年纪较大（52

岁）外，另两位都比较年轻（34 岁，26 岁）。此外，他们均受过高等教育，并有相关的工作经历。作为教会学校，私立精益中学对英语教员的要求应该较高，这三位人士良好的教育和职业背景是他们能被该校聘为专职教员的前提。可见，教会中学聘请的教员无论是学历还是经历通常都较优秀。这点从 1944 年第一学期，重庆市另一所教会学校私立明诚中学的英语教员履历中也可以看出（重庆市档案馆，1944，表 4）：

表 4　重庆市私立明诚中学英语教员履历

姓名	马玥	吴祖禹	张大帆
年龄	40	25	28
性别	男	男	男
籍贯	察省寅化	浙江郭县	河北深县
学历	北京高等师范毕业	上海东吴大学法律系毕业	北平辅仁大学西语系毕业
经历	曾任北平盛新中学英文音乐教员		曾任北平求实中学英文教员
职务	导师	导师	导师
担任学科	英文、音乐	英文	英文
每周教学时数	24 小时	24 小时	20 小时
月薪	160 元	150 元	150 元
专任或兼任	专任	专任	
检定种类	中学音乐教员		
到校年月	18 年 8 月	33 年 2 月	33 年 8 月

　　和私立精益中学一样，私立明诚中学的 3 名英语教员也均为男性，均受过高等教育，并有相关工作经验。他们的周课时从 20 至 24 小时不等，高于其他主科教员。但和私立精益中学不同的是，第一，有一名英语教员并非英文专业出身（法律系毕业）；第二，有一名教员同时教授英语和音乐两门课程。民国时期一些中等学校教员兼授多科的情况较多。此举利弊皆有，利是可以缓解当时中等英语教员不足的压力，还可以节省学校的课时费成本。弊是可能会出现教员无法兼顾多科的备课准备，较难专攻一门课程，教学质量因此会受到影响。

到了抗战后期的 1945 年，重庆市立女子中学鉴于高、初各班总计每周增加英语课时 18 小时，致使原有教师实难分任，拟请添聘英语初中专任教员一名。为此，该校还制作了预算书。由此可见，抗战后期四川地区中等学校的英语课时量已不能满足教学要求，因此一些学校拟增加周课时数，并增聘英语教员，以适应教学需求。

那么抗战期间中等学校英语教员的质量又如何呢？从上面列举的英语教员履历看，教会学校的教员素质基本上还是有保障的。但是，一些公私立中学由于师资缺乏，教员素质着实堪忧。加上教员生活困难，到处兼课，无法专注于一校之教学，教学水平也大打折扣。当时的一位英语教育专家郭有守在 1945 年的文章中便专门提道："今日教育方面最大的困难，便是师资缺乏，现有的师资，有的缺乏专业修养，有的缺乏服务兴趣，也有的因为生活困难，以致不安于位。如何辅导在职教师从事研究进修，如何鼓励教师服务的兴趣，如何建立教师自己的组织，运用教师自身的力量来促进教师福利事业，更应建立教师的人事制度，使教师能久于其识，这都是些亟待解决的问题。"（郭有守，1945：2）上述资料未专门论及英语教学，但其所说情况显然应包括英语教育在内。这说明抗战期间，如何解决中等学校英语师资缺乏之困难，切实提升教员专业水平，提高教员待遇以激励教员的工作热情，乃是当时师资方面最为急迫的问题。另外，从地域方面看，四川境内如重庆等较发达城市的中等学校师资情况尚好，而一些较落后的地区就多有不及了。以西康省为例，直到 1939 年建省前，其中等教学质量都极差，各校中学教员多向邻省延聘而来，师资常感缺乏。建省之后，宁雅两地归西康，学校由 2 所增至 16 所，师资情况才较之前有所好转（蒋璧泽，1946：6-8）。总体说来，四川地区中等教员的数量及质量因地域和学校性质（教会或普通）的差异而参差不齐，这当然也包括英语教员。

为了提高中等师资质量，四川省政府于 1945 颁布训令，要求各中学依照教育部规定举办公私立中学及师范学校教员检定，禁止滥用未经检定或检定不合格的教员。该训令对于保证教员质量，避免不合格教员之不良影响，都有十分积极的作用，这样的作用当然也同样适用于英语教员。

由于资料凌乱，难以将教员情况进行细致的梳理、分析。但通过上述零散资料仍可得出关于抗战时期中等英语教员的几个特征：（1）教员多为男性，年龄适中（25 至 40 岁之间居多）。（2）正规学校教员学历普遍较高且经历丰富。（3）英语周课时较多，有一名教员同时教授英语或其他科目的情况。（4）从教员质量上看，教会学校及重庆各中学的英语教员素质较高，一些偏远地区的教员质量则大打折扣。（5）到抗战后期，针对教员素质（包括英语教员）良莠不齐的情况，省政府于 1945 年颁发训令，要求举行中等教员检定，禁止聘请检定不合格的教员。

2. 教员讲习会（班）及教学研究会

2.1 讲习会（班）

为切实提高中等教员的专业素质和教学水平，省教育厅及高等学校针对国文、数学、英语等主课举办假期讲习会（班）。其大致情况如下：

> 民国时期，由省教育厅及指定的高等学校举办过若干暑假讲习会，进行中学教师的业务进修……民国 27 年四川省举办暑期中等学校各科教师讲习讨论会，科目为国文、外国语、算学、理化、生物、社会科学。讲习讨论时间高中 6 周，初中 4 周，要求各校应有三分之一的教师参加。时间分配为精神讲话占十分之一，体育活动十分之一，学术讲演十分之三点五，教育问题讨论占十分之一点五，分科教材教法讨论占十分之三……其办法为由省教育厅组建通讯讲习委员会，按中学教学科目，每科设辅导教师，编写讲义，拟订课题，寄各校各科教员学习研究，限期将研究成果书面呈交。各校各科均应有教员参加。通讯讲习成绩作为参加暑期讲习会的一次成绩。优异者，除将研究成果汇印发各校参考外，并由省教育厅给予奖励。

（成都市地方志编撰委员会，2009：605－606）

由于处于抗战特殊时期，讲习内容涉及以培养民族精神为目的的训育活动及以强身健体为目的的体育活动，但教学方面的内容还是占了五分之四（学术、教学问题，教材教法讨论）。外国语（英语）也是讲习会的重点培训科目之一。另外，讲习周期较长（4 至 6 周），参与教员较多（各校的三分之一），也是暑假讲习会（班）的特征体现。除此之外，通过民国中学档案中记载的四川省政府教育厅于 1938 年对省立成都女子师范学校的训令（事由为 1938 年暑期中等学校各科教员讲习讨论会办法饬保送教员参加），也可以了解更多关于讨论会的实施细节。

教育部 27 年发普贰 7 第 2731 号训令检发 27 年暑期中等学校各科教员讲习讨论会办法及举办地点参加教员之省别委员会主任委员及委员表。饬即举办等因；奉此。兹因本省交通不便，经委员会会议商定，讲习讨论期间，定为高中（师范职业同）六周，初中（初职简师同）四周；教材讲习讨论科目分国文、外国语、算学、理化、生物、社会科学等六项，并制定该校在成都区参加讲习讨论。仰即保送该校教员至少三分之一以上于 8 月 25 日以前迳赴成都国立四川大学讲习讨论会会址报到。所有该校保送参加讲习教员下期仍回原校服务，不得任意解聘。

（成都市档案馆，1928—1942）

上述训令不仅规定了讲习科目包括外国语（在当时的四川，外国语基本可以认定为英语），还规定了讲习地点、参加人数、讲习周数及报名细节，会议安排系统且周详，体现了省府教育厅对中等学校教员讲习会的高度重视。从教员履历表看，参加讲习会的该名英语教员学历较高且资历不浅，除为专职教员外，还兼任级任（即现在的英语科年级组长）的行政职务（成都市档案馆，1928—1942）。可见，各校派送的英语教员无论是自身专业素质还是工作能力都比较突出，应该算是各校的骨干力量。另外，在《暑期中学及师范学校教员讲习班办法大纲》中对于讲习会（班）还有一些具体的实施细节：

该讲习会由各该区主管教育厅局与制定区内公私立大学共同负责办理，四川省由四川大学负责。讲习班教授费为省市教育厅局各出资两千元，教育部出津贴一千元。每科教授由主任商承主管教育厅局及各大学校长聘任，先在指定会同办理之各大学教授中选聘各科专家及对于中等教育有研究者。各科教授须特别注意对中学教育有经验与研究者。英语科并不限于本国籍，尤为注重聘请外籍教师。每班编制为五十人，主办大学提供住宿，其中，简易师范学校及简易乡村师范学校免予选派英语科教员。每周授课十八小时，初级四周，高级六周，毕业发给证明书。讲授内容主要为：（1）教学方法及教材之研究（约占 40%）；（2）试验及设备之研究（约占 35%）；（3）各该科之新发展（约占 25%）。前项教学法及教材之研究，应依照中学等各类学校之现状为该科课程标准依据，并应做具体及实际之探讨。各学员向讲习班缴纳学费十元、讲义费二元、宿费二元，学员于每一学程之教学及讨论时间缺席至全数三分之一以上时，不能参与各该学程之结束测验。

（成都市档案馆，1928—1942）

通过上述细则，可以总结出四川省中等教师讲习班的几个特点：一，讲习会（班）由省市教育厅局和四川大学共同组办，并聘请大学专家及对中学各学科有造诣的人士参与其中，英语科还允许聘请有经验的外籍教员参加。二，讲习会（班）学费低廉，教学周期较长，上课时间安排紧凑，类似于假期全脱产教学培训。三，讲习内容贴近各科教学内容，并围绕教材和教学法进行探讨，此类教研活动有助于提高教员的专业素养，丰富其教学经验，并能使教员接触最前沿的教学理念。五，讲习会（班）纪律严明，考勤规定分明，避免个别教员鱼目混珠，不思学习。综上所述，补习会（班）的开办，对提高四川作为抗战大后方的中等教学质量有很大的益处，也有利于解决之前提到的师资短缺和教员素质较差的问题。就英语讲习会（班）来说，来自各中等学校的教员（包括外籍教员）可以通过讲习培训对四川的中等英语教育进行深入的交流，并开展讲演、讨论、试教等多种活动，相互学习，切磋技艺。因此，英语讲习会（班）的开办，对提高四川的中等英语教育水平十分有益。

2.2 教学研究会

除假期教员讲习会（班）外，各中等学校还根据需要，举办多科教学研究会。在研究会通则中，对各项细则做了如下规定：

各校为促进教学研究应依本通则组织各科教学研究会，其中具体分为了国文、算学、外国语、社会学科、自然学科等等教学研究会，主要讨论课程标准、教法及教材、进度、参考书、教员进修、课外阅读、课外作业、教学研究等事项。各校一般学科教学的研究，由该学区的中学教育研究会辅导。每学期或每学年举行本学区各学校教学研究会一次，并视需要情形，分科举行。举行学区教学研究会时，应轮流举行各科教学示范（由辅导学校之教员担任，或延请专家担任）及教学成绩展览会（每次一科或两科，不宜选多，便于集中注意），以资观摩。

（成都市档案馆，1928—1942）

英语科也依照上述规定，在成都成立英语教学促进会，并定期邀请外地的中外英语教育专家来蓉进行学术讲演，开展英语教学法讨论会、教学演示、教学示范等一系列交流活动。这种教学促进会的好处在于，延请外地专家莅临指导，有利于这些专家将西方或中国发达地区的最新教育理念和教学法带到四川，对四川中等英语教育水平的总体提升大有裨益。另外，会上开展各项活动，将教育理论和教学实践有机地结合起来，并通过相互交流，起到取长补短、共同进步的作用。

除成都之外，陪都重庆也开办了英语教学研究会，该研究会主要通过定期举办各类讲演的方式进行学术交流。例如，重庆市档案馆便记载了名为"英语字音的同化"的一场讲演的大纲。大纲中列举了很多单字及短语的读音，包括字母的音变等。这使得在当时英语听力设备十分有限、教员的英文发音都不大标准的情况下，能有专家将上述的特殊音变进行研究，从而总结出一系列规律并举办讲演会进行介绍。教学研究会此类的讲演不仅体现了英语专家对英语研究一丝不苟的认真态度，也体现了四川地区对中等英语教育的重视。

综上所述，四川举办英语教员讲习会（班）及英语教学促进会，有利于提高英语教员的综合素质和专业水平，进而提升整个四川地区中等英语教育的总体水平。

3. 教员待遇及应对措施

由于缺乏关于中等英语教员待遇的史料，本节对英语教员待遇的分析只好基于中等学校各科教员的总体状况来进行判断，从而了解英语教员的大概情况。

抗日战争爆发后，根据省府委员会的记载，从 1937 年 9 月起，"省立、联立学校经费按七五折发给，教员薪俸按七折发给。1939 年 1 月，改为七五折实领实发，11 月改为按公务员办法，除 50 元底薪外，余按九折发给，以维现状。以上为省立、联立学校，其余学校亦要参照折扣"（成都市地方志编撰委员会，2009：596）。本来就有限的薪金被按折扣发给中等专职教员，致使他们的生活十分艰难。于是，很多教员只好在外兼职，夜以继日地上课以赚取课时费。由于中等学校英语课时较多，很多学校又无力聘请足够的专职英语教员，于是需要大量的兼职教员来完成教学工作。这样客观上为各校的英语教员提供了在外兼职赚取额外收入的机会。像这样的兼职工作在抗战前期还可以勉强维持生活，可是进入了抗战后期，通货膨胀越发严重，教职人员的生活越来越难以维持。抗日战争时期，从 1940 年起，物价不断飞涨，教职员的薪俸数字虽也不断增加，而实际生活却每况愈下（成都市地方志编撰委员会，2009：596）由于教员的收入总是赶不上飞速增长的物价，其生活状况日益窘迫。实难想象在这样的生活重压之下，教员能够全身心地投入教学工作。表 5 为 1940 年成都 6 所中学教职员的薪金表。

表 5　1940 年成都市部分中学教职员薪额状况表

（成都市地方志编撰委员会，2009：596－597）

学校	校长	主任	专任教员	职员
省立石室中学	200	150～160	110～160 （初中 50～110）	
省立成都中学	200	160	80～150	60～100
成都县立中学	200	160	110～150	
私立高崎初中	150	130	80～110	50～60
私立清华中学	120	120	42～100	30
私立中华女中	60	80	40～70	24～30

表 5 中的专任教员收入当然也包括各校的英语教员收入。从以上 6 所中等学校的薪酬情况看，中学教职员的薪金有一个比较显著的特点，即公立中学教职员（无论是校长、主任还是专任教员、职员）的薪金都高出私立中学相应职位的薪金一倍甚至更多。分析起来，造成这个现象的原因应该是私立中学缺乏政府拨款，办学经费普遍不足，教职员薪金自然低于公立中学，尤其到了抗战时期便更难维持。由于薪酬相对较低，教员人心涣散，流动性大，师资不足或者教学质量差的状况时常发生。而私立中学英语教员作为中等教育师资的重要组成部分，他们当中当然也难免出现这样的问题。

针对通货膨胀、物价飞涨的社会问题，1941 年，四川省政府制定了《四川省公立中等学校家园聘任及待遇暂行办法》，专任教员月薪为高中 140～240 元，初中 100～200 元。虽然与之前的标准相比有所提高，但要维持生活仍旧困难。鉴于此，四川省政府决定，1941 年下期，省立各级学校专任教职员每人每月发给食米 2.5 市斗（每斗约 15 市斤），公立学校教职员食米以后有所增加，最高时为一市石（150 市斤），并批准了私立中学 35 名教员的请愿要求，决定该年下期暂征收教职员食米代金，每生每期（不分高、初中）不超过当时二市斗米价（成都市地方志编撰委员会编撰，2009：597）。教员请愿加薪，学校只好从学生中征收食米，这也是省政府在教员生活难以保障的情形下，不得已而为之的无奈举措。

1942年，四川省政府教育厅又规定了省立华阳中学给教职员工发放生活补助费及食米的办法：月薪在50元以下者，每人每月补助60元，51元至100元者55元，101元至200元者50元，201元以上者45元……每员每月改发食米二市斗五升（成都市档案馆，1941）。即使发放了生活和食米补助，严峻的通货膨胀还是使得教员的生活难以为继。为了维持正常的教学秩序，成都县立中学既增加了包括英语教员在内的专任教员的收入，又补发生活补助、米代金、食米及补助金，还给稍偏远地区的各私立学校额外发放餐费补贴，为教员提供一日三餐（成都市档案馆，1938—1941），试图缓解教职员生活条件愈来愈差的问题。

在政府命令各校增加教职员收入后，各县立中等学校和职校的教职员薪酬均有了不同程度的提高。另外，还计划发放米价补助，并由县府统筹统列。从这些可以看出，无论是省府、成都县府还是各中等学校，在试图解决教员生活的问题上，均显示出了极大的决心和诚意，并拿出了较大力度的解决方案。遗憾的是，虽然政府、学校都采取了提高薪金、补贴，补充食米等一系列措施来应对越来越严重的通货膨胀，提高广大教职员的生活质量，使他们能够安心工作，但这些办法终究无力对抗疯长的物价，广大教职员工仍旧入不敷出，生活极度窘迫。迫于无奈，各中学校长便联名向政府呈文描述办学之困难：

> 教员待遇过薄：教员兼任课程，所达薪金，每月以300元计，则每周一小时，每月只得法币10元，菲薄如此，实无人担任。令若致送薪俸及各种津贴全部，则每周一小时，每月约可得法币40元，但与私立学校之教师待遇相比，则仍相差过远，以致聘请教师，常感觉最大困难……县立中学及简易师范：此纯用地方经费维持，虽偶有与省校相等，或较优者，但多数均不及省校。应请令饬县府各中学师范经费当依照省立学校31年度核定标准增加，如核定数字不足，得请先由县第二预备费项下动支，又物价高涨，学生卫生、体育、图书等费应各增加为15元，庶几敷用……
>
> （成都市档案馆，1938—1941）

上述呈文表明，县立及简易师范中学，均处于经费不足、办学境况艰难及教员薪金低下、招聘教职员十分困难的处境。如果将此呈文与之前的表格（1940 年成都市部分中学教职员薪额状况表）相比，则可以将四川中等学校教员待遇的高低差别做一个汇总：公立中学之省立学校教员收入最高，其次是私立中学，薪金收入最低的是公立中学之县立及简易师范中学。尽管如此，好与不好也是相对而言，就当时教员有限的收入来说，都无法同日益严重的通货膨胀相抗衡。以大见小，英语作为中等学校的主课，课时相对较多，而且英语教员可以选择在课余时间做些教学或批改英语作文方面的兼职，收入比一般学科的教员能够稍微高出一点，但就像前面说的，由于社会日趋严重的通货膨胀，他们赚取的一点薪酬也是杯水车薪，很难维持正常的生活。由此说来，英语教员的生活处于日益困窘的状态。

到了抗战后期的 1944 年，通货膨胀达到了前所未有的水平，省立学校教职员薪俸由生活补助费基本数与底薪加数倍组成，县立学校也参照执行。以成都市省立中学为例，生活补助费基本数教职员为 2 000 元，底薪加 120 倍，就变成了 240 000 元（当时的参照米价每石为 12 873 元）。重庆市也一样，在"重庆市立女子中学在校教职员补领 33 年 7 月份战时生活补助费报销清单"中，专任教员的薪俸加上生活补助费合计为 118 000 元（重庆市档案馆，1944）。看着这天文数字，火箭般飞涨的收入，实际情况却是收入的上涨永远滞后于物价的上涨。虽然薪金增加了很多倍，但是仍旧赶不上疯长的物价，各科教员生活仍然十分艰难。就英语教员来说，在这样恶劣的生存环境下，能够完成繁重的教学课时已经不易，若还要在业余时间努力钻研教材教法，提高教学质量，恐怕就是天方夜谭了。

概括说来，抗战后期四川地区的中等英语师资是缺乏的。为提升英语教学质量，成都、重庆两大城市均开办有英语讲习班和教学促进会。教员薪俸方面，薪水普遍偏低，尽管许多英语教员在课外兼职教学，但仍难以维持生活。到了抗战后期，物价飞速增长，广大教员的生活日益艰难窘迫。虽然政府和各中学均采取了一系列措施来改善这种局面，但是面临急剧严重的通货膨胀，收效甚微。广大英语教员就在这样艰苦的环境下坚持教学，为四川的中等英语教育尽着自己的微薄之力。

参考文献：

成都市档案馆，1928—1942. 省教厅、女师校关于设置教员假期讲习会、教育研究会办法、大纲参加讲习及格人员一览表呈报，布告训令［Z］. 63—1—237.

成都市档案馆，1938—1941. 本校高中八班学籍［Z］. 75—1—224.

成都市档案馆，1941. 伪省教育厅关于员工食米发给办法之训令及本校有关政、教职工领米名册［Z］. 74—1—193.

成都市地方志编撰委员会，2009. 成都市志：教育志［M］. 596，597，605–606，609.

重庆市档案馆，1943. 重庆私立精益中学女生部 32 年春季教职员表［Z］. 0053—0014—00050.

重庆市档案馆，1944. 关于报送市立女子中学本年五至七月份教职员增加生活补助费清册的呈、训令、公函等［Z］. 0053—0019—00066.

重庆市档案馆，1944. 重庆市私立明诚中学 1944 年度第一学期教职员表［Z］. 0065—0001—02447.

重庆市档案馆，年代不详. 学术讲演会——英语字音的同化［Z］. 0142—0001—00010.

郭有守，1945. 四川教育研究的动向——纪念省立教育科学馆六周年［J］. 四川教育通讯：2.

蒋璧泽，1946. 西康中等教育之鸟瞰［J］. 西康教育（12）：6–8.

四川省档案馆，1941—1945. 丰都县立初级中学校教职员任免文件及教职员一览表视导报告表［Z］. 107—4—1—253.

Teachers of Sichuan Secondary English Education from 1940 to 1945

Hu Haosu

Abstract：From 1940 to 1945 during the War of Resistance against Japanese Aggression, the number of secondary English teachers in Sichuan was limited. Workshops and teaching seminars were held in both Chengdu and Chongqing in order to improve teaching quality. Secondary teachers' salaries were so low that they had to do some part-time teaching, but it was still difficult to make ends meet. At the end of the war, soaring of prices made teachers' life more harsh. Government and schools carried out a lot of measures to change this situation, but they did not work too much because of inflation. Secondary English teachers tried their best to make contributions to secondary English education under such circumstances.

Key words：teachers；workshops and seminars；inflation

信息化背景下大学英语校本教学平台建设实践与探究

黄丽君

（四川大学外国语学院，成都 610207）

摘　要：为摆脱大学英语课时缩减而教学要求不断提升的困境，深度推进探究式、互动式大学英语教学信息化改革，本大学英语教学团队本着"共建共享"基本原则，依托超星"一平三端"学习平台，建设四川大学英语网络教学平台。平台建设促进了大学英语教学模式交互式创新实践，打通了大学英语课堂内外的学习通道，有效调动了学生自主学习的积极性，为学生的英语泛在学习提供了新途径、新方式，实现了信息技术与大学英语教学的有机融合。

关键词：大学英语；信息化；教学平台

1. 引言

大数据背景下，信息技术迅猛发展，为教育教学带来机遇和挑战。云计算、人工智能、虚拟现实等技术正在重塑教育生态。信息化背景下的大学英语教学也面临着教育理念、教学模式、教学方法的改革和创新，以适应信息化教育发展的新形势和新要求。

大学英语是我校（四川大学）面向全体本科学生开设的一门必修公共基础课，教学内容包括英语语言知识及应用技能、学习策略和跨文化交际等。课程目标旨在进一步提高学生的听、说、读、写、译的能力，能用英语有效进行口头和书面信息交流，培养学生在学术或职业领域进行交流的能力以及跨文化交际能力。课程同时也服务于学校人才培养的总体目标。

大学英语是学校覆盖面较大、辐射力较强的一门课程。该课程开设两年，全校有近 2 万名大一、大二学生纳入大学英语课程培养方案。学生人数多，覆盖文、理、工、医、经、管、法、史、哲、农、教、艺 12 个学科门类的不同专业，有不同的专业学习需求；学生的英语学习起点不同，个性化学习需求差异大。近年来，学校依据新的人才培养方案压缩了大学英语课程学分和教学课时，同时提高了实现课程目标的教学要求。在被压缩的课时和学校对课程提出的高阶性、创新性和挑战性的要求之间出现了缺口。如何填补缺口，如何充分利用有限的课时达到学校对大学英语课程教学的更高要求？利用信息化手段来拓展教学时空、提升课程教学质量，是解决难题的一个可能的有效途径。

2. 信息化背景下大学英语教学平台建设构想

2.1 大学英语信息化改革概览

信息化是高校教育改革的重要途径。《大学英语教学指南》（教育部2017版）对大学英语教学提出了明确要求，"大学英语应大力推进最新信息技术与课程教学的融合，继续发挥现代教育技术，特别是信息技术在外语教学中的重要作用"。为主动适应信息化环境下教育发展的新形势和新要求，有关大学英语教学信息化改革的研究层出不穷，探讨现代化信息技术与英语教学相互联结与促进的可能性和实践路径（张喜华、郭平建，2017），提出与信息化技术融合的外语课程生态系统框架（陈坚林，2010），研究优化整合的外语信息资源对学生自主学习能力提高的积极影响（冯霞、黄芳，2013），以及高校外语资源优化应用策略（史光孝、邹佳新，2013），等等。这些研究从教学理念、范式转变、应用策略等方面讨论大学英语如何主动适应信息化教育发展的新形势和新要求，探索大学英语教学信息化改革的新路径、新方法，切实推进现代化信息技术与大学英语教学的有效融合。

近年来，我校也积极推进大学英语教学的信息化改革，主要方式是联合出版社开发基于教材和校园网的大学英语导学系统，为学生创设自主学习环境。随着智慧学习和移动学习浪潮的来临，我校大学英语老师从自身的课堂实际出发，自主使用学习通、蓝慕云、爱课堂、雨课堂等平台，加强教学和学生学习管理。老师们也借助微信、QQ等社交软件对学生进行线上辅导和咨询。以上教学平台和信息化手段使用目的单一、较为零散，缺乏一个多功能、整合的教学平台来有效融合线上和线下的英语教学。为实现信息化技术与大学英语教学的有机融合，我校急需建设新的大学英语网络教学平台，充分利用智慧教学、移动学习方式，拓展教学时空，打通大学英语课堂内外的学习通道，调动学生自主学习的积极性，满足学生多元化、个性化学习的需求。

2.2 信息化教学改革的理论支撑

联通主义（Connectivism），也译为连接主义、关联主义，被称为"数字时代的学习理论"，认为学习不再是一个人的活动，学习是连接专门节点和信息源的过程（Simens，2005）。2005 年，西门思（Simens）提出网络学习和联通主义的 8 个原则：（1）学习和知识存在于各种不同的观点之中；（2）学习是一个连接各个专业节点和信息源的过程；（3）学习可处在非人的器皿中；（4）持续学习的能力比掌握已知知识更为重要；（5）为方便持续学习需要培养和维持连接；（6）发现不同领域、观点和概念之间联系的能力是核心技能；（7）现时性，即正确的崭新的知识是所有联通主义学习活动的意图；（8）决策本身是一个学习过程，在不断变换的现实中选择学习和理解新信息的意义（Simens，2005）。

联通主义是网络时代信息技术发展催生的学习理论，是信息时代学习的理论诠释。联通主义学习理论对英语学习的模式、手段和方法产生了重大影响。联通主义视域下的英语学习具有以下特征：

（1）混沌性。英语学习不是简单的线性系统，学习内容是动态的、分散的，不一定被完整打包和安排。学习者可根据需要连接知识节点，打通学习通道。

（2）连续性。语言学习是一个不断发展和交流的过程，"上某一课程"的模式正在被所需要的学习和知识所替代。

（3）现时性。信息时代的英语学习将学习者置于一个开放性的生态系统中，为学习者提供了现时的、相关的、切合语境的学习内容，使学习内容更有实用价值。

（4）自组织性。由于知识可以通过网络进行存储、检索和传递，因此知识处于各种复杂的专业节点和信息源中。通过自组织，英语学习者可以在网络储存中查找和选择知识，并建立适合自己的信息节点。

（5）共同建设性。英语学习不再只是内容的消化，专家、老师和英语学习者是知识的共同创建者。

3. 大学英语"学习通"教学平台建设

3.1 平台建设的目标和内容

本改革举措借助信息化平台和新技术手段，旨在深度推进探究式、互动式大学英语教学改革，采用混合式教学、翻转课堂、构建线上线下相结合的教学模式，打造我校"英语学习社区"，为学生营造全方位浸润式英语学习氛围，扎实提升我校大学英语教学质量。

　　超星公司开发的"学习通"被选用为大学英语网络学习的基本平台。超星学习通是基于网络资源，面向智能手机、平板电脑等移动终端的移动学习平台，"一平三端"智慧教学系统连通"移动端""教室端""管理端"，是比较理想的综合性教学平台，有利于拓展教学时空，实现课内外学习的联通和课内外学习的一体化管理。

　　大学英语教学信息化改革的主要内容是基于超星"一平三端"智慧教学系统建设我校的"英语学习社区"，内容涵盖技能训练（听、说、读、写、译），考试辅导（四六级、考研、托福、雅思等），英语文化等。"英语学习社区"（一期）建设内容以课程方式呈现，分为封闭式平台课程和开放式平台课程两大类。封闭式平台课程针对纳入大学英语课程培养方案的我校大一、大二学生，实行分班管理，内容包括综合课程在线课堂、听力在线课堂、阅读与文化在线课堂；开放式平台课程对我校所有在校学生开放，以英语测试技能训练为主，包括英语四级冲刺课程、英语六级冲刺课程和考研英语冲刺课程。

图1　"英语学习社区"（一期）建设内容

　　综合课程在线课堂：内容包括课程章节知识点、微课学习视频、拓展阅读书目、作业、试题等。同时将开发的在线课程用于 SPOC 混合式教学，满足学生课前、课后自主学习需要，课中则开启翻转课堂，提升教学效率，并通过后台大数据统计随时监测学生的学习效果。

　　听力在线课堂：建设内容包括将现有大学英语听力教学迁移至平台，对教材进行二次开发，通过教案、资料、作业、测试等形式，指导学生课外自学听力，适量增加拓展听力材料，并在此基础上形成示范教学包。

阅读与文化在线课堂：建设内容包括将现有英语泛读教材迁移至平台，对教材进行二次开发，通过教案、资料、作业、测试等形式，指导学生课外完成泛读任务，适量增加人文通识阅读和学术文献阅读，并在此基础上形成示范教学包。

英语四六级冲刺课程：提供英语四六级试题库与试题分项解析。

考研英语冲刺课程：提供考研英语试题库与试题分项解析。

3.2　平台建设的方法和措施

超星英语教学平台建设的指导思想是资源共享、合作互利、共同开发。"建设、丰富能满足实际外语教学需求的外语信息资源，在此基础上进行规范、有序、高效、统一的资源整合与优化，实现优质外语信息资源的充分共享利用，形成师生共建共享的资源生态环境，是实现外语教学信息化的必由之路。"（史光孝、邹佳新，2013：58）基于共建共享的基本方针，我们动员和组织全体大学英语老师集思广益、群策群力，共同开发建设超星平台教学资源。把老师们原有的零星、分散的英语资源进行整合、改选、开发，形成多来源、多层次、多类型的学习资源，实现资源的优化和整合，以开放创新的方式，提高学生的学习兴趣，提升学生的语言能力。

（1）团队建设。

基于信息化教学平台资源共建共享的原则，组织动员全体大学英语老师参与资源建设。老师们基于自身的优势、资源和兴趣加入不同的超星英语教学平台建设团队。平台建设一期项目共有5个建设团队，综合课程在线课堂团队、听力在线课堂团队、阅读与文化在线课堂团队、四六级冲刺课程团队和考研英语冲刺课程团队。每个团队有15～20名老师，由团体负责人召集，明确各团队的平台建设目标、方法、路径、分工、预期成效以及建设工作重要的时间节点。在建期间，各团队定期召开资源建设工作会，讨论问题，解决问题，在甄别、筛选的基础上整合、改写、编辑素材和资源，共同开发建设优质英语学习资源。

（2）资源建设。

平台资源建设是一项常态化的工作。"英语学习社区"版块内容随着课程的需要以及学生英语学习的实际需求不断地增加、扩容和丰富，平台

（一期）建设的资源包括：①综合课程：《全新版大学英语综合教程》1～4册的章节知识点、课后习题精选；②听力在线：《新标准大学英语听说教程》1～4册的听力材料和听力练习精选、听力拓展材料优选；③阅读与文化在线：《大学跨文化交际与阅读教程》1～4册的阅读与练习精选、跨文化拓展阅读材料优选；④四六级考试资源：大学英语四六级考试题精选、解题技巧详解、试题分项解析；⑤考研英语资源：考研英语试题精选、考点梳理、试题详解；⑥英语词汇题库资源：大学英语四六级5 000词汇题校审、翻译、注释。

（3）平台建设。

建设团队以创建课程的方式把整编完成的资源上传超星平台，同时把所有纳入大学英语课程学习的学生信息和老师信息导入平台，师生进入课程，建立班级管理。老师依据线下课程进度安排线上平台课程的学习内容，布置章节作业、拓展听力训练、拓展阅读训练、单元小测验、专题测试等，同时管理学生的学习进度和学习效果，从数量和质量两个维度管理学生平台学习的过程。

平台建设本着"共建同享共同维护"的基本原则，老师在使用过程中持续维护已建课程内容，在使用中改进、优化课程内容。同时，在已建资源的基础上不断增添新的平台课程内容，为大学英语教学持续供给优质资源。平台建设是一个经常的、长期的过程，平台课程动态生长，不断优化，不断丰富，实现英语教学资源的可持续发展。

4. 平台建设成效

目前，平台前期建设已初具成效，完成了封闭式课程和开放式课程的架构。封闭式课程系列已完成综合英语在线－2、综合英语在线－4、英语视听说在线－2、英语视听说在线－4、阅读在线－2、阅读在线－4的建设并在2020年春季学期全面投入使用。全校2018级和2019级两个本科年级共有586个班次，16 316名学生加入了平台课程的学习，所有平台内容对学生开放，学生可按需、按要求选取平台内容进行学习，部分平台学习内容纳入学生本学期的过程考核。开放式课程已完成英语四级冲刺、英语六级冲刺和考研英语冲刺课程的建设。英语四六级冲刺课程在2020级春季学期投入使用，我校共有近3 000名学生加入课程，系统学习四六考试备考知识点和解题技巧，提升英语应考技能和英语综合能力。

表 1 2020 春季学期平台课程使用情况

平台课程	班次	学生人数	主要教学内容
综合英语在线－2	307	8 262	词汇 翻译 篇章练习
综合英语在线－4	279	8 054	词汇 翻译 篇章练习
英语视听说在线－2	307	8 262	音频 视频练习
英语视听说在线－4	279	8 054	音频 视频练习
阅读在线－2	307	8 262	跨文化阅读 批评思维训练
阅读在线－4	278	8 054	跨文化阅读 批评思维训练
四级冲刺	1	242	四级真题测试及试题详解
六级冲刺	1	2 644	六级真题测试及试题详解
考研英语	拟开		考研英语试题测试及试题详解

此外，近 5 000 词条的英语词汇题库已建设完成，为老师课堂测试以及课程的综合测试提供了优质资源。利用平台已建题库资源，2020 年春季学期顺利完成了 2018 级和 2019 级 400 多名学生的大学英语－1 和大学英语－2 的补缓考超星平台在线考试，同时，基于平台学习和测试资源，2019 级艺术英语班 400 名学生顺利完成 2020 春季学期在线期末考试。

"信息技术与课程整合的成功与否在于丰富的资源。但是这些丰富的资源只有跟教学过程结合起来，与社会生活联系起来，才能真正具有'丰富'的内容，才能赋予整合课程的现实意义"（何立新，2012：139）。我校的超星平台资源围绕大学英语课程进行建设，丰富了大学英语课程的教学手段，提高了英语课堂教学的效率，增加了课程教学的呈现方式，延伸了英语课堂教学的范围，为学生营造更加开放、多元和创新的教学氛围。平台课程学习方式促进了大学英语教学模式的交互式创新实践，增加了师生之间的教学沟通和学生之间的互助合作学习。师生的教学互动更加多元化，不仅有课堂上的教学指导，还有课前和课后的监督和指导，这有利于老师全面掌握学生的学习情况，了解学生的学习进度，从而加强教学的针对性和有效性。平台课程学习促进了教学评价模式的不断改善，老师可通过平台全方位收集学生的学习数据，并根据数据进行综合评价，以确保大学英语课程过程考核的客观性和准确性。平台的优质题库为课程测试提供了资源，老师可以基于题库组卷进行随堂测验和课后测试，也可以基于题库组卷进行大学英语课程综合性考试。该平台的建设为我校建设基于平台的"教、学、测"一体化教学体系打下了良好基础，同时也为全面提升大学英语课程质量打下了坚实基础。

5. 结语

　　基于平台建设的大学英语教学信息化改革，以平台建设与课程融合为前提，将分散资源有效整合，优化信息资源，共建共享，初步建成有效服务于大学英语课程的多类型教学资源网络。在已建平台资源的基础上，我们会不断丰富、更新现有资源。一方面要完善现有的资源网络，增加博雅阅读、学术阅读、口语空中课堂、出国英语考试训练等板块，满足我校学生多样化、个性化学习的需要。另一方面还要加快大学英语微课、视频课、慕课的建设，最终建立从电子教案到数字资源再到精品网络课程的立体化教学资源体系。

参考文献：

陈坚林，2010. 计算机网络与外语课程的有机整合——一项基于大学英语教学改革的研究［M］. 上海：上海外语教育出版社.

陈坚林，张笛，2014. 外语信息资源的整合与优化建设——一项基于部分高校信息资源建设的调查研究［J］. 外语学刊 (5)：95 - 100.

冯霞，黄芳，2013. 基于自主学习的外语信息资源整合优化研究［J］. 外语电化教学 (150)：47 - 52.

何立新，2012. 信息技术教学与创新思维培养［M］. 北京：北京大学出版社.

胡壮麟，2008. 谈 Siemens 的连接主义［J］. 外语电化教学 (123)：3 - 9.

蒋学清，丁研，2012. 现代教育技术下的新型大学英语教学模式理论框架初探［J］. 外语电化教学 (148)：42 - 46.

李克东，2001. 数字化学习（上）——信息技术与课程整合的核心［J］. 电化教育研究 (8)：46 - 49.

邵红万，陈新仁，2012. 信息技术与外语课程：从辅助到常态化的学科性融合［J］. 外语电化教学 (148)：34 - 41.

史光孝，邹佳新，2013. 我国高校外语信息资源优化应用策略研究［J］. 外语电化教学 (151)：54 - 58.

司显柱，2011. 多元互动大学英语教学模式建构——建构主义视域［J］. 外语学刊 (1)：110 - 112.

张喜华，郭平建，2017. 信息化背景下大学英语教学改革研究［M］. 北京：北京交通大学出版社.

庄智象，黄卫，2003. 试论大学英语教材立体化建设的理论与实践［J］. 外语界（6）：8－14.

BAX S, 2003. CALL—past, present and future［J］. System（31）：13－28.

CHAMBERS A, BAX S, 2006. Making CALL work: towards normalization［J］. System（34）：465－479.

SIEMENS G, 2005. Connectivism: a learning theory for the digital age［J］. Instructional technology & distance learning, 2（1）：3－10.

Research and Practice on the Construction of School-based College English Teaching Platform from the Perspective of Informationization

Huang Lijun

Abstract: College English teaching has long been facing the challenging reality that class hours are cut down while the quality of the course needs continuous improvement. In order to solve the dilemma and promote the inquiry-based and interactive teaching reform, the college English teaching team jointly build a school-based teaching platform adhering to the basic principle of "co-construction and co-sharing". The construction of the platform helps promote the innovation of college English teaching mode, connect students' learning inside and outside the class, and stimulate students' enthusiasm for independent learning. More importantly, it provides new ways and methods for students' ubiquitous learning and realizes the integration of information technology and English teaching.

Key words: college English; informationization; teaching platform

美学视野下语言美之探析[①]

郎江涛

（四川大学外国语学院，成都 610207）

摘　要：语言是我们与他人交流的重要工具，从其诞生之日起就与美结下了不解之缘，而美又是美学关注的一个重要问题，因此，语言美的问题研究应置于美学视野之下。鉴于此，本文认为语言美是审美主体在以语言为媒介的审美活动中所获得的美，而审美活动又是人类的精神与文化活动，所以本文在提出语言美的概念后进一步分析了语言美的基本特征：主体性、时代性、民族性。不仅如此，本文还探讨了语言美的四大主要具体形式：声韵美、结构美、朦胧美、修辞美。通过对语言美的这些相关问题的讨论，本文最后得出结论：语言美是一种独特的美，这种美使我们的人生变成审美的人生，也就是爱的人生。

关键词：美；语言美；特点；形式

从现有的资料来看，在人类语言的发展过程中，无论中国还是西方都有人谈到过语言与美的问题，如中国先秦时期的思想家老子（生卒年不详）曾说过，"信言不美，美言不信"（陈鼓应，2009：348）。再如，古希腊哲学家德谟克利特（Democritus，前460—前370）曾说过，"一篇美好的言辞并不能抹煞一件坏的行为"（朱立元，2014：46）。可见，老子和德谟克利特都认为语言与美存在一定的联系或者说语言有美的问题。我们知道，美学又称为"感性学"，其德文是"Aesthetik"，英译为"Aesthetics"（陈望衡，2007：1），其研究对象是人类的审美活动，而人类的审美活动是"一项不可缺少的精神－文化活动，是人类的一种基本的生存活动，是人性的一项基本的价值需求"（叶朗，2009：13），而人的精神与文化活动又离不开人的语言，所以在美学视野下探究语言美的问题必定具有不可估量的学术价值。

1. 语言美的基本概念

1.1　美的概述

根据《现代汉语词典》，汉语"美"的意思是"美丽；好看（跟'丑'

---

① 本文为2018年四川大学横向项目"美学思想研究"（合同编号：H180502）的研究成果。

相对）"（中国社会科学院语言研究所词典编辑室，1996：863）。我们知道，汉字"美"对应的英语单词是"Beauty"。根据《朗文英汉双解词典》，"Beauty"的意思是"qualities that give pleasure to the senses or lift up the mind or spirit"（Gray & Summers，1992：103）。从这可以看出，汉语的"美"和英语的"Beauty"都强调感官的愉悦性。

事实上，我们这里谈的"美"不同于日常生活所说的"美"，这里的"美"包括"一切审美对象，不仅包括优美，也包括崇高、悲剧、喜剧、荒诞、丑、沉郁、飘逸、空灵等各种审美形态"（叶朗，2009：30）。因此，美不应是"一种物理的实在，也不是一个抽象的理念世界，而是一个完整的、充满意蕴、充满情趣的感性世界"（叶朗，2009：82）。在这感性的世界里，"主观的生命情调与客观的自然景象交融互渗，成就一个鸢飞鱼跃，活泼玲珑，渊然而深的灵境"（宗白华，1987：151），这个灵境也就是"中国美学所说的情景相融的世界。这也就是杜夫海纳说的'灿烂的感性'"（叶朗，2009：82）。由此看来，美离不开人的审美体验，而人又身处社会现实之中，所以不同的人因不同的家庭背景、教育程度、生活条件等而对同一事物的审美体验也不尽相同，这正如唐代思想家柳宗元（773—819）所说，"夫美不自美，因人而彰"（柳宗元，2013：1795）。

1.2　语言的概述

根据《现代汉语词典》，语言是"人类所特有的用来表达意思、交流思想的工具，是一种特殊的社会现象，由语音、词汇和语法构成一定的系统。'语言'一般包括它的书面形式，但在与'文字'并举时只指口语"（中国社会科学院语言研究所词典编辑室，1996：1539）。与语言对应的英文单词是"language"，其基本意思是"the system of human expression by means of words in speech or writing"（Gray & Summers，1992：774）。从这句话可以看出，语言是人类交流思想、表达情感的工具，有书面语和口语两种形式。

目前，人们仍在使用的语言有6 000多种（胡壮麟，2011：8），这从一个侧面说明了语言是人类的一种最重要的存在方式，而人又属于社会的一分子，所以语言应具有不同的社会功能，如"人际功能、信息功能、祈使功能、述行功能和表情功能"（奈达，1998：12），而这些社会功能让人的自我存在感得以实现，能让人从精神上超越自我，因为语言总是"追求以美言达意、以怡情感人"（刘宓庆、章艳，2016：42）。由此看来，人类的语言是"一种发之于心的绵延亘古、历久弥新的审美载体"（刘宓庆、章艳，

2016：42 – 43）。

1.3　语言美的基本概念

根据《美学大辞典》，语言美指的是"人际交往中的语言的美"（朱立元，2014：46）。这就是说，语言美并不是先于人类而存在的，而是在现实社会的交往中产生的，所以语言美应是"人的存在方式的美"（朱立元，2014：46），换句话说，语言美是客观存在的。

从审美的角度看，语言美虽是客观存在的，但语言美离不开审美主体的审美活动，也就是说，若没有体验者，即审美主体，语言美就没有存在的价值。从理论上讲，审美主体的审美活动包括两个方面：审美创造和审美欣赏。一旦审美主体进行了审美创造和审美欣赏，审美主体就具有审美创造者和审美欣赏者这两种身份。当然，有时候审美主体的这两种身份并不是完全分开的，也就是说，审美主体既是审美创造者，又是审美欣赏者，但不管哪种身份，审美主体都会在以语言为审美对象的审美活动中走进充满情趣的感性世界，不断超越自己而达到物我两忘的审美境界。因此，语言美是指审美主体在以语言为媒介的审美活动中所获得的美。当然，审美主体并不是孤立的个体，其审美活动也不是完全的个人活动，这就是说，审美主体的审美活动会受到特定社会文化活动的制约，所以语言美虽然在外"表现在语词、语音、语法上"，但其真正的内涵是"人性美、人格美、人情美、心灵美"。（朱立元，2014：46）

2.　语言美的基本特征

2.1　主体性

语言美并不是先于人类而存在的，语言美的存在必须有体验者的参与，因而语言美具有主体性。从审美的角度看，语言美的审美主体应是人，而人对外界事物的刺激所产生的反应尽管有相同的一面，但因年龄、环境、家庭、教育等因素的不同也有所不同。这正如中国现当代美学家朱光潜（1897—1986）所说："宇宙中事事物物常在变动生展中，无绝对相同的情趣，亦无绝对相同的景象。"（朱光潜，1982：55）

正因为人们的情趣、景象不相同，人们对美的感受也不尽相同。例如，汉语的"雪"这个词带来洁白的景象，让人在内心深处忘掉真实的存在，从而超越了自我进行美的享受，所以"雪"历来受到文人的青睐，如

"……乱石穿空，惊涛拍岸，卷起千堆雪。江山如画，一时多少豪杰"（张炳星，2010：370）。这里的"雪"是雪白的意思，给人一种崇敬、纯洁的感受，让人读了有一种身临其境的美感，忘掉了自己的真实存在，进行了情感的逾越，达到心灵的自由飞翔。"雪"虽然有洁白无瑕之美，这是人们通过其客观的外在形态感知的，但因地理环境、家庭背景、文化教育等因素的影响，不同人对"雪"这个词的审美感受是不一样的。这也就不难理解中国南方人和中国北方人会对"雪"产生不同的审美感受。再如，英国人和因纽特人对英语单词"snow"产生的审美感受是不一样的。因纽特人因常年生活在冰雪寒冷的地带，故对雪有特别的情感，给雪不同的称呼，从而产生不同的审美意象，而英国人生活的地理环境与因纽特人不一样，故英语里只有"snow"（雪）这一个词。

2.2 时代性

语言美是在交际中产生的，而交际行为是有时代限制的，也就是说，不同的时代有不同的审美风貌，对同一事物采用的语言也不一样。我们以词语为例。有些词语反映了一个时代的风貌，如中国"2006—2007 年出现的'独二代''交强险''奔奔族''换客'等；2007—2008 年出现的'和谐号''D 字头''次货''大小非'等"（杨芙蓉，2017：17）。再如，"一些人不再说协议'broken'（被撕毁），他们只说'inoperative'（不再有效），军队也不再认为是'retreat'（撤退），而是'regroup'（重新部署）。同样，股票市场不再'fall'（倒闭），而只是'consolidate'（调整合并）"（奈达，1998：6）。

此外，语言是随社会时代的发展而发展的，所以语言美的时代性还体现在句子、段落和语篇上。我们以老子的《道德经》为例。读完《道德经》后，我们不难发现，《道德经》的句子、段落、篇章结构简单，四字词语比较多，读起来朗朗上口，从而给人美的感受，如"有无相生，难易相成，长短相形，高下相盈，音声相和，前后相随"（陈鼓应，2009：60）。这里，老子把"有"与"无"、"难"与"易"、"长"与"短"、"高"与"下"等并举，其目的就是强调事物的对立统一。再如"道生一，一生二，二生三，三生万物"（陈鼓应，2009：225）。这里，老子重复了"生""一""二""三"，其目的就是强调事物发展的无限性。通过使用词的对举、词的重复等手段，《道德经》不仅让读者真实感受到它的句子、段落、语篇结构的朴实美，同时还会让读者忘却自己的真实存在，穿越到文中的时代，在无意识中不自觉地迎合了文中时代的审美情趣。

2.3　民族性

语言是在劳动生产实践中产生的，自产生时起，就不断把人类引入忘我的审美境界，也就是说，语言的发展史也是一部人类审美经验史。我们知道，因地理环境、生活方式、气候条件等因素的不同，不同语言所产生的审美意象也不尽相同。例如，汉语的"嫂子"不仅指兄长的妻子，还含有"对兄长妻子的尊重，往往很多时候将'长嫂'比作母亲"（杨芙蓉，2017：18）。因此，我们在读有关长嫂的文章的时候，长嫂的形象往往会与母亲的形象重叠，且这种形象往往是高大的，体现的是一种伟大的母爱，也是一种崇高美。相比之下，英语里的"sister-in-law"一词相当于汉语的"嫂子"或"弟媳"，其汉语意义是模糊的、不确定的，不能给汉语读者带来像"嫂子"一样的审美感受。英语读者读到"sister-in-law"时，他们只作具体的审美分析，不会纠结是兄长的妻子还是弟弟的妻子。这也反映出汉民族与英语使用者不同的审美心理，不同的语言只是不同民族心理的体现而已。

从理论上讲，语言是文化的载体，也就是说，不同语言是不同民族不同审美文化的体现。众所周知，基督教文化突出的是"God"（上帝），强调的是上帝的美，而道教突出的是"道"，强调的是"道"的美。所以从审美的角度看，英语的"God bless you！""God damn you！""God helps those who help themselves."等体现的是基督教审美文化，而汉语的"修道即修心""我命在我不在天""元气为大道之子"等体现的是道教审美文化。从文化上讲，宗教是民族文化的体现，故反映宗教审美文化的语言美自然具有民族性。

3.　语言美的具体形式

3.1　声韵美

符号学研究表明，"语言是一种意识化符号，即包括产生这一文化的民族观念形态方面的语言符号……语言作为符号化系统，可分成五类：民族意识符号、社会化符号、声像化符号、物质化符号和地域化符号"（金惠康，2004：64）。从审美的角度上看，这里的声像化符号就是声韵美。

我们知道，英语属于拼音文字，而汉语属于象形文字。所以，不同的文字体系造成了英语和汉语的许多不同，但从审美上讲，英语和汉语都讲究声韵美。一般说来，"声韵美的三个基本成分是音韵和协及结构配称，另外加上声律节奏并由音韵美和结构美合共流溢出一种语言的视听美感"（刘宓庆、章艳，2016：45）。例如，"空可空，非真空。色可色，非真色"（龚光明，2016：192）。这两句汉语采用了词的重复，每句的后半部尾重复前半部尾的词，亦即"空"对"空"，"色"对"色"，同一词的反复给人一种虚空无色之美，韵律感很强，让人从内心深处体会到佛教"空"之美。再如，"She was alone. She was alone. She was alone.（D. lessing *The Room Nineteer*）"（傅仲选，1993：91）。这一小段英文由三个小句构成，每个句子只有三个重复的单词，结构对称，声律节奏相同，从而构成了声韵美。这样，读者在朗读的时候，就会从内心随着语速、同音反复等逐渐忘却自己，让自己与主人公"She"融为一体，从而获得美的享受。

3.2　结构美

结构美主要是以语言的结构为审美对象而产生的美。从理论上讲，"结构性是形式化很重要的特征，是主体审美意图外化的重要手段"（刘宓庆、章艳，2016：45）。我们知道，词和句是构成段和篇的基本单位，因而语言的结构美不仅在词的搭配上被感知，而且在句、段、篇中也能被感知。

从审美的角度看，语言的结构美主要受主体审美意图的影响，也就是说，主体的审美意图不同，其所用语言的结构美也不尽相同。尽管如此，语言的结构美最终要受到语言文化的制约。我们以句子为例，英语句子结构复杂，从句多，主从关系明确。因此，有的语言学家把英语比喻成"树状"语言，有主干，有枝叶。这个比喻很形象，体现了英语句子的结构之美。例如："The Conservative party was hard hit when War Minister John Profumo was involved in a moral scandal that furnished the British press with headlines for weeks."（王治奎，1999：52）这个句子由一个主句和两个从句构成，其中主句是"The Conservative party was hard hit"，这也是这句话的中心，亦即主干；"when War Minister John Profumo was involved in a moral scandal"这部分是一个时间状语从句，而"that furnished the British press with headlines for weeks"这部分则是定语从句，这两个从句构成整个句子的枝叶部分。所以，整个英文句子的结构是清晰的，具有清晰的结构美。再如，这句英文的汉语译文是："国防大臣约翰·普罗富莫卷入了一件有伤风化的丑闻，给英国报刊一连数星期提供了头条新闻，这件事使保守党受到了沉重的打击。"（王治奎，1999：52）这句汉语译文并没有主从结构的标志，但说话者层层递进，最后点出说话者的意图，符合汉语先叙述细节后评论或表态的思维模式，也符合汉语的审美心理。此外，这句汉语译文结构基本整齐，也具有清晰的结构美。正因汉语重意合，流水句多，有的语言学家把汉语比作"竹状"语言，也就是说，汉语句子像竹子一样一节连着一节，清晰可感。

3.3　朦胧美

根据《美学大辞典》，朦胧美是"形象所表现的概念、意蕴不确定，可意会而难以言传的朦胧含蓄的美。其特征是用朦胧模糊的形式来表现含蓄、多义的内容，使欣赏者通过猜测和想象获得某种审美享受"（朱立元，2014：51）。从这可以看出，语言的朦胧美主要体现在词的使用上，也就是说，说话者往往用词比较笼统而不具体，给读者留下了大的想象空间，从而产生一种朦胧之美。

从理论上讲，英汉两种语言本身的特点是导致其朦胧美的主要因素。现代语言学研究表明，世界上的语言都具有模糊性，而"语言的模糊性具体可体现在语音、词汇、句法和语篇等各个层面"（毛荣贵，2005：233）。例如：　"Aside from damaging the island's international image, Liao said the skimpily clad women caused car accidents and spurred juvenile crime. He said they attracted the attention of teenagers who got into fights, even though sex isn't generally on offer.（From 'In a Nutshell, Sex Sells'）"（毛荣贵，2005：67）。在这个例子中，作者特别讲究词的搭配，追求的是朦胧之美。例如，在该句中，"skimpily""clad""women"这三个词的意思分别是"吝啬地""穿着的""女人"。当读者读到这三个词后，立即就会在脑海中勾画出女人穿得很吝啬的形象。在这瞬间的勾画中，读者获得了审美的体验，这种审美的体验不断激发体验者的创造能力。如果这个体验者把"skimpily clad women"译为"穿得很暴露的女人"，那么汉语读者也会有巨大的想象空间，从而获得与原语读者相同的有关这个女人意象的朦胧之美。

再如："The professor tapped on his desk and shouted：'Young men, Order！'—The entire class yelled：'Beer！'"（毛荣贵，2005：234）在这个句子中，作者通过"Order"和"Beer"的使用营造了诙谐朦胧之美。我们知道，在英语里，"Order"有很多意思，如"点（菜、酒、饮料等）""命令""定购"等，而从后面句子的主语来看，这里应是教室，按照常理，教室是上课的地方，而不是订购东西和点菜、点酒、点饮料等的地方，所以后面的"Beer"就与"Order"相呼应，共同营造了一种诙谐色彩。读者读到这里的时候，就会被"Order"和"Beer"所营造的诙谐色彩所感染而获得朦胧之美。如果我们把这个句子翻译为"教授敲击桌子喊道：你们这些年轻人吆喝（要喝）什么？——学生：啤酒"（毛荣贵，2005：234），那么这句汉语译文里的"吆喝"和"要喝"谐音，汉语读者会获得与原语读者同样的朦胧之美。

3.4 修辞美

根据《现代汉语词典》，修辞就是"修饰文字词句，运用各种表现方式，使语言表达得准确、鲜明而生动有力"（中国社会科学院语言研究所词典编辑室，1996：1416）。从语言层面上讲，英语和汉语都在运用修辞以求语言之大美。例如，汉语有明喻、暗喻、借喻、排比、拟人、夸张、委婉等，英语相应地也有"simile, metaphor, metonymy, parallelism, personification, hyperbole, euphemism"等。

当然，修辞的运用主要看文体，有的文体如科技文体只需客观、实事求是地传达信息就可以了，并不需要过多的修辞手法；相反，文学说到底是感情的宣泄，因而它的文辞必然有鲜明的感情色彩，描写手段便繁复多样，也要求有形象、有意境。例如："It would be wonderful if every child had the warm, comforting religious experience I had in my Sunday school, with its songs, its stories, its bags of candy at the holiday, but many are denied that. And while religion is an admirable teacher for those connected to it, it is a silent voice for those who are not. (*Fortune*, March 25, 1991)"（李鑫华，2000：36－37）在这个例子中，原文作者使用了拟人的修辞手段，把宗教比作教师，而且还是值得人尊重的教师，亦即原文中的"religion is an admirable teacher for those connected to it"，以表达自己对宗教的情感。

再如："The flakes were falling thick and hard now, pouring past the window a waterfall of mystery. (Jonathan Nicholas：*First Snow*)"（李鑫华，2000：140）在此句中，原文作者用夸张的修辞手法，亦即"a waterfall of mystery"，强调了当时的情景：雪下得又厚又猛。这种手法不仅抒发了作者的情感，而且还给读者营造了一个栩栩如生的想象空间，让读者超越了自己，从而获得美的享受。

4. 结语

语言是在人类的劳动生产实践中产生的，是人们交流思想、表达情感的工具，所以从审美的角度来看，语言从一开始就是人类进行审美体验的工具。目前，世界上仍在使用的语言有几千种，不同的语言折射出不同民族的审美理想、审美心理、审美趣味等，也就是说，不同的语言具有不同的美，而美是主客观的统一，而这个统一就是感性世界。在这个世界里，审美主体实现了自我超越，达到了物我两忘的境界。作为美的一部分，语言美也应是主观和客观的统一，其基本特性在于它的主体性、时代性和民族性。这三大特性表明了语言美是一种动态的美，也就是说，语言美不是静止不变的，而是开放发展的。此外，语言美是一定社会审美风貌的体现，它体现了不同民族在不同时代的不同审美趣味，因而它理应有自己独特的体现形式。虽然我们可以从不同角度对语言美的具体形式作不同的审美描述，但从审美主体的角度看，语言美的具体形式主要有声韵美、结构美、朦胧美、修辞美。语言美的这四种具体形式让我们能够得到突破自我限制的美的感受，回归自由的精神家园，从而陶冶情操，提升人生境界；换句话说，语言美使我们的人生变成审美的人生，也就是爱的人生。

参考文献：

陈鼓应，2009. 老子注译及评介［M］. 北京：中华书局.

陈望衡，2007. 当代美学原理［M］. 武汉：武汉大学出版社.

傅仲选，1993. 实用翻译美学［M］. 上海：上海外语教育出版社.

龚光明，2016. 翻译美学新论［M］. 上海：上海交通大学出版社.

胡壮麟，2011. 语言学教程［M］. 北京：北京大学出版社.

金惠康，2004. 跨文化交际翻译续编［M］. 北京：中国对外翻译出版公司.

李鑫华，2000. 英语修辞格详论［M］. 上海：上海外语教育出版社.

刘宓庆，章艳，2016. 翻译美学教程［M］. 北京：中译出版社.

柳宗元，2013. 柳宗元集校注（第五册）［M］. 尹占华，韩文奇，校注. 北京：中华书局.

毛荣贵，2005. 翻译美学［M］. 上海：上海交通大学出版社.

奈达，1998. 语言文化与翻译［M］. 严久生，译. 呼和浩特：内蒙古大学出版社.

王治奎，1999. 大学英汉翻译教程（修订本）［M］. 济南：山东大学出版社.

杨芙蓉，2017. 中西语言文化差异下的翻译探究［M］. 北京：中国水利水电出版社.

叶朗，2009. 美学原理［M］. 北京：北京大学出版社.

张炳星，2010. 英译中国古典诗词名篇［M］. 北京：中华书局.

中国社会科学院语言研究所词典编辑室，1996. 现代汉语词典［M］. 北京：商务印书馆.

朱光潜，1982. 朱光潜美学文集：第二卷［C］. 上海：上海文艺出版社.

朱立元，2014. 美学大辞典［M］. 上海：上海辞书出版社.

宗白华，1987. 艺境［M］. 北京：北京大学出版社.

GRAY A，SUMMERS D，1992. 朗文英汉双解词典［M］. 郑荣成，等译. 北京：外语教学与研究出版社.

On the Beauty of Language from the Perspective of Aesthetics

Lang Jiangtao

Abstract：As an important tool for us to communicate with others，from its first day on，language has been bound up with beauty，and beauty is also an important issue in aesthetics. Therefore，the study of the beauty of language should be done under the guidance of aesthetics. Considering this，this paper holds that the beauty of language is the beauty gained by the aesthetic subject in his aesthetic activities in which language is taken as the medium. However，aesthetic activities are our spiritual and cultural activities，so after defining the beauty of language，this paper further analyses the basic features of the beauty of language，namely，subjectivity，epochality and nationality. Moreover，this paper also expounds the four major forms of the beauty of language，namely，and the beauty in sound and rhyme，the beauty in structure，the beauty in fuzziness，and the beauty in rhetoric. After discussing the relevant issues of the beauty of language，this paper draws the conclusion that the beauty of language is so unique that it makes our life the aesthetic life that is full of love.

Key words：beauty；the beauty of language；feature；form

一篇经典的英语专业教学范文

——评《爱情就是谬误》一文的教学价值

邱惠林

（四川大学外国语学院，成都610207）

摘　要：马克斯·舒尔曼的《爱情就是谬误》一文，是一篇经典的英语专业教学范文。它以短篇小说的形式，集故事叙述、修辞运用和逻辑教学于一体，用词精当，行文流畅，读毕令人掩卷沉思。

关键词：《爱情就是谬误》；英语专业；教学范文

马克斯·舒尔曼（Max Shulman，1919—1988）是 20 世纪美国小说家、剧作家和幽默作家。他的《爱情就是谬误》（"Love Is a Fallacy"）一文，恰如 L. G. 亚历山大（L. G. Alexander）的《新概念英语》（*New Concept English*）乃历经时间验证的经典英语教材一般，是一篇经典的英语专业教学范文。该文以短篇小说的形式，集故事叙述、修辞运用和逻辑教学于一体，用词精当，行文流畅，读毕令人掩卷沉思。

1. 故事叙述

《爱情就是谬误》全文4 000字左右，有154 个自然段落。前面1 ~ 3 段为作者注（Author's Note），后面4 ~ 154 段为正文。全文以第一人称的方式讲述了一个法学院新生（男生）力图用逻辑训练来改变一个漂亮女孩，使之聪明起来，以期成为自己作为未来律师的理想妻子却不得的故事。

故事中的主要人物有三位，分别是法学院新生"我"、"我"的室友皮蒂·伯奇（Petey Burch）和二人竞相追求的漂亮女孩——皮蒂的女友波莉·埃斯皮（Polly Espy）。

故事叙述的五要素 A（Activity 事件）、B（Background 背景）、C（Climax 高潮）、D（Development 发展）和 E（Ending 结局）清晰明了。若以发生的先后顺序排列则为 BADCE。

B（Background 背景）在文中第 5 段首次提及："就拿在明尼苏达大学跟我同住一个房间的皮蒂·伯奇来说吧。"（Take, for example, Petey Burch, my roommate at the University of Minnesota.）在第75段"我"教波莉第一个逻辑谬误时再次点出："因此我就会断定在明尼苏达大学谁也不会讲法语。"（I must therefore conclude that nobody at the University of Minnesota can speak French.）

A（Activity事件）为全文围绕的中心事件："我"力图通过教授逻辑，把波莉改造成未来律师的理想妻子，使她从"傻白甜"变成一个优雅睿智的女子，见第27段："使一个漂亮的笨姑娘变得聪明"（to make a beautiful dumb girl smart）。

D（Development发展）经历了三个阶段。

第一阶段（第4～59段）为故事的开端。叙述者介绍了自己和室友。见第5段："我"虽年轻却聪明绝顶（It is not often that one so young has such a giant intellect），皮蒂·伯奇虽与"我""年龄相仿，经历一样，却蠢笨如牛"（Same age，same background，but dumb as an ox）。最糟糕的是，皮蒂是个赶时髦的人，正为没有最流行的浣熊皮大衣而苦恼不已，并愿意用任何东西交换一件浣熊皮大衣。"我"对皮蒂的女友波莉·埃斯皮觊觎已久（第23段：I had long coveted Polly Espy），于是周末回家把父亲曾穿过的浣熊皮大衣带到学校，并成功说服皮蒂放弃女友波莉·埃斯皮，实现这笔用浣熊皮大衣交换女友的交易。

第二阶段（第60～98段），"我"第一次约会波莉，努力把她改造成一个聪明的人，想教给她四个逻辑谬误，却发现难度极大，见第61段："我回到房间心情沉重。我对这任务的艰巨性估计得太低了。这姑娘的知识少得叫人吃惊。只是给她增加知识还不够，首先得教她学会思考。这可不是一件容易的事，当时我真想把她还给皮蒂算了。"（I went back to my room with a heavy heart. I had gravely underestimated the size of my task. This girl's lack of information was terrifying. Nor would it be enough merely to supply her with information. First she had to be taught to "think". This loomed as a project of no small dimensions，and at first I was tempted to give her back to Petey.）在第97段，"我"的挫折感一览无遗："我闷闷不乐地回到了我的房间，皮蒂正鼾声如雷地睡在床上。那件浣熊皮大衣像一头多毛的野兽趴在他的脚边。我当时真想把他叫醒，告诉他可以把他的女朋友要回去。看来我的计划会要落空了。这姑娘对逻辑简直是一点儿都不开窍。"（... and I went glumly home to my room. Petey lay snoring in his bed，the raccoon coat huddled like a great hairy beast at his feet. For a moment I considered waking him and telling him that he could have his girl back. It seemed clear that my project was doomed to failure. The girl simply had a logic-proof head.）经过一番权衡，受沉没成本（sunk cost）影响，"我"决定再试一次，见第 98 段："但是我回过头一想，既然已经浪费了一个晚上，不妨还是再花一个晚上看看。天晓得，说不定她头脑里的死火山口中的什么地方，还有些火星会喷射出来呢。也许我会有办法能把这些火星扇成熊熊烈焰。当然，成功的希望是不大的，但我还是决定再试一次。"（But then I reconsidered. I had wasted one evening; I might as well waste another. Who knew? Maybe somewhere in the extinct crater of her mind, a few embers still smoldered. Maybe somehow I could fan them into flame. Admittedly it was not a prospect fraught with hope, but I decided to give it one more try.）

　　第三阶段（第 99～124 段），"我"第二次约会波莉，教给她另外四个逻辑谬误。在经历起初的打击后，"我"仍耐心教导，发现波莉渐入佳境，进步神速，让"我"惊喜连连，自豪感"爆棚"。见第 119 段："'对！'我高兴地叫了起来，'百分之百的对。……波莉，我真为你感到骄傲。'"（"Right!" I cried exultantly. "One hundred percent right. ... Polly, I'm proud of you."）随后，"我"进一步复盘，见第 121 段："你看，亲爱的，这些问题并不深奥，只要精力集中，就能对付。思考——分析——判断。来，让我们把所学过的东西再复习一遍吧。"（"You see, my dear, these things aren't so hard. All you have to do is concentrate. Think—examine—evaluate. Come now, let's review everything we have learned."）最后，"我"对教学成果加以总结，见第 124 段："我辛辛苦苦地花了五个晚上，但总算还是没有白费，我使波莉变成一个逻辑学家了，我教她学会了思考。我的任务完成了，她最终还是配得上我的。她会成为我贤惠的妻子，我那些豪华公馆里出色的女主人。我那些有良好教养的孩子们的合格的母亲。"（Five grueling nights this took, but it was worth it. I had made a logician out of Polly; I had taught her to think. My job was done. She was worthy of me, at last. She was a fit wife for me, a proper hostess for many mansions, a suitable mother for my well-heeled children.）

　　C（Climax 高潮）出现在最后一部分（第 125～152 段）。"我"决定向波莉表白。见第 125 段："该是把我们师生式的关系转化为爱情的时候了。"（The time had come to change our relationship from academic to romantic.）让人

始料未及的是，"我"的每一步表白和心迹祖露，都被波莉找到漏洞，进而定性为一次次的逻辑谬误。"我"黯然而愤怒地发现，我所教授的逻辑知识刚好被波莉利用，成为打击"我"、拒绝"我"的利器。早知今日何必当初呢？真是搬起石头砸了自己的脚。"我"对自己的定位，瞬间由皮格马利翁变成了弗兰肯斯坦，见第 138 段："我咬咬牙。我不是皮格马利翁，我是弗兰肯斯坦，我的喉咙似乎一下子让魔鬼卡住了。我极力地控制涌上心头的阵阵痛楚。"（I ground my teeth. I was not Pygmalion; I was Frankenstein, and my monster had me by the throat. Frantically I fought back the tide of panic surging through me...）在经历波莉的连串拒绝和打击后，抱着赢得波莉芳心的一线希望，"我"只好对皮蒂进行诋毁。故事在此达到了高潮。

E（Ending 结局）出现在最后两段，第 153~154 段。它与高潮如影随形，相伴而生并戛然而止。在对皮蒂进行人身攻击被波莉识别为逻辑谬误、赢得波莉芳心的最后一线希望也破灭之后，"我"试图让波莉给我一个符合逻辑的解释，见第 153 段："你能给我一个合乎逻辑的理由来说明你为什么要跟皮蒂好吗？"（"... Can you give me one logical reason why you should go steady with Petey Burch?"）而波莉的回答也干脆，见第 154 段："'当然能，'波莉肯定地说。'他有一件浣熊皮大衣。'"（"I certainly can," declared Polly. "He's got a raccoon coat."）这个欧·亨利式的结尾幽默又讽刺。"我"机关算尽，拿出一件浣熊皮大衣与皮蒂做交换想抱得美人归，却因为没有一件浣熊皮大衣而鸡飞蛋打一场空，真是赔了夫人又折兵。

2. 修辞运用

《爱情就是谬误》一文既是一个精彩的故事，也是一个修辞手法的万花筒，从中可以窥见英语里的多种修辞的灵活应用。这些修辞的使用对表达思想和强化意境具有重要的意义。

2.1 明喻（Simile）

故事一开始介绍主要人物时，具有水仙花情结（Narcissus Complex）的"我"在第 4 段对自己大加夸赞："我的大脑像发电机一样发达，像化学家的天平一样精确，像手术刀一样锋利。"（My brain was <u>as powerful as a dynamo</u>, <u>as precise as a chemist's scales</u>, <u>as penetrating as a scalpel</u>.）然而在第 5 段，"我"却对室友大加贬损，说皮蒂·伯奇虽与"我""年龄相仿，经历一样，却蠢笨如牛"（Same age，same background，but dumb as an ox）。

2.2 暗喻（Metaphor）

暗喻在文中随处可见，俯拾即是。第20段："我的大脑——这件精密的仪器——即刻运转起来。"（My brain，that precision instrument，slipped into high gear.）第34段："这就是说，如果你不在，场地就是空着的。你说是吗？"（In other words，if you were out of the picture，the field would be open. Is that right?）第50段："他左右为难，不知所措。"（He was a torn man.）第79段："我极力地使自己不被绝望之巨浪吞噬。"（I fought off a wave of despair.）

2.3 排比（Parallelism）

排比对加强行文的气势和节奏都极其有效。在第16段，当"我"罗列浣熊皮大衣的缺点时，排比如下："皮蒂，你怎么啦？冷静地想一想吧，浣熊皮大衣不卫生，掉毛，味道难闻，既笨重又不好看，而且……"（Petey，why? Look at it rationally. Raccoon coats are unsanitary. They shed. They smell bad. They weigh too much. They're unsightly. They...）在第25～27段开头，"我"列出了波莉的特点："她漂亮。""她温文尔雅。""她不聪明。"（Beautiful she was. Gracious she was. Intelligent she was not.）

2.4 对偶（Antithesis）

在故事开端，"我"对转变波莉信心百倍，坚信在自己的教导之下，波莉一定会变得聪明起来，见第27段："使一个漂亮的笨姑娘变得聪明比使一个聪明的丑姑娘变得漂亮毕竟要容易些。"（It is，after all，easier to make a beautiful dumb girl smart than to make an ugly smart girl beautiful.）当皮蒂实在难以抵制浣熊皮大衣的诱惑时，他的神情发生了变化，见第50段："他看了又看，越看越爱，决心渐减。"（Back and forth his head swiveled，desire waxing，resolution waning.）

2.5 讳饰（Euphemism）

皮蒂梦想得到一件浣熊皮大衣成为时髦界的弄潮儿，于是心生一计，见第39段："'听着，'他焦急地抓住我的胳膊说，'你回家后，从你父亲那儿弄点钱来借给我买一件浣熊皮大衣，好吗？'"（"Listen，"he said，clutching my arm eagerly，"while you're home，you couldn't get some money from your old man，could you，and lend it to me so I can buy a raccoon coat?"）

2.6　饰词转移（**Transferred Epithet**）

惊闻"我"想用一件浣熊皮大衣交换他的女友波莉时，皮蒂不可置信，见第 46 段："'波莉?'他吓坏了，结结巴巴地说，'你要波莉?'"（"Polly?" he said in a horrified whisper. "You want Polly?"）

2.7　转喻（**Metonymy**）

在讨论"错误类比"时，"我"曾如是说，见第 105 段："既然外科医生在做手术时可以看 X 光片……"（After all, surgeons have X-rays to guide them during a trial...）这里的 X 光指的是 X 光片，并非 X 光本身。

2.8　提喻（**Synecdoche**）

在故事的高潮部分，当向波莉频频示爱却不断遭受棒喝时，"我"实在忍无可忍了，见第 115 段："我决定再试一次，但只能一次。一个人的忍耐毕竟是有限度的。"（One more chance, I decided. But just one more. There is a limit to what flesh and blood can bear.）用血和肉（flesh and blood）指代整个人。

2.9　头韵（**Alliteration**）

"我"观察到波莉在校园餐厅的就餐举止非常优雅，见第 26 段："她进餐时，动作是那样的优美。我曾看见过她在舒适的校园之角吃名点……"（At table her manners were exquisite. I had seen her at the Kozy Kampus Korner eating the specialty of the house....）描写皮蒂对浣熊皮大衣的渴盼，见第 50 段："最后他再也不扭过头去，只是站在那儿，贪婪地盯着那件皮大衣。"（Finally he didn't turn away at all; he just stood and stared with mad lust at the coat.）

2.10　戏仿（**Parody**）

当皮蒂慢慢决定接受"我"的条件，用女友波莉交换浣熊皮大衣时，他自言自语，见第 53 段："波莉对我算得了什么? 我对波莉又算得了什么?"（What's Polly to me, or me to Polly?）这是对莎士比亚《哈姆雷特》第二幕第三场中"What's Hecuba to him or he to Hecuba that he should weep for her?"的戏仿。

2.11　夸张（**Hyperbole**）

"我"为了打动波莉向她示爱，见第 135 段："波莉，我爱你。对我来说，你就是我的整个世界，是月亮，是星星，是整个宇宙。"（Polly, I love you. You are the whole world to me, and the moon and the stars and the constellations of outer space.）这里同时还使用了暗喻的修辞手法。

2.12　轻描淡写（Understatement）

经历了第一次和波莉的约会，"我"感受到了改造波莉的任务艰巨，见第 61 段："这可不是一件容易的事，当时我真想把她还给皮蒂算了。"（This loomed as a project of no small dimensions, and at first I was tempted to give her back to Petey.）

2.13　典故（Allusion）

"我"把自己与皮格马利翁和弗兰肯斯坦相提并论，皮格马利翁和弗兰肯斯坦的故事都是关于创造者和被创造者的故事，但二者结果迥异。第 125 段："正如皮格马利翁珍爱他自己塑造的完美的少女像一样，我也非常地爱我的波莉。"（Just as Pygmalion loved the perfect woman he had fashioned, so I loved mine.）计划失败在即，"我"的沮丧一览无遗，见第 138 段："我不是皮格马利翁，我是弗兰肯斯坦，我的喉咙似乎一下子让魔鬼卡住了。"（I was not Pygmalion; I was Frankenstein, and my monster had me by the throat.）

3.　逻辑教学

众所周知，逻辑是一个很抽象困难的话题。正面的理论解释很难让人弄懂。《爱情就是谬误》一文根据故事情节发展的需要，列出了八个逻辑谬误，并用生动形象的例子加以讲解，令人茅塞顿开。

3.1　绝对判断（Dicto Simplicitor）

定义：把论题建立在一个无任何限制条件的不合格的概括之上。

举例："运动是有益的。因此人人都要运动。"（见第 71 段：Exercise is good. Therefore everybody should exercise.）然而有一部分人是不适合运动的。"运动是有益的"就是一个无任何限制条件的不合格的概括。

3.2　草率结论（Hasty Generalization）

定义：结论的得出基于几个有限的样本，样本数量远远不够。

举例："你不会讲法语，我不会讲法语，皮蒂也不会讲法语。因此我就会断定在明尼苏达大学谁也不会讲法语。"（见第 75 段：You can't speak French. Petey Burch can't speak French. I must therefore conclude that nobody at the University of Minnesota can speak French. ）只需找出一个明尼苏达大学会讲法语的人，该结论就被推翻。

3.3　牵强附会（**Post Hoc**）

定义：把事件发生的先后关系的偶然性理解为因果关系的必然性。

举例："我们不要带比尔出去野餐。每次带他一起去，天就下雨。"（见第 80 段：Let's not take Bill on our picnic. Every time we take him out with us, it rains. ）然而比尔与是否下雨无关。

3.4　矛盾前提（**Contradictory Premises**）

定义：前提之间互相矛盾，无法得出结论。

举例："如果上帝是万能的，他能造出一块连他自己也搬不动的大石头吗？"（见第 88 段：If God can do anything, can He make a stone so heavy that He won't be able to lift it?）如果两个前提相互之间是矛盾的，论点就不能成立。如果上帝是万能的，就不可能造不出一块他自己搬不动的大石头；如果有一块连上帝他自己也搬不动的大石头，那么上帝就不是万能的。

3.5　文不对题（**Ad Misericordiam**）

定义：不就事论事，直面问题，而是转移话题，东拉西扯，力图通过博取同情和怜悯等达到目的。

举例："有个人申请工作，当老板问他所具备的条件时，他回答说他家有妻子和六个孩子。妻子完全残废了，孩子们没吃的，没穿的，睡觉没有床，生火没有煤，眼看冬天就要到了。"（见第 101 段：A man applies for a job. When the boss asks him what his qualifications are, he replies that he has a wife and six children at home, the wife is a helpless cripple, the children have nothing to eat, no clothes to wear, no shoes on their feet, there are no beds in the house, no coal in the cellar, and winter is coming. ）应聘者并未展示自己可以胜任工作的资质，而是自曝惨状，意在获得老板的同情给他这份工作。

3.6　错误类比（**False Analogy**）

定义：列举的类比事例在本质上是不同的，不能根据这些本质不同的类比得出结论。

举例："应该允许学生考试时看课本。既然外科医生在做手术时可以看 X 光片，律师在审案时可以看案由，木匠在造房子时可以看蓝图，为什么学生在考试时不能看课本呢？"（见第 105 段：Students should be allowed to look at their textbooks during examination. After all, surgeons have X-rays to guide them during an operation, lawyers have briefs to guide them during a trial, carpenters have blueprints to guide them when they are building a house. Why, then, shouldn't students be allowed to look at their textbooks during an examination?）医生、律师和木匠并不是以参加考试的方式去测验他们所学的东西。学生们才是这样。情况完全不同，不能在不同的情况之间进行类比。

3.7　与实际相反的假设（**Hypothesis Contrary to the Fact**）

定义：从一个不实际的假设出发，试图得出站得住脚的结论。

举例："如果居里夫人不是碰巧把一张照相底片放在装有一块沥青铀矿石的抽屉里，那么世人今天就不会知道镭。"（见第 111 段：If Madame Curie had not happened to leave a photographic plate in a drawer with a chunk of pitchblende, the world today would not know about radium.）也许居里夫人以后会发现镭，也许由别人去发现，也许还会发生其他的事情导致镭的发现。

3.8　井里投毒（**Poisoning the Well**）

定义：事先散播对目标人物不利的负面信息或进行人身攻击，降低其可信度，使其在后续辩论中因为先入为主的歧视处于不利地位。

举例："有两个人在进行一场辩论。第一个人站起来说：'我的论敌是个劣迹昭彰的骗子。他所说的每一句话都不可信。'"（见第 117 段：Two men are having a debate. The first one gets up and says, 'My opponent is a notorious liar. You can't believe a word that he is going to say.'）在第二个人被第一个人诋毁之后，他已经被定性为骗子，无法正常开展辩论，获得听众公正的评价。

综上所述，马克斯·舒尔曼的《爱情就是谬误》一文，以短篇小说的形式来"论述"，从故事叙述、修辞运用和逻辑教学三个角度，寓庄于谐，深入浅出，故事性与思辨性兼具，的确是一篇经典的英语专业教学范文。

参考文献：

梅仁毅，2014. 现代大学英语　精读 5 ［M］. 北京：外语教学与研究出版社.

A Classical Teaching Sample for English Majors:
On "Love Is a Fallacy"

Qiu Huilin

Abstract: "Love Is a Fallacy" by Max Shulman is a classical teaching sample for English majors. It combines story-telling, rhetorical devices and logic instruction together in the form of a short story. Readers cannot help thinking over after finishing reading it, fascinated by its good choices of words and smooth writing.

Key words: "Love Is a Fallacy"; English major; teaching sample

大学英语课堂中师生学习共同体的组织与实践

谭玉梅

（四川大学外国语学院，成都 610207）

摘　要：自"学习共同体"于1997年被提出以后，世界教育研究和教育实践领域的学者就开始对其进行不断的探索。在新冠肺炎全球肆虐的大背景下，将"学习共同体"教学理念和模式运用到大学英语的线上和线下课堂教学中，不断调整教师在"学习共同体"的组织与构建中所起的作用，确定"学习共同体"的组建及成员的角色定位，有助于构建自主的教学模式。在"学习共同体"中进行英语学习活动的学生，由于时刻处于对话、沟通和自我调整中，其自主性、主体性得到最大的体现，其倾听能力、观察能力、表达能力都受到前所未有的重视，学生个人的综合素养得到极大的提高。

关键词：学习共同体；角色转换；自主教学

21世纪教育的中心思想是同时追求教育质量和教育平等。《国家中长期教育改革和发展规划纲要（2010—2020年)》提出教育要"以学生为主体，以教师为主导，充分发挥学生的主动性，把促进学生成长成才作为学校一切工作的出发点和落脚点；关心每个学生，促进每个学生主动地、生动活泼地发展；尊重教育规律和学生身心发展规律，为每个学生提供适合的教育"[①]。因此，需要改变传统的以老师教学为主体的教学模式，转变教师和学生的角色定位。教师鼓励学生根据自己的兴趣和条件组建学习共同体，尽可能地让学生参与到教学活动中来，通过学习共同体中的交流与实践获得英语使用能力，更快地提高语言水平，同时培养自身的交际能力、自主学习能力、应变能力和团队合作精神。

1. 学习共同体理论

"学习共同体"（learning community）是1997年由美国教育学者提出来的概念（《美国专业学习共同体研究评述》，1997），指一个由学习者及其助学者（包括教师、专家、辅导者等）共同构成的团体，其成员具有平等的

---

① 国家中长期教育改革和发展规划纲要（2010—2020年），http://www.gov.cn/jrzg/2010-07/29/content_ 1667143. htm。

话语权和参与权，他们经常在学习过程中进行沟通和交流，分享学习资源，共同完成一定的学习任务，因而在成员之间形成了相互影响和相互促进的人际关系。自"学习共同体"这一概念提出后，世界教育研究和教育实践领域的学者就开始了对这一学习模式的探索。不同于以往的"合作学习"，"学习共同体"更强调学习者和辅助者之间的交流、沟通，建立学习者与辅助者、学习者与学习者之间的情感纽带以及社会关系。辛普森（Simpson）认为，在学习共同体中，每个人都是一个完整的个体，每个参与者都为学习和共同受益而负责（转引自冯锐、金婧，2007）。这种方式能够为学习者与辅导者提供共建共享的氛围，能够满足学习者的自尊和归属感。学习者与辅导者进行交流，同时又与同伴进行交流和合作，共同建构知识、分享知识。日本东京大学教育学教授佐藤学提出以协同学习为核心的"学习共同体"理论，特别是"不让任何一个学生掉队，让每一个学生参与到教育中来，接受平等的教育；不让任何一个教师掉队，让每个教师在学校与其他教师共同学习，取得不断成长"（佐藤学，2010：2-3）的教育追求。

　　2002年，东南大学韦钰院士发起成立了东南大学学习科学研究中心。自此，我国正式开启了包括"学习共同体"研究在内的学习科学研究。2005年，华东师范大学博士研究生赵健发表博士论文《学习共同体——关于学习的社会文化分析》，系统地对"学习共同体"进行了阐释。随后一些译介书籍及研究文章陆续发表，我国开始了针对"学习共同体"各方面的研究探索。其中，刘小龙的《师生学习共同体中教师权威的困境及其重构》探讨了"学习共同体"中教师遇到的困境及角色转换。南腊梅的《试论课堂学习共同体的建构》具体讨论了在课堂背景下的学习策略。时长江在《课堂学系统通体的意蕴及其建构》中集中讨论了师生关系的建立和调整。朱熠、霍涌泉的《基于学习共同体的课堂文化重建》就学习共同体语境下的课堂文化进行了研究。此外，相关研究还有华东师范大学硕士王蕾的《在线教师学习共同体的构建研究》，贵州师范大学硕士李旭的《教师专业化视野下的教师专业公共体研究》等。

2. 学习共同体对大学英语教学的启示

　　传统的课堂教学模式主要以教师讲授，学生听课参与课堂教学为主。学习共同体则强调的是教师与学生作为教学的辅助者与参与者共同参与教学。教师的角色发生了重大改变，老师不再是课堂中发言的主体，而是学习的辅助者，与学生拥有平等的身份。

（1）大学英语教师在学习共同体的组织与构建中发挥着组织者与协调者的作用。老师要善于发掘学生各自不同的优势和特点，引导学生自主思考，主动沟通，监控学习共同体中角色的定位和转换，注重学生学习能力和沟通表达能力的培养。同时教师必须通过学习共同体在教中学，在学中教，不断实现自己的专业成长。

（2）学习共同体的组建及成员的角色定位。以现代社会心理学、教育学等理论为基础，以研究与利用课堂教学中的人际关系为基点，以小组活动为基本教学形式，以团体成绩为平时成绩评价标准，学习共同体成员在团队中共同完成学习任务，明确责任分工，进行互助式学习，以小组学习为主要形式。

（3）学习共同体中成员角色的有效实现。构建民主和平等的师生关系，构建师生学习共同体。打破传统课堂师生之间和生生之间的隔离，构建学习者与学习者、学习者与辅助者的良好关系。提高学习者的积极性，增强他们的参与意识和学习兴趣，改善学习效果。

3. 大学英语课堂中学习共同体的组织与实践

3.1　基于传统课堂教学学习共同体的组织与构建

四川大学采用的大学英语小班化探究式教学模式为实践"学习共同体"提供了良好的条件。由于上课人数少，课堂上教师可以灵活采取不同的学习和交流模式。每学期开学，教师在所授课班级构建学习小组，根据每个班级的人数将学生分为4到5人一组，一个学期固定小组，这样有利于小组成员的沟通与交流。在每个学期给每个学习小组分配学习任务，例如讨论、辩论、戏剧表演、小组写作竞赛、小组单词比赛以及小组科研报告等。以《全新版大学英语综合教材3》第一单元"Ways of Learning"为例。该单元的主题是中美两国学生学习方法的比较，为让学生理解中美两国教育的差异以及中国与其他国家教育的异同，可以采取分组学习的模式，将学生分为5到6个学习小组，每个组分别为4到5人，充分尊重学生的意愿与选择，让他们选择对比研究中国与其他国家的中小学或高等教育的异同。学生列出中美、中英、中澳、中法、中德、中日等国教育差异，在小组内部进行分工合作，共同完成这个课题研究，然后在课堂上进行展示，与其他小组充分交流研究成果和心得。老师作为各小组的辅助者，对小组学习和研究进度进行把控，并对他们进行研究方法的指导。同时，在与学生交流的过程中老师也收获了新的知识，与学生共同进步。

在学习戏剧"Father Knows Better"这课的时候，学习小组首先对西方以及中国戏剧的起源和发展进行较为系统的研究，然后在课堂上进行展示，让同学们更加了解剧本这一写作体裁，然后小组之间在课堂上讨论父母和子女代沟问题，可以先小组内部成员讨论，然后再与其他学习小组成员进行讨论与分享。在学习完文化背景以及课文的基础上，让学习小组将这部戏剧表演出来，在课堂上与其他小组分享。这不仅能帮助学生更好地学习知识，而且能更有效地调动学习小组的学习热情以及成员的互动。

3.2 基于网络学习共同体的大学英语自主教学模式的构建

新型冠状病毒在全球蔓延，不仅对各国的经济、生活造成了巨大的影响，同时也对教学造成一定的影响。受疫情影响，四川大学及时采取线上授课模式，而网络教学对学习共同体的组织与实践起到了促进的作用。

作为一种虚拟的学习组织，一种有机演化的社会组织形态，网络学习共同体必须具备传统组织理论中的四大基本要素：人员、目标、活动、资源。因此，网络学习共同体通常由共同体成员、学习目标、学习资源和网络学习平台组成。在网络学习共同体的构建过程中，教师结合既定的教学目标有序地开展教学工作与活动。教师利用多个网络平台组织学生构建学习共同体，例如腾讯会议、QQ学习群、Zoom和学习通APP，将学生分成若干学习小组，让学生在学习小组中担任不同的角色，并将学习任务，例如研究课题、课堂展示、听力挑战以及作文互评等布置在网络平台中。学生在自己的学习小组群里交流与学习，老师加入学习小群，起到监督与引导的作用。学生共同完成学习任务与研究项目，然后在线上课堂上通过屏幕分享等功能与其他学习小组进行分享和讨论，最后学习小组向老师提交一份研究报告，完成完整的网络学习共同体学习流程。通过网络学习共同体的构建，学生的学习积极性大大提高，与线下课堂互动相比，学生能更大胆地表达自己的观点，师生的互动更好。

在网络学习共同体的构建中，教师一定要正确定位自己的角色。网络学习共同体能够让学习者体验到一种前所未有的师生关系、同学关系。作为共同体中的重要一员，教师在这种全新关系中扮演着学习的引导者、组织者、设计者、监督者、支持者等多重角色。学习者在整个学习过程中遭遇困惑或难题时，教师要扮演好支撑者的角色，努力为学生排忧解难，提供认知、情感、技术等多样化的支持，与学生深入对话，帮助学生树立远程学习的自信心，帮助学习者克服技术上的障碍，保障学生的正常学习。

在大学英语自主教学活动过程中，网络学习共同体平台能够广泛应用于听、说、读、写、译等大学英语教学的环节，实现共同体成员内部的积极、良性互动，大大改善教学效果。网络学习共同体改变了人们的思维习惯和生活方式，给大学英语教学改革带来了勃勃生机，极大地改善了教学环境，丰富了教学手段。

本课题是实践研究，将科学理论应用于一线教学，验证教学理论的有效性和实用性。研究过程中，以教师在学习共同体的组织与构建中所起的作用、学习共同体的组建及成员的角色定位、学习共同体中成员角色的有效实现为研究内容，目的是解决实际操作的具体问题，以期为同行们在相同问题的研究上提供具有一定价值的实践案例。在"学习共同体"中进行英语学习活动的学生，由于时刻处于对话、沟通和自我调整中，其自主性、主体性得到最大的发挥，其倾听能力、观察能力、表达能力都受到前所未有的重视，学生个人的综合素养得到极大的提高。

参考文献：

冯锐，金婧，2007. 学习共同体的思想形成与发展［J］. 电化教育（3）.

黄伟，2009. 教师网络学习［M］. 北京：首都师范大学出版社.

黄文源，2004. 英语新课程教学模式与教学策略［M］. 上海：上海教育出版社.

刘小龙，冯雪娟，2011. "学习共同体"的概念形成及教育特性分析［J］. 江苏教育研究（19）.

南腊梅，2010. 试论课堂学习共同体的建构［J］. 现代教育论丛（2）.

徐睿，2007. 高校教师网络学习共同体的知识建构［D］. 南昌：江西师范大学.

左藤学，2010. 学校的挑战：创建学习共同体［M］. 钟启泉，译. 上海：华东师范大学出版社.

The Organization and Practice of Learning Community in College English Classes

Tan Yumei

Abstract：Since the concept of "Learning Community" was proposed in 1997, it has been widely and continuously explored in the educational research and practice in the world.

Under the background of the pandemic of Covid-19, the concept and mode of "Learning Community" have been applied in the writer's online and offline college English classes. The roles of the teacher and learners have been redefined and shifted during the organization and construction of the learning community, and the independent study has been built as well. Due to the efficient communication and adjustment of the learners in the learning community, the abilities of the learners, such as their listening, observation and expression, have been emphasized. Consequently, the learners build a stronger sense of confidence and their comprehensive abilities have been greatly improved.

Key words: learning community; role shift; independent study

认知语言学视角下的俄语抽象名词

王 朔

（四川大学外国语学院，成都 610207）

摘 要：抽象名词是人类认知、思考、感知世界的思维产物，也是最接近人类思维和灵魂的一类名词。抽象名词的研究与隐喻、转喻、格式塔等认知语言学理论密不可分。本文以俄语抽象名词为研究对象，结合隐喻、转喻语义机制以及格式塔等认知语言学相关理论对俄语抽象名词进行分析，从认知语言学视角对俄语抽象名词语义进行阐释。

关键词：抽象名词；认知；格式塔

1. 引言

作为名词系统中与具体名词相对立的单位，抽象名词是十分重要而独特的词汇语义单位，它表示的是抽象的概念、性质、特征、动作、状态、现象、事件等内容。俄语抽象名词大多由动词和形容词派生，不可避免地保留着相应的述谓性，削弱了其作为名词本身的语义特点，因此俄语抽象名词是名词系统中的非典型成员。俄语抽象名词作为独特而又富有神秘色彩的语言单位，已经引起国内外学者的注意，但关于俄语抽象名词的许多语义方面的理论问题尚未得到系统、全面而深入的研究，甚至对抽象名词的界定和划分都还缺乏清晰、明确的标准。抽象思维作为人类认知、思考、感知的抽象结果不可避免地与认知语言学相关联。一方面，认知语言学理论有助于针对性分析抽象名词的语义特点；另一方面，抽象名词中蕴含的民族心理、语言认知特点会推动和深化认知语言学的发展。毫无疑问，对俄语抽象名词的认知语义研究具有重要的理论和实践意义，也尤为迫切和重要。

2. 俄语抽象名词的认知渊源

抽象名词的研究之所以还未获得实质性的发展，与抽象名词缺乏明确、清晰的界定有关。俄语 80 年语法把抽象名词定义为：表示抽象概念、性质、动作和状态的词（信德麟、张会森、华邵，2009：240）。这一定义看似无可厚非，却也潜藏着巨大的问题，即过于泛化，无法从根本上解释抽象名词的内涵。此外，俄罗斯语言学界对抽象名词的语义分类众说纷纭、莫衷一是，缺少统一的指导思想致使研究内容零散、分散。不少学者对抽象名词的理解停留在与具体名词的对立之上，认为其是看不见、摸不着，但可以被感知的事物。事实上，抽象名词这一概念囊括了数量庞大的名词，它们分布面广、层次多、系统性强，复杂的语义体系自成一体。此外，抽象名词是最接近人类思维和灵魂的名词，是人类认知、思考、感知世界的思维产物，是对客观世界不具有物质外壳事物称名的结果，也是人类智慧和情感在语言中的集中反映和折射。

俄罗斯学者在抽象名词研究领域已经取得一定的进展：对抽象名词的分析贯穿于阿鲁玖诺娃（Н. Д. Арутюнова，1988；1999；2005）的著作中，研究的核心内容是俄语抽象名词的名物化现象、命题框架语义和隐喻特征；切尔涅伊科（Л. О. Чернейко，1997）的研究具有鲜明的文化语言学印记，从语言哲学分析角度对俄语抽象名词进行系统性分析，她指出抽象名词与隐喻、转喻语义机制紧密相关，具有鲜明的格式塔特征；乌斯宾斯基（В. А. Успенский，1997）侧重分析抽象名词的事物性伴随意义，他认为当某些抽象名词试图表达某种事物意义时，这种事物性伴随意义就无法避免；帕杜切娃（Е. В. Падучева）取而代之使用术语——述谓名词（предикатные имена），其称名化研究与阿鲁玖诺娃（Н. Д. Арутюнова）的观点存在交叉和重合现象，她将述谓名词（抽象名词）主要划分为过程、事件、状态和特征四大类别（Падучева，1995：323 - 336）。

国内学者对抽象名词的研究也显示出积极态势，但俄语界学者对抽象名词的研究大多依然停留在传统语法层面上，没有摆脱 80 年语法抽象名词定义的束缚；汉语界对抽象名词的研究层次相对多元化，抽象名词的语义配价研究是其中的精华部分；而英语界大多只重视抽象名词在篇章和修辞中的语义特点。

众多抽象名词的研究成果表明，抽象名词的语义研究还缺乏整合性和深入性。但值得欣喜的是，随着彭玉海、于谦等学者对动词隐喻的不断深入研究，抽象名词与动词隐喻的深层潜在关系渐渐走进我们的视野，俄语抽象名词与认知语言学的联系变得越发紧密。抽象名词的语义研究依赖并借鉴认知语言学的相关理论基础。隐喻和转喻是俄语抽象名词必不可缺的引申机制，而抽象名词还体现出一定的格式塔特征。结合认知语言学理论对抽象名词进行分析研究，有利于更好地揭示抽象名词的语义特点。

3. 俄语抽象名词的隐喻和转喻语义机制——俄语抽象名词的多义性

3.1　俄语抽象名词的隐喻语义机制

隐喻（метафора）是一种重要的认知模式，是新的语言意义产生的根源。"隐喻利用一种概念表达另一种概念，需要这两种概念之间的相互关联。这种关联是客观事物在人的认知领域里的联想。"（赵艳芳，2000：99）

阿鲁玖诺娃（Н. Д. Арутюнова, 1999）用大量篇幅探究情感类抽象名词与隐喻的紧密内在联系，指出大部分情感类抽象名词的搭配是由其理据形象、隐喻机制所决定的，述说情感和情感状态时，不可避免地要与液态流动性的水、火等概念相关联，而这些看似矛盾的谓词搭配，语义却并不异常。试析：

①Тоска давит меня（忧愁压抑着我）

动词 давить 的本义为"用力按、压"，一般与具有一定体积、重量的物体搭配，如 Снег давит на крышу（雪压房顶）。例①中 тоска（忧愁）被赋予带有某种重量感的理据形象，引申为某种使人感到负担、沉重伤感的事物，从而进一步带动动词 давить 的隐喻，使其转义为"使情感上压抑、感到沉重"。

②Мысли кипят（浮想联翩）

动词 кипеть 常与具有液态流动性的物质搭配，表示"烧开、煮沸"之意。例②中 мысли 一词被赋予理据形象"液态流动性"，此时思想的活跃和喷薄正如翻腾煮沸的液体。这种语义相似性排除了语义搭配的矛盾和异常，同时抽象名词 мысли 要求并促使动词 кипеть 隐喻为"思想、情感的、迸发、涌起"。

彭玉海针对动词隐喻的多篇文章不仅是对隐喻机制的阐释和深化，更给予俄语抽象名词研究新的启示。借助莱考夫（G. Lakoff）和约翰逊（M. Johnson）的隐喻模式的分类思想，彭玉海、于谦（2014：7-11）对俄语动词隐喻模式进行了以下分类细化：（1）结构隐喻：Его сосёт болезнь（病魔折磨着他），动词 cocaть 所表示的具体的"吸吮、吸取动作"转义为抽象动作"慢慢折磨、侵蚀"，二者在动作方式和速率层面具有相似性；（2）方位隐喻：即抽象名词与具体空间方位运动动词搭配使得前者得以具体化、形象化。例如：Я знаю, у некоторых артистов боязнь сцены доходит до абсурда. （我知道一些演员害怕把舞台弄到荒诞的地步）；（3）本体隐喻：借助具体动作概念来表现抽象动作概念。例如：Такой телефон вышел из моды. （这种手机已经不再流行）。此外，文章还针对俄语情感、思维、物理作为动词的隐喻机制进行分析，从 потерять надежду （丧失希望）、выгнать мысль （驱赶念头）等搭配中不难发现，伴随着抽象名词在句中的出现，动词往往要实现隐喻，抽象名词进入动词句子一般要隐喻，而且往往会带动动词的隐喻。

斯克里亚列夫斯卡娅（Г. И. Скляревская, 1987）的研究涉及俄语中名词的隐喻派生方式。她将名词划分为"现实世界中的客体"（объекты реальной действительности）和"抽象概念"（абстрактные понятия）两大类，共六个范畴。其中抽象概念又称为"抽象客体"（абстрактные объекты），可以划分为"物理现象及过程"（физические явления и процессы）、"心理现象及过程"（психические явления и процессы）、"抽象范畴"（отвлечённые категории）三个范畴。其中两类隐喻派生方向涉及抽象名词：物体→抽象概念，тупик₁（死胡同）引申为 тупик₂（绝境）；物理现象→心理现象，искра₁（火光、火星）引申为 искра₂（感情、才能的流露）。此外，事物之间因某些属性特征相似而形成的隐喻类型，喻体常为表评价意义的词。如：трагедия₁（悲剧作品）可以引申为 трагедия₂（不幸遭遇）。

切尔涅伊科在谈到俄语抽象名词的派生意义时，也遵循阿鲁玖诺娃的观点，认为当隐喻被用于称名目的时，会派生同音同形词（омонимия）。例如：эпицентр 本义为"震中"，эпицентр землятрясения （地震震中）却可以转喻为"中心、核心"之意，эпицентр восстания （起义的中心）。她指出，抽象名词的派生主要对应三种类型的隐喻：称名隐喻（номинативная метафора）、形象隐喻（образная метафора）、象征隐喻（символическая метафора）。她还指出，某些抽象名词的语义派生主要源于词义的缩小（генерализация лексического значения）。

3.2 俄语抽象名词的转喻语义机制

与隐喻的相似性有所不同，转喻（метонимия）所涉及的是一种接近和突显的关系。转喻派生（метонимический перенос）指的是以事物某个方面的连带关系（смежность）为基础，使词作为一个事物的名称转而指称另一事物。

俄语抽象名词的转喻类型与和动作相关的题元意义紧密相关，这类模式主要用于动名词型抽象名词的义位派生。俄语抽象名词常见的转喻性模式如下：

（1）动作→动作的结果。

сочинение рассказов（编写故事）→школьное *сочинение*（中学生的作文）

владеть *рисунком*（掌握绘画）→карандашный *рисунок*（铅笔画）

（2）动作→动作地点。

подъезд к реке（驶近河边）→парадный *подъезд*（正门）

выход на сцену（出场）→запасной *выход*（紧急出口）

（3）动作→动作主体。

под*руководством* партии（在党的领导下）→художественное *руководство* театра（剧院的艺术指导）

смена руководства（更换领导）→наша *смена*（我们的接班人）

（4）动作→动作客体。

любовь к Родине（对祖国的爱）→моя *любовь*（我的爱人）

вспоминание о детстве（回忆童年）→принятые *вспоминания*（对童年的回忆）

（5）动作→动作工具。

*освещение*квартиры（照亮房间）→электрическое *освещение*（电灯）

зажигание света（点灯）→включить *зажигание*（点火电门）

（6）动作→动作手段。

отдать платье в *краску*（把衣服送去染色）→*краска* для тканей（织物染料）

упаковка товаров（包装货物）→картонная *упаковка*（硬纸包装材料）

（7）动作→动作时间。

приглашение на *обед*（邀请去就餐）→прийти в самый *обед*（正午来到）

получка письма（收到信件）→занять деньги до *получки*（在领工资之

前借钱）

（8）抽象特征→具体事物或具有该特征的人。

глупость вопроса（问题的愚蠢性）→сказать глупости（说蠢话）

подлость поступка（行为卑鄙）→сделать подлость（作卑鄙事）

须指出的是，抽象名词的语义引申机制与其语义类别具有潜在的内部联系。俄语抽象名词按照其语义特征可以划分为两大类别，即静词性抽象名词和动名词型抽象名词，鉴于篇幅限制，我们在此并不对其次范畴化语义类别进行细化。通过上述例证可以发现，静词性抽象名词发生的是隐喻，而动名词型抽象名词大多是转喻。抽象名词已经成为动词语义变化或词义派生的一个重要因素，其同动词语义引申、动词隐喻的联系，能够激发、引发动词语义变化，使得抽象名词的语义变得更加复杂而神秘。

4. 俄语抽象名词的格式塔特征

"格式塔"（гештальт，gestalt）不仅是一个重要的心理学术语，也是一个重要的心理学学派，即"完形心理学"。"格式塔"一词有两种含义：一是指形状或形式，即物体的性质；二是指一个具体的实体和它具有一种特殊形状或形式的特征。在格式塔心理学家看来，知觉到的东西要大于眼睛见到的东西。知觉的一个重要特点是具有完整和闭合倾向，就是把不连贯的点或线等作为一个完整的整体来知觉，甚至尽可能在心理上使有缺口的图形趋合。格式塔理论被广泛应用于各交叉学科，它作为认知语言学的重要理论之一被语言学家广泛接受。

众所周知，"概念"是人们在体验客观世界的过程中在大脑中形成的对客观事物的抽象的概括，具有完形结构特点，人脑中的概念并不等于其中元素的数学化的简单叠加，而是各个元素特征通过格式塔组织原则有机组合的一个整体结构。从语言文化视角对俄语文化核心词进行文化观念分析是近年来另一大研究热点（Вежбицка，1996；Арутюнова，1991；Степанов，1980）。"文化概念格式塔指文化概念语词的联想形象或'物的联想'，它蕴涵着物化的文化想象和意识内容，后者是民族生活经验和文化感知、领悟的凝结。"（彭玉海，2014：23）而文化概念格式塔完形的现实投射和思想情感往往以抽象名词为载体。在使用抽象名词时，它的意义功能一般离不开语言主体即说话人的相关联想，因此往往具有格式塔特征。切尔涅伊科同样把抽象名词视为一个个文化观念的物质载体，她认为观念分析方法中最重要的一个方法就是格式塔分析法，即一个观念由不同的格式塔构成，最终形成一个有机的整体，构成一个完形结构。切尔涅伊科指出格式塔的本质特点在于："是名词动词性搭配的蕴涵；隐喻的隐性辅助主体；是异质的具体和抽象实质的深层结合的结果；格式塔的内涵是完整的。"（Чернейко，1997：152）

以抽象名词"命运"（судьба）为例，我们力求详细阐释其格式塔特征。总体而言，其格式塔特征可以细化为以下五大类别：

（1）命运的拟人化形象。

主宰者：Судьба выбрала её（命运选择了她）；统治者：дар судьбы（命运的恩赐）；导演：Судьба навязала роль（命运强加了角色）；庇护者：благодарить судьбу（感恩命运）；权力：произвол судьбы（命运的摆布）；对手：бороться с судьбой（与命运搏斗）；法官：приговор судьбы（命运对他的判决）等。

（2）命运作为信息的来源。

文本：Всё, что у меня на судьбе написано, я должна пройти（我命中所写的，我注定要经历）；прочитать свою судьбу（阅读自己的命运）

（3）命运存在的形式。

时间：важная эпоха в судьбе（命运的重要时期）；上层力量：Смиряются с обстоятельссвами своей судьбы（屈服于命运的境遇）；物化事物：сломать свою судьбу（毁掉命运），испытывать судьбу（感受命运）

（4）命运的几何形状。

点：Координаты, в которых движется судьба（命运移动的坐标）；线：загаданная линия своей судьбы（自身命运的占卜线）；整体/部分：Из чего складывается судьба человека（人的命运是由几何构成的）

（5）命运的物化、具体化。

线：Все судьбы наши давно переплелись（我们的命运早就交织到一起了）；道路：поворот судьбы（命运的转折）；树枝：Переломить судьбу, как хворостину（折断命运，就如折断细树枝）；动物：Взять за рога судьбы（抓住命运的角）；金钱：За это мы расплачиваемся своей судьбой（我们的命运会为此付出代价）；笼子：Судьба — это моя клетка（命运是我的牢笼）；钟表：маятник судьбы（命运的摆轮）。

由此可见，仅"命运"一个文化观念就蕴含着数量如此之大、性质各不相同的联想形象和文化感知内容。抽象名词"命运"作为一个语义载体貌似平常，但其语义内容的包容性、复杂程度以及文化内涵却不可小觑。在不同作家的笔下，命运的格式塔各有千秋，这与抽象名词所具有的主观性特征不谋而合。把抽象名词视为一个完整闭合的概念，其组成部分则是不同形态和意义的格式塔，用格式塔理论对其进行剖析显然有助于我们更好地理解抽象名词所蕴含的丰富、层次性极强的语义。

5. 结语

隐喻是人类形象思维在语言中的必然反映，是语言中通过一种意义来理解另一意义的重要手段。隐喻和转喻作为重要的认知方式，对人们认识事物、事物概念结构的形成起着至关重要的作用，隐喻和转喻已成为不可或缺的语义派生机制。隐喻和转喻是俄语抽象名词不可或缺的引申机制，而抽象名词还具有格式塔特征。总体而言，一般性质的静词性抽象名词发生的是隐喻，而动名词型抽象名词大多是转喻。此外，抽象名词已经成为动词语义变化或词义派生的一个重要因素，抽象名词进入动词句中往往会带动动词的隐喻，作为名词系统中非典型成员，其与动词的语义内在联系尤为密切。格式塔特征有利于更好地理解抽象名词语义的层级性和复杂性，不同的格式塔会反映不用的动词隐喻和搭配，折射出抽象名词的联想轮廓和特点。

目前有关俄语抽象名词的许多语义方面的理论问题尚未得到系统、全面而深入的研究，抽象名词的界定和划分标准问题依然悬而未决。从语义学角度出发对复杂而丰富的抽象名词展开整合性研究显得尤为迫切而必要，而从认知语言学角度理解和剖析俄语抽象名词，是对其进行多维语义研究不可或缺的主要研究方向，有助于深入揭示俄语抽象名词系统内部的语义层级性、规律性，以推动俄语抽象名词语义研究的进一步深化。

参考文献：

彭玉海，2014. 动词隐喻构架中的文化概念格式塔［J］. 外语学刊（5）.

彭玉海，于鑫，2014. 试论俄语动词隐喻模式——也谈动词多义衍生［J］. 外语教学（1）.

信德麟，张会森，华劭，2009. 俄语语法［M］. 北京：外语教学与研究出版社.

赵艳芳，2001. 认知语言学概论［M］. 上海：上海外语教育出版社.

Апресян Ю Д，1995. Избранные труды（т. I）. Лексическая семантика［M］. М.：

Языки русской культуры.

Арутюнова Н Д, 1988. Типы языковых значений: Оценка. Событие. Факт [М].
М.: Наука.

Арутюнова Н Д, 1999. Язык и мир человека [М]. М.: Языки русской культуры.

Арутюнова Н Д, 2005. Предложение и его смысл [М]. М.: Наука.

Падучева Е В, 2009. Статьи разных лет [М]. М.: Языки славянских культур.

Скляревская Г Н, 1987. Языкавая метафора в словаре. Опыт системного описания
[J]. Вопросы языкознания (2).

Успенский В А, 1997. О вещных коннотациях абстрактных существительных [J].
Симиотика и информатика. Вып. 11. М.: Наука.

Чернейко Л О, 1997. Лингво - философский анализ абстрактного имени [М]. М.:
Электронная версия.

Russian Abstract Nouns from the Perspective of Cognitive Linguistics

Wang Shuo

Abstract: Abstract nouns are the thinking products of human cognition, thinking, and perception of the world, and they are also the kind of nouns closest to human thinking and soul. The study of abstract nouns is inseparable from cognitive linguistic theories such as metaphor, metonymy, and gestalt. This article takes Russian abstract nouns as the research object, and analyzes the Russian abstract nouns in terms of metaphor, metonymic semantic mechanism and Gestalt and other related cognitive linguistic theories, and explains the semantics of Russian abstract nouns from the perspective of cognitive linguistics.

Key words: abstract nouns; cognition; Gestalt

结合德文版《共产党宣言》改革和设计二外德语课的"课程思政"教学

易笑川

（西藏大学旅游与外语学院，拉萨 850000）

摘　要："课程思政"理念为高校的教育教学工作提供了明确的方向。对第二外语德语课堂而言，可在完成德语语言教学的基础上，用德语原文重温《共产党宣言》等马克思主义经典著作中的思想精华，坚定学生的共产主义理想信念，引领学生在学习德语专业知识的同时思考和发现知识背后暗含的思政元素，使得学生的价值观体系得以完善，使得课程思政的教育目标在潜移默化中得以实现。

关键词：课程思政；德语课；《共产党宣言》

中共中央、国务院印发的《关于加强和改进新形势下高校思想政治工作的意见》明确指出："要加强对课堂教学和各类思想文化阵地的建设管理，充分发掘和运用各学科蕴含的思想政治教育资源。"考虑到我国外语专业教育的特点，笔者认为将思政教学与德语专业技能教学相结合，是改进德语思政课程教学的有效途径。本文是在藏汉英语语境下进行的第二外语德语（以下简称"二外德语"）课程教学模式改革研究，以西藏大学旅游与外语学院学习二外德语的英语专业学生为主要研究对象，重视英语师范专业学生和翻译专业学生的藏汉英基础知识结构差异，在教育教学中以行动为导向，重视学生德语语言文化知识的基础教学，尊重学生的差异性，围绕西藏自治区经济社会发展需要，制订适用于英语专业学生的第二外语教学方案，在教学中导入思政因素，用《共产党宣言》为语料讲解德语，用情景化教学法、功能交际法和德英对比等方式改革第二外语德语教学，构建具有特色的第二外语德语人才培养模式。

1. 课程思政教学计划

将思政教育内容引入二外德语课堂，德语语言技能训练依托思想政治文化内容。可以将思政课教学与德语专业技能课教学相结合，训练学生的翻译、口语、听力、写作、阅读等技能。二外德语课程开展"课程思政"教育教学改革具备德语语言同马克思主义理论精华结合教学的先天优势，有利于学生接触到经典德语原文著作和原汁原味的马克思主义思想，例如马克思主义诞生的标志《共产党宣言》和马克思政治经济学研究的高峰《资本论》等；同时，带读德语版《论语》，且利用德语版习近平重要讲话、驻德大使发言等资料，与时俱进，让学生练习德语发音、语法，实现知识传授、能力培养和价值引领有机统一。

将思政教学与德语专业技能教学相结合既能提高学生对思政课的重视程度和学习兴趣，又能提升学生的外语技能。学习德语基础知识，补充专业领域的词汇，可以有效地帮助学生思政课的学习，同时有助于调动学生的积极性，提高学习的主动性。

1.1　课程思政教学目标

（1）在完成二外德语课程语言教学的基础上，重温德语原文《共产党宣言》和《资本论》等马克思主义经典著作中的思想精华，坚定学生的共产主义理想信念，强化学生对共产主义的认同；

（2）结合儒家传统思想代表作《论语》德文版进行跨文化思考；

（3）结合德语版习近平重要讲话、驻德大使发言等体现新时代中国特色社会主义思想的内容，实现二外德语课程思政教学。

1.2　思政教学内容

（1）在德语语音教学基础阶段，可以使用德语文本《共产党宣言》和《资本论》等著作中的语句作为语音练习资料；

（2）在德语词汇、语法、翻译等教学过程中选取适合的德语文本，如《共产党宣言》、《资本论》、德文版《论语》、德语版习近平重要讲话、驻德大使发言等作为范文授课。

1.3　教育方法和载体途径

（1）以中文和德语文本《共产党宣言》和《资本论》等著作、德文版《论语》、德语版习近平重要讲话、驻德大使发言等为载体，利用课堂和互联网实现线上和线下相结合的教学模式，课堂上精讲德语原文中的重要词句，课下推送德语原版阅读资料，同时提出融合了语言学习和思政思考的相关问题，及时归纳总结；

（2）采用讲授法、演示法、讨论法、练习法、合作学习型教学法等教学方式授课；

（3）考核方式：本课程考核主要采用过程考核和期末考评相结合的方

式,过程考核(平时成绩)占比40%,口语考试成绩占比10%,期末考评(期末成绩)占比50%。

1.4 预计教学成效

(1)按照课程大纲完成第二外语德语的教学任务;

(2)导入马克思主义经典原著等,使学生坚定理想信念、提高政治和文化素养。

1.5 课程安排

表1以第一个学期的二外德语课程为例,使用德语教材《新编大学德语》,在教学内容中加入了思政元素。

表1 二外德语课程安排

课程内容	教学方法	思政教育点	学时安排
理论部分(48学时)		实践部分(24学时)	
Einheit 1 Phonetik	讲授法、演示法、练习法、合作学习型教学法	介绍德语、德国、德国人、德语国家和地区,与汉语、中国和中国文化进行对比;《共产党宣言》中的德文句子	14学时
Einheit 2 Kennenlernen	讲授法、练习法、合作学习型教学法	介绍在中国和德国,人们初次结识交谈时的异同、应注意的事项和使用尊称"您"的不同环境,加深学生对中国文化的了解和对祖国的热爱;《共产党宣言》中的德文句子	8学时
Einheit 3 Studentenleben	讲授法、练习法	教授时间表达的知识点和讲授语法知识的同时传授练习法;《共产党宣言》中的德文句子	10学时
Einheit 4 Familie	讲授法、练习法、合作学习型教学法	对比中国和德国赠送礼物时的异同,激发学生的爱国情怀;《共产党宣言》中的德文句子;德文版《论语》	10学时
Einheit 5 Essen und Trinken	讲授法、练习法	引导学生对比中国和德国的食物和饮品,激发学生的学习热情;《共产党宣言》中的德文句子;德语时事内容	10学时

297

课程内容	教学方法	思政教育点	学时安排
Einheit 6 Wohnen in Deutschland	讨论法、合作学习型教学法	让学生在课堂上用德语简单描述一间房屋的摆设；《共产党宣言》中的德文句子；德文版《论语》	10 学时
Einheit 7 Kaufen und Schenken	讲授法、练习法、合作学习型教学法	学习如何使用德语购物，对比中国和德国的贺词；《共产党宣言》中的德文句子，德语版习近平重要讲话、驻德大使发言等	10 学时
合计			72 学时

　　二外德语课程努力增强教学内容的针对性。由于学生对德国的思想政治文化比较感兴趣，因此课程进行了适当对比，关注我国和德国的思想政治文化内容，既有助于加深学生对本国思想政治文化的理解，又能使学生学会用正确的思想观点理解差异。在提高德语能力的同时培养思辨能力。此外，多媒体、多视角的材料的运用，有助于增强学生对我国主流思想政治观点的认同感。

　　此外，二外德语课尽量做到理论联系实际，将理论应用于热点政治、经济、文化问题的分析和讨论，体现与时俱进的原则，纠正学生的认识偏差。课程转变思路，摒弃传统知识灌输式教学方式，将思想政治理论知识应用在具体问题的分析上，引导和帮助学生学会认识和分析社会问题，树立正确的人生观和价值观，从而让学生认识到所学内容对自己未来的社会生活和发展是有帮助的。针对之前教学缺乏时代感的问题，教师可在教学过程中多引入一些国内外的时事政治内容，辅以《共产党宣言》来讲解相关的理论知识。外语专业学生普遍思想活跃、开放，对国内外政治、经济、外交都有较大的兴趣，用思想政治理论知识来分析国际时事新闻，用德语时事内容来辅助德语语言知识的教学，既能激发学生学习兴趣，又能提升教学效果。

　　二外德语课可将思政教学与外语技能教学相结合，以提高学生对思政的重视程度，提高学习兴趣，强化学生对思想政治理论知识的理解，同时引导学生用德语介绍中国的文化和价值观念。

2. 二外德语课程开展"课程思政"教育教学改革所具备的优势

2.1 德语语言优势

　　二外德语课程是指导第二外语学生学习掌握德语的基础知识和基本技能的课程。由于德语是一种入门难、后期可自学的语言，英语专业本科生经过短期的德语语音、语法的系统训练，即可初步掌握基本的德语语言规律。教师讲授课程时可以润物细无声地穿插含有马克思主义思想内容的德语原文，比如《共产党宣言》中的原句来讲解德语语法、词汇，使学生在学习德语语言的同时，思考以德语为母语的马克思、恩格斯所起草的《共产党宣言》的精神内涵。

2.2 重温德语原版马克思主义理论著作优势

　　以德语版《共产党宣言》为例，之所以选择它作为二外德语课程思政教学的主要内容之一，是因为它是当代社会主义运动的科学指南，是人类思想发展史上的一座丰碑。《共产党宣言》是马克思主义诞生的重要标志，对"什么是共产主义""怎么建设共产主义"进行了深入思考，它从诞生开始到现在，对世界产生了深远的影响，目前已经被翻译成两百多种文字，出版千次以上，是共产党人宝贵的精神财富，在世界历史上留下了浓墨重彩的一笔，无疑是全部社会主义文献中传播最广和最具有国际性的著作。

　　《共产党宣言》是人类宝贵的思想财富，其基本原理、立场和价值意蕴在当今依旧是科学的，对中国共产党、中华民族乃至整个人类社会都产生了重要的影响。习近平新时代中国特色社会主义思想与《共产党宣言》是辩证统一的，其精神实质一以贯之，它在继承《共产党宣言》思想内涵的同时赋予其时代的内涵，成为指引中国特色社会主义事业的强大思想武器、改造世界的科学指南。《共产党宣言》是习近平新时代中国特色社会主义思想诞生的重要源泉，在新时代的背景下，我们比任何时候都需要研究《共产党宣言》的深刻内涵，深入理解习近平新时代中国特色社会主义思想与《共产党宣言》的内在关系。

2.3 举例说明

　　下面选取《共产党宣言》第二章的部分内容举例说明如何在德语语言教学的基础上润物细无声地补充思想政治教学内容。德语原文全部出自2009 年版 *Manifest der Kommunistischen Partei*，中文原文全部来自人民出版社

1997 年版《共产党宣言》。

II.　Proletarier und Kommunisten

无产者和共产党人

In welchem Verhältnis stehen die Kommunisten zu den Proletariern überhaupt?

共产党人同全体无产者的关系是怎样的呢？

Die Kommunisten sind keine besondere Partei gegenüber den andern Arbeiterparteien.　Sie haben keine von den Interessen des ganzen Proletariats getrennten Interessen.

共产党人不是同其他工人政党相对立的特殊政党。他们没有任何同整个无产阶级的利益不同的利益。

Sie stellen keine besonderen Prinzipien auf, wonach sie die proletarische Bewegung modeln wollen.

他们不提出任何特殊的原则，用以塑造无产阶级的运动。

Die Kommunisten unterscheiden sich von den übrigen proletarischen Parteien nur dadurch, dass sie einerseits in den verschiedenen nationalen Kämpfen der Proletarier die gemeinsamen, von der Nationalität unabhängigen Interessen des gesamten Proletariats hervorheben und zur Geltung bringen, andrerseits dadurch, dass sie in den verschiedenen Entwicklungsstufen, welche der Kampf zwischen Proletariat und Bourgeoisie durchläuft, stets das Interesse der Gesamtbewegung vertreten.

共产党人同其他无产阶级政党不同的地方只是：一方面，在无产者不同的民族的斗争中，共产党人强调和坚持整个无产阶级共同的不分民族的利益；另一方面，在无产阶级和资产阶级的斗争所经历的各个发展阶段上，共产党人始终代表整个运动的利益。

Die Kommunisten sind also praktisch der entschiedenste, immer weitertreibende Teil der Arbeiterparteien aller Länder; sie haben theoretisch vor der übrigen Masse des Proletariats die Einsicht in die Bedingungen, den Gang und die allgemeinen Resultate der proletarischen Bewegung voraus.

因此，在实践方面，共产党人是各国工人政党中最坚决、始终起推动作用的部分；在理论方面，他们胜过其余无产阶级群众的地方在于他们了解无产阶级运动的条件、进程和一般结果。

上述节选的《共产党宣言》段落全部可以用来作为德语语音教学范文。德语属于印欧语系，语音规则比英语简单。德语的发音非常规则，没有连读现象，一个确定的字母或字母组合的发音总是固定的，只要掌握了德语的发音规则，就可以读出德语单词（一部分外来词除外），同理，只要能读出德语单词，那么书写基本上也不会出错。掌握了基本的重音和语调规则，读出句子也没有问题。因此，二外德语课程在讲授完基本发音规则后即可使用上述节选的《共产党宣言》段落做德语语言发音技能练习。

此外，在讲解德语语法的过程中也可以选用上述文章。在练习语音，学习语法、词汇的同时，学生又一次深入领会了马克思主义的思想政治内容。举例来说，上面这段原文体现了共产党人的利益观，体现了共产党是广大无产阶级劳动群众利益的坚定捍卫者。

又如，讲解第二格、介词、从句等语法知识时，可结合以下段落进行。

Die Kommunisten sind also praktisch der（第二格）entschiedenste，immer weitertreibende Teil der（第二格）Arbeiterparteien aller Länder；sie haben theoretisch vor（介词）der übrigen Masse des（第二格）Proletariats die Einsicht in die Bedingungen，den Gang und die allgemeinen Resultate der proletarischen Bewegung voraus（从句）。

3. 注重生源差异、创造个性化发展空间的二外教学方法

3.1 尊重学生差异性
在教学中以行动为导向，探索在藏汉英语语境下如何尊重学生的差异性，围绕西藏自治区经济社会发展需要，制定适应英语专业学生的二外教学方案，把德语学习者和使用者定性为社会人，他们需要在具体的社会行为范围内，根据特定的条件，在特定的环境下，完成包括语言活动在内的各项任务。而所谓"行动"或者"任务"就是指一个或几个行为主体策略地运用其具备的能力去实现某一特定的目标。

3.2 改革教学方法
多渠道、多层次、全方位搭建学生德语语言文化水平多元化发展的教学

和学习平台。针对具有不同语言和文化背景的学生，在关注以藏语和汉语为母语的学生英语水平的前提下，重视学生的德语基础训练，夯实基础，课外作业以小组形式协作完成。小组成员搭配要合理，既有基础较好的学生，也有基础不太牢固的学生，以利学生互帮互助，共同进步。课内知识模块化，为让学生积极参与教学活动，将教学内容整合为语音、词汇、语法、篇章四个模块，使教学内容相对比较集中。语音、词汇、语法的教学主要通过增加《共产党宣言》原文的学习来完成。可以根据教学目标选择教学内容。教学方法灵活多样，涵盖多种形式，常用的教学方法包括小组和结对练习、项目教学、课堂展示、舞台表演、社会调查等。

　　在课堂教学模式上，实施 U 形座位互动教学，探索情景化和任务型教学模式。在课堂教学中强调师生和生生互动，培养学生的德语运用能力。在不同的学习阶段实施不同的教学方法，努力实现多种教学方式相结合。

3.3　线上和线下教学相结合

　　不断摸索并采用适合学生水平的德语学习资料，夯实讲义，修订与之匹配的教学大纲，力争做到大纲既顾及知识性又具有较强应用性，同时修改和完善课程讲义。尽可能以学生的兴趣为出发点，创造机会让学生接触他们感兴趣的题目和问题。在生源差异较大的背景下，在教学中导入文化因素，使用情景化教学法、功能交际法等方式改革二外德语教学。搭建资源共享平台，建立长效交流机制，通过建立二外德语课学习 QQ 群或微信群，为学生提供翻译实践的语言素材或搭建语料库，学生也可借助智能手机终端随时与老师、同学互动。互联网时代，网络空间充斥各类信息和声音，意识形态在网络领域的斗争同样复杂和尖锐。对大学生进行意识形态教育，必须严守网络阵地，用互联网思维创新教学方式，构建思政课程网络平台。一方面，整合社会主义主流意识形态教学资源，借助学生的网络工具，建设在线课程，实现课前资源共享，进行课程预习。信息量大、涵盖面广、趣味性强、选择性多的教学资源能够满足大学生的多元化需求，增强学习兴趣。另一方面，在课堂上老师与学生需要积极交流，深入探讨而不能搞一言堂。除语言知识的学习外，课堂教学可以聚焦在线课程学习反馈的共性问题，形成社会主义主流意识形态教学专题，针对学生在思想观念、社会现实问题、热点事件等方面的困惑展开讨论。

4. "课程思政"实施效果评价

对"课程思政"实施效果的评价可以通过几种形式来开展：根据学生回答问题、分析问题的情况给予评价；根据学生的心得体会及线上反馈、教学过程的记录等给予评价；根据学生的学习态度和积极性给予评价，这是学生"课程思政"学习效果的明证之一。除此外，教师还可以组织学生自评和互评，从不同的视角来审视自己，帮助学生发现问题并提升思政学习的意识。

5. 结语

高校课程思政的实质，就是通过对社会主义核心价值观的宣传，通过对学生的精神引导和实践培育，帮助学生形成马克思主义的世界观、坚定的政治信仰和良好的综合品质，使大学生真正成为国家社会主义事业发展历史重任的承担者。

通过关注学生的思想状况和社会现实，用学生喜闻乐见的表达和通俗易懂的语言活化书本上的理论知识，解答学生所关心的中国特色社会主义建设中的理论和现实问题，以中文和德文文本的《共产党宣言》和《资本论》等著作、德语版《论语》、德语版习近平重要讲话、驻德大使发言等为载体，课堂上精讲德语原文中的重要词句，课下推送德语原版阅读资料，及时归纳总结，切实解决学生的思想困惑，提升社会主义核心价值观的吸引力、感染力，使之真正进入学生的思想和生活，让二外德语课成为学生真正喜爱、终身受益的课程。

参考文献：

伯哈，等，2009. 现代德语学习词典［M］. 上海：上海外语教育出版社.

刁孝华，2001. 专业课的双语教学初探［J］. 重庆商学院学报（S1）：53 - 54.

何春燕，喻红，李小明，2004. 医学生物化学课双语教学初探［J］. 西北医学教育，12（2）：125 - 127.

兰军，2003. 对英语专业学生有关中国文化英语表达力的调查［D］. 西安：陕西师范大学.

马克思，恩格斯，1997. 共产党宣言［M］. 中共中央马克思恩格斯列宁斯大林著作编译局，译. 北京：人民出版社.

王欣然，徐晓媛，2005. 双语教学改革中的探索与实践［J］. 医学教育探索，4（4）：

244 – 246.

徐春宏，李涛，王亮，2005. 综合性大学医学双语教学存在问题及对策［J］. 医学教育
探索，4（4）：247 – 249.

BALHAR S, 2004. Pons Großwörterbuch Deutsch als Fremdsprache ［M］. Stuttgart：Klett.

GÖTZ D, 1998. Langenscheidts Großwörterbuch Deutsch als Fremdsprache ［M］. Berlin：
Langenscheidt.

MARX K, ENGELS F, 2009. Manifest der Kommunistischen Partei ［M］. Köln：Anaconda.

Reform and Redesign German Course as a Second Foreign Language with Philosophy of "Ideological and Political Theories Teaching in All Courses" Combined with the German *Communist Manifesto*

Yi Xiaochuan

Abstract：Ideological and Political Theories Teaching in All Courses philosophy points to a clear direction for education in colleges and universities. Take German as a second foreign language, for example. We review the essence of Marxist classics such as *Communist Manifesto* in the original German text in the area of ideological and political theories teaching materials. The teacher of German can lead students to think and discover the ideological and political elements hidden behind while learning professional knowledge and also strengthen their belief of communism, which helps realize the goal of Ideological and Political Theories Teaching in All Courses in the German class and finally improves students' value system.

Key words：ideological and political theories teaching in all courses；German class；
Communist Manifesto

学术英语写作教学实践与研究
——以四川大学吴玉章学院为例

张露露

（四川大学外国语学院，成都610207）

摘　要：本文对四川大学吴玉章学院的学术英语写作教学展开研究，总结出该学院的学术英语教学具有以下特点：（1）系统化开设英语写作系列课程，紧密衔接；（2）课程内容翔实具体，从通识学习到专业研究及写作，层层深入；（3）教学目标明确具体，重视批判性阅读与赏析、批判性思维及学术意识的培养，重视独立学术写作能力及口头表达能力的培养；（4）授课形式灵活多样，线上线下结合，中美教师、英语与专业导师合作，采用讲授、小组讨论、专题研讨、同伴互评等教学模式；（5）开设线上线下工作室，一对一指导，针对学生的具体问题进行个性化指导，有效提升学生的写作能力。

关键词：通识学习；线上线下；教师合作；英语写作

1. 引言

四川大学吴玉章学院成立于2006年6月，是四川大学对优秀本科生实施"拔尖创新人才培养"的荣誉学院，旨在培育具有深厚人文底蕴、扎实专业知识、强烈创新意识、宽广国际视野的国家栋梁和社会精英。学院充分借鉴国外著名大学"荣誉计划"的人才培养经验，注重学生研究能力、批判思维、独立见解的培养，同时为学生提供"星火"小科研项目、"大学生创新性实验计划"、"大学生科研训练计划"等多种科研训练机会，并根据研究课题的质量高低给予一定的研究基金支持，期望学生能在专业领域的英文期刊上发表科研论文，这与《国家中长期教育改革和发展规划纲要》相契合。为了培养通晓国际规则、具有较强双语能力和较高专业学术素养的国际化优秀人才，最新修订的《大学英语教学指南》首次将学术英语教学纳入大学英语教学体系（王守仁，2016：2－10）。如何开展学术英语教学已成为学界的焦点。其中，学术英语写作教学是研究的热点问题之一。有学者从历史与现状的角度对学术写作研究予以梳理，综述与评价国内外学术英语写作研究（徐昉，2015：94－105）；有学者对学生学术阅读及学术写作能力培养进行了专项研究（杨莉萍、韩光，2012：8 - 16；杨鲁新，2015：29 - 35）；有学者对国外高校学术写作课程设置及学术写作教学的开展进行了调查研究（熊丽君、殷猛，2009：50 - 56），为我国高校开展学术英语写作教学提供了诸多启示。但是，研究主要集中在学术英语语言与写作本身和国外高校写作教学所采取的举措上，鲜有学者对学术英语写作的基础——通识教育注入、中美写作老师合作教学以及英语写作老师与专业老师合作教学进行实践和研究。众所周知，学术英语写作教学具有一定的输入性和延续性。根据吴玉章学院的办学理念和人才培养机制，笔者从课程设置、教学内容、教学组织形式及具体教学途径等方面，对学术英语写作教学进行了实践和研究。

2．研究设计

2．1　研究对象

本研究选择了吴玉章学院 2016 级、2018 级和 2020 级来自文、理、工、医不同专业的学生。他们是经由综合笔试、校内外专家面试、高考成绩以及各种比赛和科技活动获奖情况层层选拔出来的，代表的是川大综合"拔尖创新人才"，但由于生源的差异，他们在英语能力方面存在较大差异。本研究所选取的这三届学生入学时的英语水平具有代表性。他们经过笔者从大一教到大二，接受了体系完整的学术英语写作教学，研究其学术英语写作课程的教学目标、课程类型、课程要求、教学组织形式和教学效果等具有普遍意义。

2．2　研究问题

本研究主要回答以下问题：（1）吴玉章学院学术英语写作课程设置有何特点？（2）吴玉章学院学术英语写作教学的组织形式是什么？（3）吴玉章学院学术英语写作课程的教学内容怎样？（4）吴玉章学院学术英语写作课程一对一辅导是如何运作的？

2．3　研究方法

本研究主要采用实时追踪、课堂观察、过程性考核、访谈、总结分析等方法，收集批阅这三届学生的写作课程作业和相关材料，及时进行书面整理、归纳和反馈。研究还对学生课外的延展阅读和小组讨论进行了追踪和记录。通过 Zoom 与美国亚利桑那州立大学开展线上批判性思维训练与写作课程教学；采用 Zoom、QQ、微信、电子邮件等形式按照专业划分与专业导师研讨，教师同学生进行一对一交流、辅导和期末的论文答辩（Oral Defense）；最后对吴玉章学院学术英语写作课程的开展情况进行总结和分析。

3. 研究结果与分析

3.1 吴玉章学院学术英语写作课程体系及目标

研究显示，在吴玉章学院的这三届学生中，学术英语写作（English Academic Writing）教学及学生写作能力的培养几乎受到所有专业学科的重视，各专业导师都希望学生能得到系统化的写作训练。"学术英语写作"将"教、学、研、读、写"融合到一门课程中，目标不局限于英语基础的夯实，而拓展为四川大学培养出高质量的英语学术研究人才。"学术英语写作"课程周期为两年，大一阶段名为"基础英语写作"，鼓励学生大量阅读英文原著经典，学习并掌握英语记叙文、说明文和议论文的词汇、句法和格式规范；大二阶段开始进行正式的学术英语写作训练，即学生以英语作为核心工具，大量阅读本专业的国际顶级学术刊物，学习其特点、规则与技巧，进而正式地反复动笔实践，针对主题、题目、摘要、简介、方法、结果和讨论等各个环节进行学术规范的学习，要求每名学生最终独立完成至少一篇规范且具有价值和创新性的学术论文。"输入，输入，再输入""积累，积累，再积累""厚积薄发"是这门课程的关键词。写作课的定位是思维基础课、通识基础课、学术英语写作课。写作课的核心是培养学生的批判性思维和创新性思维。从"批判"到"创新"，需要学生形成摆脱定见的"逆向思维"，并在"通识思维"的引导下寻找思维新路，对事物产生新的看法，最终利用"长逻辑链思维"把有深度的立体思想用二维文字的方式呈现出来。在写作过程中，基于各个专业学科对学术英语写作的具体要求，把写作教学及写作各方面能力的培养贯穿其中。每个阶段的写作课程都有很明确的教学目标（见表1）。

表1　吴玉章学院英语写作课程情况

课程性质	教学目标	课程内容	教学模式
1. 通识教育写作必修课 2. 写作思维训练 3. 学术英语写作	1. 了解与掌握各类体裁，掌握写作过程、方法与修辞知识，培养独立写作能力 2. 培养批判性阅读、分析与思考能力 3. 培养学生学术英语口头表达能力 4. 培养专业研究与专业写作能力，为硕博阶段研究铺垫基础	1. 写作体裁、写作策略、写作的准确性与流畅性 2. 语法、句法、修辞准确应用和写作格式训练 3. 批判性阅读、分析、思考与写作训练，培养专业素养 4. 与专业相关的文献阅读、研究、写作、口头交流的实践	课堂讲授、专题讲座、读写结合、小组讨论、同伴互评、教师评价、线上线下辅导与答疑

　　具体来说，吴玉章学院为大一新生开设的写作课程有"基础英语写作1"（Basic English Writing I）与"基础英语写作2"（Basic English Writing II），为通识教育规定的每个学生必修的核心课程，包括"叙述性写作"（Narrative Writing）、分析性写作（Analysis Writing）和论说性写作（Argumentative Writing）。写作课是一门具有内容主题的全过程写作课，开设这两门课程的目的在于让学生在"无专业门槛、有学理深度"的通识主题学习中通过阅读学会写作，自信和自由地表达自己的观点。在"篇幅"限制下应用完整、通顺的逻辑论述个人的观点，围绕主题进行批判性、创新性的思考，有效地形成有说服力的观点。吴玉章学院为大二学生开设的写作课程有"学术英语写作1"（English Academic Writing I）与"学术英语写作2"（English Academic Writing II），为专业教育规定的每个学生必修的核心课程。其目的在于培养学生的写作能力、科研能力，以及批判性地看待整个社会的能力，让学生明确什么是学术研究、学术研究与科研项目的区分与联系、从事学术研究应做好什么心理准备，以及如何开始学术研究，教会大家一套完整的学术论文撰写方法。无论学生之后进入什么学科，该门课程都有助于规范学生思考问题的方式，让思维更严谨、更基于事实、更具有批判性。同时帮助学生明确在学术研究中应该遵守的学术道德和基本规范。

3.2　吴玉章学院学术英语写作课程教学的具体组织形式

　　在吴玉章学院，英语写作课程主要采用课堂授课、中美教师合作线上授课、小组辩论、课后讨论以及课后个性化辅导形式，引导学生以发现的方式进行写作，同伴评议，采用线上线下一对一的形式对学生的写作进行讨论。

大一的通识教育通过阅读具有跨学科的、多层次特色的经典文献以及模仿其写作模式，培养学生对经典文献的解读、阐释、重构能力，培养学生的人文情怀。大二进行专业前沿文章和经典文献阅读，结合科研项目，与专业导师合作，培养学生学术英语写作能力。与此同时，笔者与亚利桑那州立大学巴雷特学院荣誉学院沃特罗斯教授使用 Zoom 软件共同开设了两门空中课程——"技术与全球传播"和"文化传播中的批判性思维"，除了单向的知识传授，中美两所荣誉学院不同专业的师生不断互动和讨论，进行跨文化的深度交流和头脑风暴，通过大量阅读和写作训练提升学生批判性思维。

3.3　吴玉章学院学术英语写作课程的主要教学内容

在吴玉章学院，不同类型的写作课程有各自具体的教学内容。比如，"基础英语写作1"（Basic English Writing I）与"基础英语写作2"（Basic English Writing II）着重学习叙事性和解释性写作，包括文本的输入、分析、赏析与写作的策略及练习，强调写作过程中的训练、评议、修改、完善，重视词汇、语法、句法以及结构的学习，重视批判性思维的形成，培养学生勇于表达自己的观点；"学术英语写作1"（English Academic Writing I）与"学术英语写作2"（English Academic Writing II）是写作强化课程，讲授学术论文的特点、结构和目标期刊要求，要求学生对所学专业进行深入探究，并进一步发展其进行学术写作所需要的批判性思维、研究技巧及清晰表达等能力，鼓励其结合大创项目和其他科研项目撰写学术论文。

每一轮"学术英语写作"课程的终点是学生和导师利用线上技术一同完成的"Oral Defense"纯英语学术答辩。"Oral Defense"首先基于选课学生长期训练后独立完成的学术论文，通过学生、授课教师和专业导师的三方协调，形成学生答辩、专业导师专业方向点评、授课教师英语方向点评的"二对一"考核格局。换言之，该课程为吴玉章学院学生提供了一个在导师面前展示的宝贵机会，让本科生在专业导师面前留下深刻印象。

3.4　吴玉章学院英语写作课程一对一辅导

由于学生在高中学习期间区域性英语教学质量的差异，写作水平自然参差不齐，而一对一指导能帮助学生解决具体的写作问题。笔者每周都会开设线下固定的和线上灵活的工作室与学生沟通，每个学生的时间大约是40分钟。学生们在预约的时间段把他们写的文章带来，笔者帮助学生们对自己正在写的东西进行头脑风暴，聚焦具体问题，对其进行完善与提升；有时学生也会把文章上传至邮箱，同样也会得到及时的反馈。

参考文献：

王守仁，2016.《大学英语教学指南》要点解读［J］. 外语界（3）：2 - 10.

熊丽君，殷猛，2009. 论非英语专业学术英语写作课堂的构建——基于中美学术英语写作的研究［J］. 外语教学（2）：50 - 56.

徐昉，2015. 学术英语写作研究述评［J］. 外语教学与研究（1）：94 - 105.

杨莉萍，韩光，2012. 基于项目式学习模式的大学英语学术写作教学实证研究［J］. 外语界（5）：8 - 16.

杨鲁新，2015. 教师指导与学生学术英语写作能力发展——"学术英语阅读与写作课程"的反思性教学研究［J］. 外语与外语教学（5）：29 - 35.

BACHA N，2002. Developing learners' academic writing skills in higher education：a study for educational reform［J］. Language and education（3）：161 - 177.

Teaching Practice and Research of English Academic Writing: Case Study on Wu Yuzhang Honors College

Zhang Lulu

Abstract：This paper probes into the teaching of English writing in Wu Yuzhang Honors College of Sichuan University, and summarizes its characteristics as follows： （1）The courses of English writing are set up systematically, and closely connected；（2）The content of the courses is detailed and specific, from general learning to professional research and writing；（3）The teaching objectives are clear and specific, focusing on the cultivation of critical reading and appreciation, critical thinking and academic consciousness, and the cultivation of independent academic writing ability and oral expression ability；（4）The teaching methods are flexible and diverse, combining online and offline, cooperating with American teachers and professional mentors, and adopting teaching modes such as lectures, group discussion, seminars and peer reviews；（5）Office hour is open with one-to-one guidance, offering personalized guidance for students' specific problems, and effectively improving students' writing ability.

Key words：general learning；online and offline；teacher cooperation；English writing